OS ANDARILHOS
DO BEM

CARLO GINZBURG

OS ANDARILHOS DO BEM

*Feitiçaria e cultos agrários
nos séculos XVI e XVII*

Tradução
Jônatas Batista Neto

2ª reimpressão

Copyright © 1966 by Giulio Einaudi Editore S.P.A., Torino

Grafia atualizada segundo o Acordo Ortográfico da Língua Portuguesa de 1990, que entrou em vigor no Brasil em 2009.

Título original
I benandanti: stregoneria e culti agrari tra Cinquecento e Seicento

Capa
Jeff Fisher

Preparação
Mário Vilela

Revisão
Juliane Kaori
Renato Potenza Rodrigues

Índice onomástico
Gabriela Morandini

Dados Internacionais de Catalogação na Publicação (CIP)
(Câmara Brasileira do Livro, SP, Brasil)

Ginzburg, Carlo
Os andarilhos do bem : feitiçaria e cultos agrários nos séculos
XVI e XVII / Carlo Ginzburg ; tradução Jônatas Batista Neto. —
1ª ed. — São Paulo : Companhia das Letras, 2010.

Título original: I benandanti: stregoneria e culti agrari tra
Cinquecento e Seicento.
ISBN 978-85-359-1749-9

1. Feitiçaria 2. Feitiçaria — História I. Título.

10-09438   CDD-133.4309

Índice para catálogo sistemático:
1. Feitiçaria : História : Ocultismo 133.4309

2021

Todos os direitos desta edição reservados à
EDITORA SCHWARCZ S.A.
Rua Bandeira Paulista, 702, cj. 32
04532-002 — São Paulo — SP
Telefone: (11) 3707-3500
www.companhiadasletras.com.br
www.blogdacompanhia.com.br
facebook.com/companhiadasletras
instagram.com/companhiadasletras
twitter.com/cialetras

SUMÁRIO

Prefácio 7
Pós-escrito de 1972 *15*

OS ANDARILHOS DO BEM
I. As batalhas noturnas *18*
II. As procissões dos mortos *57*
III. Os *benandanti* entre inquisidores e bruxas *102*
IV. Os *benandanti* no sabá *138*

Apêndice: Processo contra Paolo Gasparutto e
    Battista Moduco (1575-1581) *197*
Notas *239*
Índice onomástico *275*
Sobre o autor *283*

PREFÁCIO

1. Estudei neste livro as atitudes religiosas e, em sentido lato, a mentalidade de uma sociedade camponesa — a friulana — entre o final do século XVI e meados do XVII, de um ponto de vista extremamente circunscrito: a história de um núcleo de crenças populares que, pouco a pouco, em decorrência de pressões bastante precisas, foram assimiladas à feitiçaria. Trata-se de um episódio até hoje desconhecido, que lança muita luz sobre o problema geral da bruxaria e de sua perseguição.

Da documentação analisada, surge uma grande variedade de atitudes individuais. Se insistirmos nisso, correremos o risco de cair num excesso de pitoresco. Preferimos, contudo, correr esse risco a nos servirmos, a todo momento, de termos genéricos e vagos como "mentalidade coletiva" ou "psicologia coletiva". Esses testemunhos friulanos mostram-nos, com efeito, um cruzamento contínuo de tendências com a duração de décadas ou mesmo de séculos e de reações absolutamente individuais e privadas, muitas vezes até mesmo inconscientes, reações das quais, aparentemente, é impossível traçar a história e sem as quais, na verdade, a história da "mentalidade coletiva" termina na hipóstase de uma série de tendências e forças descarnadas e abstratas.

Mas a característica mais importante dessa documentação é a sua imediaticidade. Se se excetua a tradução do friulano para o italiano efetuada pelos notários do Santo Ofício, é lícito dizer que as vozes desses camponeses chegam diretamente até nós, sem véus, não confiadas — como muitas vezes ocorre — a testemunhos fragmentários e indiretos, filtrados por uma mentalidade diversa e inevitavelmente deformante.

2. Essa afirmação poderá parecer paradoxal. E aqui chegamos ao interesse específico desta investigação. Estamos habituados a ver nas confissões dos acusados de feitiçaria o fruto da tortura e das sugestões feitas pelos juízes e a lhes negar, por conseguinte, qualquer espontaneidade. Mais precisamente, as investigações fundamentais de J. Hansen[1] mostraram como a imagem da feitiçaria diabólica, com todos os seus acessórios — pacto com o diabo, sabá, profanação dos sacramentos — foi sendo elaborada, entre meados do século XIII e meados do XV, por teólogos e inquisidores, para depois difundir-se progressivamente, através de tratados, sermões, imagens, por toda a Europa e, mais tarde, até mesmo para além do Atlântico.[2] Essa difusão — mas seria mais exato falar de superposição do esquema inquisitorial já mencionado a um estrato preexistente de superstições genéricas — realizou-se de forma particularmente dramática no próprio curso dos processos, modelando as confissões dos acusados graças aos dois instrumentos já mencionados: a tortura e os interrogatórios "sugestivos". Como dissemos, tudo isso foi documentado exaustivamente, mas quase só em nível culto, de elaboração doutrinal. A tentativa de F. Byloff[3] de mostrar, numa zona circunscrita, a penetração na mentalidade popular da feitiçaria diabólica, esquematizada por inquisidores e demonólogos, deu resultados escassos. A riqueza excepcional da documentação friulana permite reconstruir esse processo com precisão e clareza muito maiores, mostrando como um culto de características nitidamente populares, como o que tinha o seu centro nos *benandanti** foi pouco a pouco se modificando sob a pressão dos inquisidores, para finalmente assumir os lineamentos da feitiçaria tradicional. Mas essa discrepância, essa defasagem existente entre a imagem proposta pelos juízes nos interrogatórios e aquela oferecida pelos acusados permite alcançar um estrato de crenças genuinamente populares, depois

---

* Vocábulo italiano que corresponde aproximadamente a "andarilhos do bem". (N. T.)

deformado, anulado pela superposição do esquema culto. E precisamente por causa dessa defasagem, que se prolongou por décadas, que os processos dos *benandanti* constituem um testemunho precioso para a reconstrução da mentalidade camponesa da época.

3. Esta pesquisa, portanto, pretende documentar e enriquecer ulteriormente a linha de desenvolvimento já traçada por Hansen. Mais nova — ainda que limitada — é a contribuição que ela pode dar à compreensão do significado e da natureza da feitiçaria popular, distinta dos esquemas cultos de origem inquisitorial.

A polêmica iluminista (exemplificada, na Itália, por um Tartarotti) obviamente se desinteressara, e com razão, das confissões das bruxas. O que contava era apenas a demonstração da barbárie e da irracionalidade da perseguição, e as narrativas das bruxas eram liquidadas como fantasias absurdas ou confissões arrancadas pela ferocidade e superstição dos juízes. Uma primeira tentativa de interpretação teve lugar com as pesquisas eruditas da segunda metade do século XIX, nas quais as confissões das acusadas de bruxaria eram vistas geralmente como fruto de alucinações derivadas do uso de unguentos fabricados com substâncias estupefacientes, ou de estados patológicos, especialmente histéricos. Os estudos mais sérios e documentados, porém, orientam-se sobretudo — e não raro com uma segunda intenção polêmica anticatólica ou anticlerical mais ou menos explícita — no sentido de explicar os fatos e o mecanismo da perseguição.

Um verdadeiro interesse pela crença das bruxas, ou supostas bruxas, apareceu apenas (se exceptuarmos a simpatia romântica de Michelet pela bruxa "rebelde") nas investigações de uma egiptóloga inglesa, M. Murray.[4] Discípula de J. Frazer, e por isso interessada nos problemas da magia e da mentalidade dos "primitivos", Murray não se limitou a sublinhar o interesse das confissões das acusadas de bruxaria de um ponto de vista etnológico ou folclorístico. Invertendo paradoxalmente a formulação difundida — a qual, porém, era mais uma atitude instintiva do que uma formulação fundamentada —, ela reavaliou a credibilidade (no sentido positivista de credibilidade *externa* de uma fonte) daquelas confissões. Segundo Murray, os encontros descritos pelas acusadas eram reais, e a feitiçaria seria uma religião antiquíssima, um culto pré-cristão de fertilidade, no qual os juízes só eram capazes de ver, mais ou menos conscientemente, uma perversão diabólica. Essa tese — mesmo contendo, como veremos, um núcleo de verdade — era formulada de modo inteiramente acrítico;[5] além disso, a reconstrução das linhas gerais do suposto culto de fertilidade era efetuada com base em processos muito tardios, nos quais a assimilação do esquema inquisitorial (sabás, conúbios com o demônio etc.) já se havia completado. Contudo, apesar desses defeitos substanciais, a "tese" de Murray, rechaçada quando de sua apresentação por antropólogos e folcloristas, terminou depois por se impor. Com efeito, faltava — e, se não me engano, falta ainda hoje — uma outra interpretação global da bruxaria popular, e a tese da estudiosa inglesa, depurada de suas afirmações mais arriscadas, pareceu mais do que sensata no ponto em que via nas orgias do sabá a deformação de um antigo rito de fertilidade. Nessa versão mitigada, a tese foi reformulada, entre outros, por W. E. Peuckert.[6]

Mas não é fácil demonstrar que a bruxaria popular (distinta das superstições genéricas e irredutível a um culto preciso, como os filtros de amor, os malefícios etc.) remontava realmente a um antigo culto de vegetação e de fertilidade. Uma primeira objeção já foi formulada a respeito dos trabalhos de Murray: é impossível apoiar-se acriticamente nas confissões das bruxas, sem discriminar o que nelas é de proveniência inquisitorial e o que, ao contrário, é de origem genuinamente popular. Mas trata-se de uma objeção que pode ser contornada. J. Marx já observara a existência de um grupo de crenças que, mesmo sendo de origem inequivocamente popular, apresentavam uma certa analogia com o sabá das bruxas esquematizado por teólogos e inquisidores.[7] Mais recentemente, L. Weiser-Aall sublinhou a existência desse ponto de contato entre a bruxaria popular e a culta.[8] Trata-se de crenças, testemunhadas pela primeira vez no século X mas que remontam seguramente a um período anterior,[9] em misteriosos voos noturnos, sobretudo de mulheres, na direção de encontros onde não há traço de presenças diabólicas, profanação de sacramentos ou apostasia da fé — encontros presididos por uma divindade feminina, chamada ora Diana, ora Herodíades, ora Holda ou Perchta. A presença de divindades ligadas à vegetação, como Perchta ou Diana, significa que as crenças subjacentes à bruxaria diabólica mais tardia podem ser redutíveis a cultos de fertilidade? É uma hipótese mais que verossímil, que, todavia, ainda não foi demonstrada de modo adequado. Tomou esse caminho um estudioso alemão, A. Mayer,[10] que me parece ter chegado mais perto do que qualquer outro da justa formulação do problema. Contudo, também a sua tentativa, fundada numa documentação exígua e insuficiente, fracassou substancialmente. De resto, pode-se também dirigir a Mayer uma segunda objeção, não facilmente superável, ou seja: a de não explicar (de modo análogo a Murray) a razão pela qual as bruxas, sacerdotisas desse suposto culto da fertilidade, aparecem desde o início (e não apenas na bruxaria tardia, deformada pelas superposições dos juízes) nas vestes de inimigas das colheitas, de evocadoras de granizo e de tempestades, de portadoras de esterilidade para homens, mulheres e animais.[11]

Ora, a presente investigação atesta numa zona como o Friul, onde confluíam tradições germânicas e eslavas, a presença inequívoca, numa data relativamente avançada (cerca de 1570), de um culto de fertilidade, cujos adeptos — os *benandanti* — se apresentavam como defensores das colheitas e da fertilidade dos campos. Por um lado, essa crença se vincula a um conjunto mais vasto de tradições (ligadas, por sua vez, ao mito das reuniões noturnas presididas por divindades femininas, como Perchta, Holda e Diana), numa área que vai da Alsácia até o Hesse, a Baviera e a Suíça. Por outro, ela aparece de modo quase idêntico na Lituânia. Diante de um tal deslocamento geográfico, não é arriscado supor que, no passado, tais crenças devem ter-se difundido em grande parte da Europa central. No decorrer de um século, os *benandanti* se tornam, como veremos, feiticeiros; e suas reuniões noturnas, que têm como objetivo proporcionar fertilidade, transformam-se no sabá diabólico, com a sua sequela de tempestades e destruições. No caso do Friul, pode-se afirmar com segurança que a bruxaria diabólica se difundiu como deformação de um culto agrário anterior. Naturalmente, é impossível estender, apenas por analogia, essa conclusão às demais regiões da Europa; contudo, ainda que parcial e circunscrita, ela pode constituir uma hipótese para pesquisas posteriores. De qualquer modo, a presença desse grupo de crenças numa zona extensa e crucial já implica, em minha opinião, uma formulação em grande parte nova do problema das origens populares da feitiçaria.

4. Folcloristas e historiadores das religiões poderão extrair desse material documental conclusões bem mais amplas, corrigindo os erros e preenchendo as lacunas de informação de quem escreve, bem como utilizando de modo mais amplo o método comparativo. Servi-me desse último, como se verá, com muita cautela; ou, para ser mais preciso, servi-me de um só dos dois métodos de comparação distinguidos em seu tempo por M. Bloch: o mais propriamente historiográfico. Por esse motivo, não foi enfrentado o problema da conexão, indubitável, que existe entre *benandanti* e xamãs.[12] E, com isso, chegamos às características e aos limites de formulação desta pesquisa.

Sobre os *benandanti* não existem estudos de qualquer espécie. Os que se ocuparam, com intenções científicas ou reevocativas, das tradições populares friulanas — G. Marcotti, E. Fabris Bellavitis, V. Ostermann, A. Lazzarini, G. Vidossi e outros — registraram o termo "benandante" como sinônimo de "feiticeiro", mas sem perceber por trás dele a existência de um problema.[13] E isso não por negligência ou defeito de análise, mas por terem limitado (entre outras coisas, por razões objetivas, como a dificuldade de ter acesso à documentação conservada no Arquivo da Cúria Arquiepiscopal de Udine) a investigação aos testemunhos orais e, de qualquer modo, a testemunhos que remontam ao fim do século XIX ou aos primeiros anos do XX. Na realidade, a sinonimia entre "benandante" e "feiticeiro" constitui, como mostraremos, apenas o estágio terminal e cristalizado de um desenvolvimento complexo, contraditório, que é possível reconstruir com notável precisão em suas várias fases.

Pode-se afirmar, portanto, que a própria possibilidade deste estudo estava de certo modo ligada a uma formulação diversa daquela presente na folclorística tradicional. Essa diversidade inicial foi voluntariamente acentuada no curso da pesquisa. Com efeito, buscamos captar, por trás da aparente uniformidade dessas crenças, as diversas atitudes dos homens e das mulheres que as viviam, bem como a modificação delas sob o impulso de estímulos de vários gêneros, tanto populares quanto inquisitoriais. Os aspectos exclusivamente folclorísticos do problema foram assim nitidamente subordinados a uma perspectiva de investigação declaradamente histórica.

No curso destas pesquisas, fui ajudado por muitas pessoas; não me é possível agradecer a todas. Recordo os que me facilitaram, direta ou indiretamente, o acesso à documentação: em primeiro lugar, o falecido Monsenhor Pio Paschini; Monsenhor Guglielmo Biasutti (de modo particular) e Monsenhor Garlatti, respectivamente bibliotecário e chanceler da Cúria Arquiepiscopal de Udine; Monsenhor Romeo De Maio, da Biblioteca Vaticana; padre Massimiliano Peloza; Vinko Foretić, ex-diretor do Arquivo Estatal de Dubrovnik; Angelo Tamborra, Paolo Sambin e Marino Berengo. Agradeço ainda à Fundação Luigi Einaudi, que me concedeu uma bolsa de estudos para o ano de 1962, e a Norberto Bobbio, Luigi Firpo, Aldo Garosci e Franco Venturi, que acompanharam o meu trabalho naquele período. O Warburg Institute de Londres, por proposta da saudosa Gertrud Bing, deu-me a possibilidade, no verão de 1964, de servir-me da sua biblioteca, um instrumento de trabalho insubstituível; agradeço ao diretor, E. H. Gombrich, pela inesquecível hospitalidade, e a O. Kurz e A. A. Barb, por seus conselhos e indicações. Um encorajamento para prosseguir nestas pesquisas me veio de um encontro com o saudoso Ernesto De Martino. Uma primeira redação deste trabalho foi apresentada e discutida na primavera de 1964, como tese de aperfeiçoamento junto à Escola Normal Superior de Pisa; agradeço pelas críticas e sugestões a Armando Saitta e aos demais membros da banca, Arsenio Frugoni e Cinzio Violante. Ao longo do volume, menciono outras ajudas e sugestões.

Delio Cantimori leu a primeira redação deste livro. Pelos seus preciosos conselhos, e por tudo quanto aprendi com ele, tenho a satisfação de expressar-lhe aqui a minha profunda gratidão.

C. G.
Roma, março de 1965

PÓS-ESCRITO DE 1972

Nos últimos sete anos, muito se escreveu sobre feitiçaria (e não somente na onda da moda neo-ocultista). Apareceram estudos tanto gerais quanto específicos, frequentemente úteis ou estimulantes (bastará recordar o ensaio de H. Trevor-Roper, a pesquisa de R. Mandrou etc.). Levá-los em conta exigiria uma reelaboração mais ou menos profunda destes *Benandanti*. Decidi, ao contrário, republicar o livro sem variações, limitando-me a corrigir alguns erros materiais (dentre os que me chamaram a atenção para os mesmos, agradeço particularmente a Augusto Campana) e a inserir algum esporádico acréscimo. Isso não significa que eu não veja, hoje, os limites do livro. Em primeiro lugar, o fato (corretamente observado por alguns resenhadores) de ter dado insuficiente atenção aos inquisidores e à sua atitude em face da feitiçaria. O interesse que me orientava para tais pesquisas, definido pela leitura das notas de Gramsci sobre o folclore e a história das classes subalternas, dos trabalhos de De Martino, bem como das pesquisas de Bloch sobre a mentalidade medieval, explica em parte — embora não justifique — essa lacuna. O que me interessava eram, sobretudo, as feiticeiras (ou os *benandanti*), suas crenças, suas atitudes, ao passo que a análise da maioria dos estudiosos se havia orientado quase exclusivamente para os inquisidores e os demonólogos. (Trata-se de um quadro que as pesquisas mais recentes começam, de modo muito lento, a modificar.) Esse interesse determinou um desequilíbrio na pesquisa, que o leitor perceberá facilmente.

Mas o que hoje me deixa mais descontente é o prefácio — ou melhor, o primeiro parágrafo do prefácio. Hoje não repetiria mais a ingênua contraposição entre "mentalidade coletiva" e "atitudes individuais". É claro que este livro também é, a seu modo, um estudo sobre a mentalidade "coletiva" (no sentido de não meramente individual). Mas havia algo que me induzia a recusar esse termo — mesmo tendo bem presente o meu débito para com Lucien Febvre e o filão de pesquisas que ele propusera e, sob certos aspectos, inaugurara. A crítica que me foi dirigida por um resenhador (segundo a qual eu deveria ter levado mais em conta, para além dos contrastes e das incompreensões entre *benandanti* e inquisidores, "a substancial solidariedade dos respectivos [...] contatos com o sobrenatural") ajudou-me a formular mais precisamente essa recusa. Insistindo nos elementos *comuns, homogêneos*, da mentalidade de um certo período, somos inevitavelmente induzidos a negligenciar as divergências e os contrastes entre as mentalidades das várias classes, dos vários grupos sociais, mergulhando tudo numa "mentalidade coletiva" indiferenciada e interclassista. Desse modo, a homogeneidade — de resto sempre parcial — da cultura de uma determinada sociedade é vista como ponto de partida e não como ponto de chegada de um processo intimamente coercitivo e, enquanto tal, *violento* (a história dos *benandanti* é, desse ponto de vista, exemplar). Mas pretendo voltar a esses problemas, de modo mais amplo, numa pesquisa sobre outros aspectos da cultura popular do século XVI.

C. G.
Bolonha, outubro de 1972

C'est l'auberge fameuse inscrite sur le livre,
Où l'on pourra manger, et dormir, et s'asseoir.

Baudelaire, *La mort des pauvres*

É o albergue afamado inscrito no livro,
Onde se poderá comer, dormir e sentar.

Baudelaire, *A morte dos pobres*

I. AS BATALHAS NOTURNAS

1. No dia 21 de março de 1575, no convento de San Francesco di Cividale do Friul, diante do vigário-geral, Monsenhor Jacopo Maracco, e de frei Giulio d'Assisi, da ordem dos menores conventuais, inquisidor das dioceses de Aquileia e Concordia, comparece, na qualidade de testemunha, dom Bartolomeo Sgabarizza, pároco de uma aldeia vizinha, Brazzano.[1] Ele faz referência a um estranho fato que lhe acontecera uma semana antes. De um moleiro de Brazzano, Pietro Rotaro, cujo filho está morrendo de um mal misterioso, Sgabarizza soube que numa aldeia próxima, Iassico, vive um certo Paolo Gasparutto, que cura os enfeitiçados e afirma "vagabundear à noite com feiticeiros e duendes".[2] Intrigado, o padre fá-lo chamar. Gasparutto, após ter declarado ao pai do menino enfermo que "a criança tinha sido vítima de um malefício das bruxas, mas que, no momento do feitiço, chegaram os vagabundos e arrancaram-na das mãos das bruxas e que, se não lhes tivessem retirado das mãos, ela teria morrido", confiou-lhe um encantamento destinado a curá-lo. Em seguida, acossado pelas perguntas de Sgabarizza, contou que, "na quinta-feira de cada um dos Quatro Tempos do ano, eles deviam andar junto com esses feiticeiros por diversos campos, como em Cormons, diante da igreja de Iassico, e até pelo campo de Verona", onde "combatiam, brincavam, pulavam e cavalgavam diversos animais e faziam diversas coisas entre si; e [...] as mulheres batiam com caules de sorgo nos homens que estavam com elas, os quais só carregavam nas mãos ramos de erva-doce".[3]

Desconcertado com esses estranhos discursos, o bom pároco foi imediatamente a Cividale para conversar com o inquisidor e o vigário patriarcal e, tendo encontrado novamente Gasparutto, conduziu-o ao convento de San Francesco. Na presença do padre-inquisidor, Gasparutto confirmou, sem qualquer hesitação, o seu relato, fornecendo novos pormenores sobre os misteriosos encontros noturnos ("[...] quando as bruxas, bruxos e vagabundos voltam desses jogos, acalorados e cansados, se, ao passarem pelas casas, encontram água clara e límpida nos baldes, bebem-na; caso contrário, vão à adega e estragam o vinho"; por isso, aconselha Gasparutto, dirigindo-se a Sgabarizza, convém sempre ter em casa água limpa). E, diante da incredulidade do padre, Gasparutto se ofereceu para levá-lo a assistir, juntamente com o padre-inquisidor, às misteriosas reuniões; haveria duas antes da Páscoa, e, "se fizessem a promessa de ir, teriam de ir depois, forçosamente". Finalmente, afirmou que outros participantes desses encontros viviam em Brazzano, Iassico, Cormons, Gorizia e Cividale; mas os seus nomes não podiam ser revelados porque, "por ter falado dessas coisas [...], tinha sido espancado pelos citados feiticeiros". Procurando um pouco confusamente extrair um sentido das narrativas de Paolo, Sgabarizza conclui que existem, ao que parece, feiticeiros, como o próprio Gasparutto, "que são bons, são chamados vagabundos e, na sua linguagem, *benandanti*", os quais "impedem o mal", enquanto outros feiticeiros "fazem-no".[4]

Passam-se alguns dias. A 7 de abril, o pároco de Brazzano se apresenta de novo ao Santo Ofício, declarando ter ido a Iassico, na segunda-feira após a Páscoa, para rezar missa, e ter encontrado Gasparutto. Após a missa, de acordo com o costume, o pároco tinha participado de uma refeição preparada em sua homenagem. "Enquanto comia" — diz Sgabarizza — "falava de coisas convenientes àquele momento, isto é, de evitar o pecado e perseverar nas obras boas e santas"; mas Gasparutto, presente à cerimônia na qualidade de "comissário" (devia ser de condição abastada; em outro lugar encontra-se uma provável alusão aos seus criados[5]), o havia interrompido para narrar-lhe as proezas realizadas, com a habitual companhia, na noite precedente ("tinham atravessado de barco certas águas profundas e, [...] no rio Iudri,[6] um companheiro seu teve muito medo porque soprava um forte siroco e havia ondas altas, o que o fez ficar atrás dos outros [...]; e [...] tinham estado num campo não muito distante onde se haviam entregue aos seus combates e divertimentos habituais"). O padre não conseguiu controlar a sua curiosidade: "levei-o à minha casa e lhe fiz gentilezas para arrancar-lhe mais detalhes"; mas sem resultado.[7]

O conteúdo desses depoimentos de Sgabarizza foi confirmado por Pietro Rotaro, pai do menino tratado (inutilmente) por Paolo Gasparutto. Suspeitando que o garoto tivesse sido enfeitiçado, ele recorrera a Paolo, porque este "tem fama de andar com os citados feiticeiros e fazer parte dos *benandanti*".[8] A ele Gasparutto falou longamente dos encontros noturnos ("vão ora a um campo, ora a outro, ora ao de Gradisca, ora até ao de Verona, e reúnem-se para combates e divertimentos; e [...] os homens e mulheres que fazem o mal carregam e usam caules de sorgo que nascem nas hortas, e os homens e mulheres *benandanti* usam caules de erva-doce; e [...] vão ora um dia, ora outro, mas sempre na quinta-feira; e [...] quando fazem as grandes exibições vão para os grandes campos, havendo dias fixos para isso; e [...] os feiticeiros e feiticeiras, quando partem, vão fazer o mal, e é preciso que sejam seguidos pelos *benandanti* para impedi-los; e, quando entram nas casas, se não encontram água limpa nos baldes, vão às adegas e estragam o vinho com certas coisas que enfiam pelas aberturas dos recipientes [...]",[9] acrescentando, a pedido dos juízes, detalhes sobre o modo pelo qual Paolo afirma comparecer às reuniões, ou seja, como veremos mais adiante, "em espírito" e cavalgando vários animais, como lebres, gatos etc. Rotaro acrescenta ter ouvido dizer que em Cividale também há um desses "feiticeiros" — um pregoeiro público, Battista Moduco, que, conversando na praça, afirmou ser *benandanti* e costumar sair à noite, "especialmente na quinta-feira". Convoca-se então para testemunhar Troiano de' Attimis, nobre de Cividale. Este confirma ter sabido pelo cunhado, numa conversa na praça, que "em Brazzano havia esses feiticeiros e que também em Cividale, não muito longe de nós, havia um"; então Troiano, percebendo ali perto Battista Moduco, lhe perguntara: "'Tu fazes parte ainda daquele grupo de feiticeiros?' Ele me disse que era *benandante* e que, de noite, de preferência na quinta-feira, sai com os outros, os quais se reúnem em certos lugares para fazer festa, dançar, comer e beber; e que, quando retornam, os *maliandanti** descendo às adegas, bebem e depois urinam nos tonéis; e que, se não viessem depois os *benandanti*, o vinho se azedaria; e outros gracejos idênticos, nos quais não creio, e por isso parei de interrogá-lo".[10]

Maracco e o inquisidor Giulio d'Assisi acabaram por concordar com a desdenhosa conclusão do nobre de Cividale: brincadeiras, só isso. Com esse depoimento, de fato, os interrogatórios suscitados pelas confidências de Gasparutto se interrompem. Recomeçarão mais de cinco anos depois, por iniciativa, como veremos, de um outro inquisidor.

2. Embora vagos e indiretos, esses testemunhos já permitem afirmar, com segurança, a existência na região de Cividale, entre meados e o final do século XVI, de um complexo de crenças (não restritas a uma esfera individual, privada) não testemunhadas em parte alguma, estranhamente misturadas a tradições bem conhecidas. Se, com efeito, as bruxas e os feiticeiros que se encontram na noite da quinta-feira para entregarem-se a "saltos", "divertimentos", "festas" e banquetes evocam imediatamente a imagem do sabá — o sabá que os demonólogos haviam descrito e codificado minuciosamente, e os inquisidores perseguido, pelo menos a partir de meados do século XV[11] —, não obstante existem, entre as reuniões descritas pelos *benandanti* e a imagem tradicional e divulgada do sabá diabólico, diferenças evidentes. Nessas assembleias, ao que parece, não se presta homenagem ao diabo (a cuja presença, aliás, nem mesmo se faz referência), não se renega a fé, não se pisoteia a cruz, não se insultam os sacramentos.[12] No centro delas há um rito

---

* "Andarilhos do mal", em oposição aos *benandanti*, "andarilhos do bem". (N. T.)

obscuro: bruxas e feiticeiros armados com caules de sorgo que se entregam a torneios e combates com *benandanti* munidos de ramos de erva-doce.

Quem são esses *benandanti?* Por um lado, eles afirmam opor-se a bruxas e feiticeiros, criar obstáculos aos seus desígnios maléficos e curar as vítimas de seus encantamentos; por outro, não diversamente dos seus supostos adversários, afirmam participar de misteriosos encontros noturnos (dos quais não podem falar sob pena de sofrerem bordoadas), cavalgando lebres, gatos e outros animais. Essa ambiguidade reflete-se também no plano léxico. De fato, a noção da diferença profunda, até do antagonismo, existente entre bruxas e feiticeiros (isto é: "os homens e mulheres que fazem o mal") e "os homens e mulheres *benandanti*" parece abrir caminho com dificuldade na própria consciência popular. Assim, um pároco do campo como Sgabarizza (que inicialmente recorre significativamente a uma tradução aproximada do termo percebido como estranho: "vagabundos e, na sua linguagem, *benandanti*") e o moleiro Pietro Rotaro falam de "feiticeiros *benandanti*" — expressão na qual o adjetivo só adquire sentido apoiando-se no substantivo já bem conhecido. Feiticeiros, os *benandanti*; mas feiticeiros bons, afirma Sgabarizza, que procuram defender as crianças ou as provisões das casas das perfídias dos feiticeiros maus. Desde agora, os *benandanti* nos aparecem sob o signo de uma contradição que modelará profundamente a sua aventura secular.

3. Cinco anos mais tarde, a 27 de junho de 1580, o inquisidor frei Felice da Montefalco[13] retoma o processo deixado pela metade por seu predecessor, fazendo comparecer diante de si um dos dois *benandanti*, Paolo Gasparutto. Este declara ignorar o motivo pelo qual foi chamado. Confessou-se e comungou todo ano na sua paróquia; nunca ouviu dizer que em Iassico "exista alguém que viva como luterano ou viva perversamente".[14] Então, frei Felice pergunta "se ele conhece alguém que seja feiticeiro ou *benandante*". Gasparutto responde negativamente: "não conheço nenhum feiticeiro, nem *benandante*". E, de repente, começa a rir: "Padre, não que eu não saiba, [...] eu não sou *benandante*, nem é essa a minha profissão". Então o inquisidor começa a bombardeá-lo com perguntas: ele não curou o filho de Pietro Rotaro? "Rotaro me chamou", diz Paolo, "mas eu lhe respondi que não sabia nada e que não podia ajudá-lo." Ele falou sobre *benandanti* com o inquisidor precedente e com o pároco de Iassico? Paolo, a princípio, nega; depois, admite, sempre rindo, ter afirmado combater, em sonhos, contra os feiticeiros. Mas diante das questões insistentes do inquisidor, que lhe recorda detalhes dos seus relatos de cinco anos antes, recomeça a negar, entre contínuas risadas. O frade pergunta: "Por que riste?". E Gasparutto, inesperadamente: "Porque essas não são coisas que devam ser perguntadas, porque é ir contra a vontade de Deus".[15] O inquisidor insiste, cada vez mais desconcertado: "Por que se vai contra a vontade de Deus, interrogando sobre essas coisas?". Nesse ponto, o *benandante* percebe ter falado demais: "Porque perguntam-se coisas que eu não sei", responde; e recomeça a negar. Nunca falou de combates noturnos contra feiticeiros, nunca convidou a esses encontros Sgabarizza e o inquisidor; fechando os olhos, afirma obstinadamente não se lembrar de nada. E, quando frei Felice lhe recorda as suas descrições dos feiticeiros e dos *benandanti* que voltam cansados dos seus jogos e, se não encontram água nas casas, "urinam no vinho, estragando-o", exclama, rindo zombeteiramente: "Oh mundo, oh mundo!". Nada consegue arrancá-lo do seu silêncio, e inutilmente frei Felice lhe promete perdão e benevolência desde que diga a verdade ("se dissesse, seria considerado e tratado com misericórdia"). Nesse ponto, o interrogatório cessa, e Gasparutto é encarcerado.

4. No mesmo dia é interrogado o outro *benandante*, o pregoeiro Battista Moduco, apelidado "Perna Firme", nascido em Trivignano mas morando em Cividale havia trinta anos. Ele também declara ter-se confessado e comungado regularmente e não conhecer heréticos; mas, interrogado a propósito de feiticeiros e *benandanti*, responde tranquilamente: "não sei se existem feiticeiros; quanto aos *benandanti*, o único que conheço sou eu".[16] Imediatamente, frei Felice pergunta "o que quer dizer essa palavra *benandante*"; mas Moduco parece arrepender-se da imprudente resposta e procura transformar a coisa em brincadeira: "chamo de *benandanti* os que me pagam bem, os que eu gosto de frequentar". Todavia, acaba por admitir ter dito a diversas pessoas ser *benandante*, acrescentando: "dos outros não lhe posso falar porque não posso ir contra a vontade divina" (diga-se aqui que isso não implica que Moduco e Gasparutto se conhecessem ou se tivessem encontrado). No que diz respeito à sua pessoa, Moduco declara sem hesitar: "Eu sou *benandante* porque vou combater com os outros quatro vezes por ano, isto é, nos Quatro Tempos, de noite, de forma invisível, com o espírito, ficando o corpo; e nós andamos em favor de Cristo, e os feiticeiros, do diabo; combatendo uns contra os outros, nós com os ramos de erva-doce e eles com os caules de sorgo".

Não é difícil imaginar a perplexidade do inquisidor diante desses *benandanti*, por tantos aspectos semelhantes a verdadeiros feiticeiros e que, contra os feiticeiros, se apresentam como defensores da fé cristã. Mas Moduco não terminou: "E, se nós vencemos, o ano é de abundância; e, se perdemos, há penúria no ano". Mais adiante precisará: "nos combates que fazemos, uma vez combatemos pelo trigo com todos os cereais, uma outra vez pelas colheitas miúdas, outras vezes pelos vinhos; e assim, em quatro vezes, combate-se por todos os frutos da terra, e há abundância no ano daqueles pelos quais os *benandanti* lutaram e venceram".[17] No centro das assembleias noturnas dos *benandanti* vemos, portanto, emergir um rito de fertilidade, que segue, ponto a ponto, o ritmo dos principais momentos do ano agrícola.

Moduco afirma não fazer parte da companhia dos *benandanti* há mais de oito anos: "entra-se aos vinte anos e é permitido sair aos quarenta, se se deseja". Fazem parte dessa "companhia" todos aqueles que "nasceram empelicados [...] e, quando atingem vinte anos, são chamados ao som do tambor que chama os soldados, e nós temos de andar". Frei Felice interrompe, procurando pôr o *benandante* em dificuldades: "como pode acontecer que nós conheçamos gentis-homens que nasceram empelicados e nem por isso são viandantes?" (como se vê, procurando manter uma certa distância, o frade evita servir-se do termo popular que lhe é estranho). Mas Moduco não se deixa abalar: "eu digo que todos os que vão nasceram empelicados", replica sem hesitação. Tudo isso parece incrível ao inquisidor, que insiste em saber a verdade sobre o ingresso nessa "profissão"; e Moduco, com simplicidade: "não se faz nada além de deixar o espírito abandonar o corpo e partir".

As respostas do *benandante* devem ter insinuado sérias suspeitas no espírito de frei Felice, que pergunta: "quem é que vem chamar: Deus, um anjo, um homem ou o demônio?". "É um homem como nós", replica Moduco, "que está colocado acima de todos nós e bate o tambor e nos chama." E, sempre respondendo às perguntas do frade: "somos uma grande multidão e, as vezes, somos mais de 5 mil, [...] alguns se conhecem porque são da aldeia, outros não". O inquisidor não se dá por vencido: "quem colocou esse homem acima de vós?". "Eu não sei", diz Battista, "mas nós cremos que ele tenha sido dado por Deus, porque nós combatemos pela fé cristã." Quanto ao capitão, "é chefe da companhia até os quarenta anos, ou então até que renuncie; [...] é de Colônia [...], homem de 28 anos, de grande estatura, barba ruiva, rosto pálido, de origem nobre, e é casado"; seu estandarte é "branco, e negra a bandeira, isto é, a haste que carrega diante de si". E acrescenta: "nosso porta-estandarte leva uma bandeira de tafetá branco, bordado a ouro, com um leão", enquanto "a bandeira dos feiticeiros é de tafetá vermelho, bordada a ouro, com quatro diabos negros"; e o seu capitão tem "a barba negra, é grande e gordo e alemão de origem"; vão combater em vários lugares, no território de Azzano, perto de Cuniano, às vezes "em terra alemã, em certos prados próximos de Cirghinis".

Mas o inquisidor exige mais detalhes, sobretudo o nome dos *benandanti*. Moduco recusa ("seria espancado por toda a companhia"), e se recusa também revelar o nome dos feiticeiros.[18] "Se dizeis que combateis por Deus, quero que me deis o nome desses tais feiticeiros", replica frei Felice. Mas Battista é irredutível: afirma que não pode acusar ninguém "que seja inimigo ou amigo [...]; porque prometemos, sob pena de morte, não falar nem de uma nem de outra parte. [...] Esta ordem foi feita pelos capitães dos dois grupos, aos quais somos obrigados a obedecer". Somente diante de uma nova objeção do frade ("isso é uma desculpa, porque, não estando mais vinculado a eles, como dizeis, não sois obrigado a obedecer-lhes; portanto, revelai-me o nome desses feiticeiros"), cede e revela dois nomes, entre os quais o de uma mulher que havia secado o leite de certo rebanho. Nesse ponto, termina o interrogatório de Moduco; evidentemente as suas respostas não o puseram em muito má situação diante da Inquisição, já que frei Felice o coloca em liberdade.

5. No dia 28 de junho, Paolo Gasparutto é interrogado pela segunda vez. Um dia na prisão convenceu-o da inutilidade de persistir em negar. Declara então ter entrado na companhia dos *benandanti* com 28 anos, chamado pelo capitão dos *benandanti* de Verona, ter permanecido durante dez anos e tê-la abandonado quatro anos antes.[19] "Por que razão", pergunta o inquisidor, "vós não me dissestes isso ontem?" Paolo responde: "Porque tinha muito medo dos feiticeiros que poderiam vir atacar-me no leito para matar-me". Mas, à nova pergunta do frade ("da primeira vez que partistes, sabíeis estar indo com os *benandanti*?"), responde detalhadamente: "Sim, padre, porque tinha sido avisado antes por um *benandante* de Vicenza e que se chama Baptista Visentino [...], de 35 anos, estatura alta, barba negra e bela aparência, um camponês". Este se apresentara a ele no "mês de dezembro, para os Quatro Tempos de Natal, na quinta-feira[20] à noite, por volta das quatro horas, durante o primeiro sono". E aqui reaparece, com ênfase particular, a motivação dos ritos dos *benandanti* já surgida no interrogatório de Moduco: "Disse-me que o capitão dos *benandanti* me chamava porque eu devia ir combater pelas colheitas. E eu lhe respondi: 'desejo ir por amor das colheitas'".

Frei Felice objeta: "Se vós dormíeis, como respondestes a ele e como ouvistes a sua voz?". E Paolo: "O meu espírito lhe respondeu"; e explica que é o espírito deles que parte, "e se por acaso, na nossa ausência, alguém for iluminar nosso corpo para contemplá-lo, naquela noite o nosso espírito não poderá voltar, enquanto estiver sendo observado; e se o corpo, parecendo morto, for enterrado, o espírito irá vagar pelo mundo até o momento previsto para a morte do corpo". Mas, pergunta o inquisidor, vós conhecíeis Battista Vicentino antes que ele aparecesse naquela noite? "Não, padre", replica, imperturbável, Gasparutto, "mas eles sabem quem é *benandante*." "Como sabem eles quem é *benandante*?" "O capitão dos *benandanti* sabe."[21]

Nesse momento, Paolo começa a descrever (com algumas diferenças mínimas em relação ao relato análogo de Moduco) a companhia dos *benandanti* da qual faz parte: "somos só seis. [...] Combatemos com ramos de viburno, isto é, com aqueles galhos que carregamos atrás das cruzes nas procissões das Rogações; e temos uma bandeira de tafetá branco, bordada a ouro, e os feiticeiros têm uma de cor amarela, com quatro diabos dentro".[22] Acrescenta que costumam combater nos campos de Verona e Gradisca e, a uma objeção do inquisidor ("Como sabeis que deveis andar em direção a um ou outro campo?"), explica que "nos Quatro Tempos precedentes, *benandanti* e feiticeiros desafiam-se uns aos outros e escolhem o lugar". (Logo depois, ao frade que lhe pergunta se já prometeu a alguém conduzi-lo a esses "jogos", responde, quase entediado: "ao padre-inquisidor anterior; se ele tivesse ido, vós não estaríeis agora me examinando".) O capitão deles é "de Verona, mas eu não sei o seu nome, um aldeão, acredito, de boa estatura, homem robusto, de barba ruiva e com uns trinta anos de idade"; como se tornou capitão, ele ignora.

Como a de Moduco, a confissão de Gasparutto termina com a denúncia de dois feiticeiros — um de Gorizia, outro da aldeia de Chians, perto de Capodistria. O inquisidor parece satisfeito e liberta Paolo, ordenando-lhe que se reapresente, dentro de vinte dias, não mais em Cividale, mas sim em Udine, no convento de San Francesco.

6. Isso se passava a 28 de junho; a 24 de setembro, o inquisidor manda conduzir a Udine Gasparutto, o qual não tinha cumprido a sua promessa (desculpar-se-á afirmando ter estado doente), e ordena que seja encarcerado. Dois dias depois, o *benandante* é novamente interrogado.

Até agora os relatos de Moduco e Gasparutto tinham mostrado um paralelismo quase absoluto. Nesse ponto, há uma divergência: Gasparutto modifica a sua confissão num ponto essencial, introduzindo um elemento novo.

"Pensei que tenho de dizer a verdade", declara no início do interrogatório; e, ao inquisidor que retoma a questão destinada a captar, na sua confissão, o elemento mais importante do ponto de vista teológico ("Quem vos chamou para entrar nessa companhia de *benandanti*?"), responde inesperadamente: "o anjo do céu. [...] À noite, na minha casa, por volta das quatro horas, durante o primeiro sono, [...] apareceu-me um anjo todo de ouro como os dos altares, chamou-me, e meu espírito saiu. [...] Ele me chamou pelo nome, dizendo: 'Paolo, mandar-te-ei um *benandante*, e é preciso ir combater pelas colheitas. [...]' Eu lhe respondi: 'Eu irei porque sou obediente'".[23]

Como interpretar essa variação? À primeira vista, parece óbvio supor que, diante do prolongamento do interrogatório e do novo encarceramento, Gasparutto tenha tentado libertar-se das malhas da Inquisição, acentuando posteriormente as motivações cristãs da sua "profissão" com a inserção do motivo do anjo, sem perceber estar assim agravando a própria situação. Dois fatos, todavia, devem ser retidos: o tema do anjo que assiste aos encontros dos *benandanti* (ao qual fará referência Gasparutto) retorna, mesmo que de forma marginal, num processo de 1618-9 e num de 1621;[24] de volta à prisão, Gasparutto confia o detalhe do anjo a Moduco, o que torna pouco plausível a hipótese de uma invenção extemporânea, inserida a título de defesa. Em conclusão, é verossímil supor que, na sua primeira confissão, Gasparutto tivesse omitido o detalhe do aparecimento do anjo exatamente porque percebia a sua periculosidade intrínseca.

Mal Gasparutto terminou de falar da aparição do anjo "todo de ouro", e já o inquisidor insinua com repentina brutalidade: "Que coisas vos prometeu: mulheres, comida, danças, que outras coisas?". Bastou a referência de Paolo ao anjo para convencer frei Felice do caráter efetivamente diabólico dos "jogos" dos *benandanti* e da identificação deles com o sabá. Gasparutto nega categoricamente e se defende, atribuindo aos outros, aos inimigos, aos feiticeiros, as acusações que lhe são feitas: "não me prometeu coisa alguma, mas os outros dançam e pulam, eu os vi porque combatemos contra eles". Então o inquisidor ataca um outro ponto da narração de Paolo: "Aonde foi o vosso espírito quando o anjo vos chamou?". "Saiu, porque no interior do corpo não pode falar", respondeu Paolo. E o diálogo se torna mais cerrado: "Quem vos disse que o espírito deve sair do corpo para falar com o anjo?". "O próprio anjo me disse." "Quantas vezes vistes aquele anjo?" "Toda vez que eu saía, porque vinha comigo" (pouco depois acrescentará: "ele está em pessoa junto à nossa bandeira").[25]

Até agora vínhamos tendo quase só um monólogo de Gasparutto, interrompido apenas pelos pedidos de esclarecimento da parte do inquisidor. Enquanto os relatos dos "jogos" noturnos dos *benandanti* revelavam uma realidade desconcertante, levemente suspeita, mas de qualquer forma impossível de fazer-se enquadrar nos costumeiros esquemas demonológicos, frei Felice havia mantido uma atitude passiva, um misto de espanto e curiosidade distanciada. Agora, diante da brecha inesperadamente oferecida por Gasparutto, a técnica do interrogatório se altera, tornando-se manifestamente sugestiva: o inquisidor quer a todo custo ajustar as confissões do *benandante* ao modelo de que dispõe — o sabá.

Primeiramente, ele reveste insidiosamente a figura do anjo com atributos demoníacos: "Quando aparece ou quando se afasta, esse anjo vos assusta?". Paolo rebate com determinação:

"Não nos assusta nunca e, quando deixamos o grupo, ele nos dá a bênção". "Esse anjo não se faz adorar?" "Nós o adoramos como adoramos nosso senhor Jesus Cristo na igreja." Então frei Felice muda de discurso: "Esse anjo vos conduz ao outro anjo, sentado num belo trono?". Inútil dizer que, no relato de Gasparutto, não havia qualquer referência a diabos ou a tronos; mas a resposta ainda desta vez é imediata, matizada de indignação: "Mas ele não faz parte da nossa liga, Deus nos guarde de manter relações com aquele falso inimigo! [...] são os feiticeiros que ocupam aqueles belos tronos". O inquisidor acossa: "Já vistes os feiticeiros junto àquele belo trono?". E Gasparutto, "movendo os braços", sentindo-se prisioneiro da rede lançada pelo inquisidor: "Mas não, senhor; nós não fazemos nada além de combater!". Mas frei Felice é implacável: "Qual é o anjo mais belo, o vosso ou o do belo trono?". E Paolo, desesperado, se contradiz: "Já não vos disse que não vi aqueles tronos? [...] O nosso anjo é belo e branco, o deles é negro, é o diabo".[26]

7. A partir daí, o processo se encaminha para o fim. O inquisidor conseguiu reconduzir substancialmente o testemunho de Gasparutto para o interior dos esquemas próprios, das coordenadas teológicas adequadas: as reuniões dos *benandanti* e dos feiticeiros são mesmo o sabá, e a "companhia" dos *benandanti*, que afirma falsamente estar sob a proteção divina e combater sob a direção e a proteção de um anjo, é coisa diabólica. Diante da pressão das perguntas do inquisidor, a segurança de Gasparutto parece vacilar, como se a realidade na qual ele acreditava tivesse, de improviso, mudado de aspecto, escapando-lhe das mãos. Alguns dias depois, reapresentando-se a frei Felice, declarará: "creio que a aparição daquele anjo tenha sido uma tentação do demônio, porque me dissestes que ele pode transfigurar-se em anjo". Da mesma forma Moduco, no seu interrogatório de 2 de outubro: "desde que ouvi do meu companheiro que está na prisão que um anjo lhe apareceu, formei a opinião de que essa seja uma obra diabólica, porque o Senhor não manda os anjos para fazer os espíritos saírem do corpo, mas para dar-lhes boas inspirações".[27] Essas retratações são sinceras? É impossível responder com segurança. O que conta é que o desenrolar desse processo — a crise das convicções testemunhadas pelos dois *benandanti*, o seu enquadramento, sob a pressão do inquisidor, no quadro mental e teológico deste último — resume, antecipando-a, a evolução geral do culto, cujo gradual delineamento se poderá ver no decorrer de mais de meio século.

Mas as crenças antigas não se dissolvem facilmente. Moduco afirmou estar agora convencido do caráter diabólico das aparições; no entanto, embora cauteloso na forma de expressão, não pôde deixar de reafirmar a realidade, para ele incontestável. "Apareceu-me uma certa coisa invisível, em sonho, a qual tinha a forma de um homem; e parecia que eu dormia e não dormia, e parecia-me que fosse alguém de Trivignano; e porque eu tinha, no pescoço, aquele pelico no qual nasci parecia dizer-me: 'tu tens de vir comigo porque possuis uma das minhas coisas'; e assim eu disse que, se era preciso ir, eu iria mas que não queria afastar-me de Deus; e, tendo-me dito ele que era obra de Deus, fui durante 22 anos, ou antes 23."[28] Quanto ao "pelico", que já declarou ser sinal distintivo dos *benandanti*, Moduco afirma tê-lo carregado sempre em torno do pescoço, até o momento em que, tendo-o perdido, deixou de sair à noite, já que "aqueles que têm o pelico e não o vestem não vão".

Neste ponto, após alguns ataques, frei Felice, sem mais demora, toma resolutamente a direção do interrogatório: "Tu vias o que iam fazer os feiticeiros lá fora?". É uma tentativa, análoga à já experimentada com sucesso com Gasparutto, de obrigar Moduco a reconhecer nas reuniões dos *benandanti* o sabá das feiticeiras (e o fato de Moduco ter afirmado que os feiticeiros armados de caules de sorgo combatiam pelo diabo[29] tornava mais fácil o desvirtuamento). Moduco se esquiva da armadilha: "Não, senhor, a não ser nos Quatro Tempos, quando combatíamos contra eles; mas eles saem também às quintas-feiras. [...] Nesses dias, os feiticeiros vão sempre fazer o mal a este ou àquele, não sei se são chamados por alguém". E acrescenta: "os feiticeiros fazem reverências e orações aos seus senhores, os quais vão vestidos de preto e com correntes no pescoço, com ar solene, fazendo os outros ajoelharem-se diante deles". A pergunta do inquisidor dispara no sentido preestabelecido: "Vós, os *benandanti*, vos ajoelhais diante do vosso capitão?". E Moduco, com orgulho militar: "Não, senhor, só lhe fazemos reverência com o boné, como os soldados ao seu capitão". Mas, após um questionamento posterior ("Depois de ajoelhar-se, os feiticeiros se entregam a outros jogos?"; "Senhor, eu não vi, porque eles andam de um lado para o outro"), frei Felice não se contém mais e prorrompe: "Como pudeste acreditar que fosse de Deus essa obra, já que os homens não têm o poder nem de tornarem-se invisíveis nem de fazer o espírito sair do corpo, e que as obras de Deus não se realizam ocultamente?". É um ataque impetuoso, frontal; e Moduco não se defende, desculpa--se: "Ele me pedia tanto, dizendo 'Caro Battista, levanta-te!'; e parecia que eu dormia e não dormia, e, sendo ele mais velho do que eu, deixei-me persuadir, pensando que estivesse certo". Agora admite o seu erro: "Sim, senhor, eu creio agora que essa foi uma obra diabólica, porque o outro me falou daquele seu anjo". Mas não pôde impedir-se de insistir, com determinação, no caráter ortodoxo, até piedoso, dos encontros dos *benandanti*: "Da primeira vez que fui chamado [...] o capitão me tomou pela mão e me perguntou: 'Tu serás um bom servidor?', e eu lhe respondi que sim. [...] Ele não me prometeu coisa alguma, mas dizia-me claramente que eu fazia uma obra do Senhor e que, uma vez morto, iria para o Paraíso. [...] Lá não se citava em particular Cristo, nem a Virgem, nem santo algum, nem vi jamais alguém fazer o sinal da cruz; mas falavam de Deus e dos santos em geral, dizendo: 'Que Deus e os santos estejam conosco', sem referência porém a nenhum".[30] Mas, com um desvio brusco, diante de uma enésima insinuação do inquisidor, acrescenta: "Enquanto esperávamos a companhia, não fazíamos nada, nem se comia, nem se bebia; mas, durante o retorno, tantos escudos eu tivesse, tantas vezes bebíamos nas adegas, entrando pelas aberturas e montando a cavalo nos tonéis! Bebíamos com um bornal, como os feiticeiros; mas estes, depois de beber, mijavam nos tonéis". Talvez enfadado com tantas extravagâncias, o frade interrompe, repreendendo o *benandante* por não ter revelado ao seu confessor esses seus divertimentos noturnos. "Caro senhor", replica Battista, entre espantado e ressentido, "não vos expliquei que só por ter dito duas palavrinhas fui espancado terrivelmente, de maneira que todo o meu dorso, as costas e os braços ficaram negros? Foi por isso que nunca falei ao confessor."

8. Os interrogatórios terminam com a ordem dada aos dois *benandanti*, recolocados em liberdade, de reapresentarem-se no momento em que fossem chamados pelo Santo Ofício. Por um conflito de competência entre o vigário do patriarca e o provedor de Cividale, a sentença se fez esperar por mais de um ano.[31] Com efeito, só no dia 26 de novembro de 1581 o inquisidor transmitiu a Moduco e Gasparutto a ordem de ir à igreja de San Francesco di Cividale "ad audiendam sententiam".*

Nas duas sentenças são minuciosamente inventariados os erros heréticos (*haereticalia*[32]), resultantes das confissões dos dois *benandanti*. Alguns pontos são sublinhados como particularmente merecedores de reprovação: a afirmação feita por Moduco de que quem é *benandante* e combate pela fé contra os feiticeiros irá seguramente para o Paraíso; a idolatria cometida por Gasparutto, que adorou o falso anjo; por fim, o pecado de omissão de que os dois se tornaram culpados, ocultando do confessor as suas atividades noturnas.[33] É notável ainda que na sentença contra Gasparutto, acusado mais gravemente por ter mencionado a presença do ambíguo anjo nos encontros dos *benandanti*, apareçam termos mais categóricos; assim, não se diz "cum benandantibus fuisti"** como para Moduco, mas "fuisti inter strigones a vobis cognominatos benandantes";*** além disso, fala-se explicitamente de "artes diabólicas". Nela, tam-

---

* Para ouvir a sentença. (N. T.)
** Fizeste parte dos *benandanti*. (N. T.)
*** Fizeste parte dos feiticeiros que chamais *benandanti*. (N. T.)

bém, é inserida uma deformação, que propõe, ainda uma vez, a identificação entre o sabá diabólico e os encontros dos *benandanti* ("alios tecum venire fuisti cohortatus [...] illosque venientes docuisti ne sanctum Dei nomen sanctorumque eius nominare deberent, quia ibidem remansissent",* enquanto, segundo Sgabarizza, Gasparutto se limitara a dizer-lhe: "quando chegávamos lá, apesar de vermos certos grandes saltos, não se devia dizer nada, senão teríamos ficado lá"[34]). Ambos são absolvidos da excomunhão maior em que incorreram enquanto heréticos e condenados a seis meses de cárcere; além disso, são impostas a eles orações e penitências a serem cumpridas em certos dias do ano (entre os quais os Quatro Tempos, para obter de Deus a remissão dos pecados cometidos naqueles dias). Em seguida, a pena é perdoada a ambos, com a condição de que, por quinze dias, não se afastem da cidade. No mesmo dia, os dois *benandanti*, após a leitura das sentenças, "audiente populi moltitudine",[35]** abjuram solenemente os seus erros.

9. O quadro que surge das confissões dos dois *benandanti* não será (como veremos) modificado nas suas linhas fundamentais por alguns decênios. Num certo sentido, aliás, tais testemunhos são os mais ricos de informação para essa primeira fase das crenças que estamos examinando. Nesse período, os *benandanti* constituem, de acordo com as suas confissões, uma verdadeira seita,[36] organizada militarmente em torno de um capitão e ligada por um compromisso de segredo; vínculo bastante fraco, que os *benandanti* infringem continuamente, por tagarelice ou vaidade ingênua. Os adeptos dessa seita (que estão disseminados, como se verá cada vez melhor, por todo o Friul, sobretudo o oriental) são ligados, antes de tudo, por um

---

* Tu exortastes outras pessoas a acompanhar-te [...] aos participantes ensinaste que eles não deviam pronunciar nem o santo nome de Deus nem os dos santos, senão eles não poderiam retornar. (N. T.)

** Diante de uma multidão atenta. (N. T.)

elemento comum: terem nascido com o pelico, isto é, envolvidos na membrana amniótica.

A esse objeto (o "pelico") estão relacionadas, numa série de testemunhos sincrônicos, sobretudo de ambiente friulano, várias superstições: ele protege os soldados dos golpes, afasta os inimigos, até ajuda os advogados a vencerem as causas.[37] Seja como for, é um objeto com virtudes mágicas; e essas virtudes mágicas podem ser aumentadas com a celebração de missas de consagração, segundo uma prática supersticiosa já viva no tempo de são Bernardino, que a condenara numa das suas prédicas.[38] Battista Moduco afirma ter recebido o "pelico" em que nascera da própria mãe, que lhe recomendara levá-lo sempre consigo; sobre esse pelico, com o qual tinha sido batizado, Moduco, encontrando-se em Roma, fez um frade celebrar mais de trinta missas. Por sua vez, Gasparutto confessa: "minha mãe, aproximadamente um ano antes que me aparecesse aquele anjo, me deu o pelico com que nascera, dizendo que o havia batizado junto comigo, que tinha mandado rezar nove missas para ele e benzê-lo com algumas orações e leituras do Evangelho; e me disse que eu nascera *benandante* e que, quando fosse grande, deveria sair de noite; e que eu o conservasse e levasse comigo, porque deveria ir com os *benandanti* combater os feiticeiros". Aos poderes genéricos do "pelico" acrescenta-se o específico de predestinar os indivíduos nascidos dentro dele à "profissão" de *benandante*; e há mais: "os que têm o pelico e não o levam consigo não vão", afirma Battista Moduco. Que as crianças nascidas com o pelico fossem condenadas a tornarem-se feiticeiros é tradição viva no folclore de muitas partes da Itália, inclusive o Friul e a Ístria (onde, todavia, se trata de um eco da crença que estamos examinando aqui[39]). Mas essa analogia não nos diz como a conexão entre "nascidos com o pelico" e *benandanti* pôde surgir. Procuraremos esclarecer esse ponto à luz de elementos ulteriores.

A iniciação dos *benandanti* ocorre numa idade precisa, correspondente aproximadamente ao acesso à maturidade (Moduco entrou na "companhia" com vinte anos, Gasparutto com 28);

como num exército, após um certo período — dez, vinte anos — a obrigação de partir para o combate à noite é suspensa. Em todos os casos, o momento da iniciação não surge de improviso; pelo contrário, é esperado (vejam-se as advertências da mãe de Gasparutto ao filho). Como diz Moduco, quando os que nasceram empelicados "chegam aos vinte anos, são chamados pelo próprio som do tambor que reúne os soldados"; e, trate-se de um anjo ou de um *benandante*, eles já sabem que "é preciso ir".

10. Falou-se dos *benandanti* como de uma seita; uma seita particularíssima, cujas cerimônias, segundo os próprios *benandanti*, têm por característica serem puramente oníricas. Na realidade, os *benandanti* se exprimem de forma variada e nunca põem em dúvida a *realidade* daqueles encontros em direção aos quais partem "em espírito". A atitude das bruxas processadas em outras partes da Itália (e não só na Itália) era perfeitamente análoga. Veja-se, por exemplo, o caso de Domenica Barbarelli, uma feiticeira de Novi, processada pela Inquisição de Modena em 1532. Ela dizia "se omnino velle [ire] ad cursum Diane, quapropter fuit a multis observata ne posset ire; et [...] iacuit ut mortua per duas horas vel circa, que tandem ab astantibus sepius agitata, in se rediens dixit hec verba: 'Io ge sum pur stata al vostro despetto'; et narravit plurimas turpitudines quas dicebat se perpetrasse in dicto ludo".[40]* Aqui também a partida em sonho, "em espírito", é percebida como algo de real; por isso a bruxa pode zombar da assistência: ela, ou melhor, o seu espírito foi verdadeiramente ao "sabá".

Vamos nos deter, mais adiante, no significado desse ir "em espírito" de bruxas e *benandanti*; comecemos, porém, com a observação de que tanto as primeiras quanto os segundos afir-

---

* Que queria a qualquer preço ir à caça de Diana. Assim, muitos a observaram para impedi-la. [...] Ela ficou deitada como morta durante cerca de duas horas e finalmente, agitada frequentemente pelas pessoas presentes, voltou a si, dizendo: "Eu fui assim mesmo, a despeito de vós". E ela contou numerosas infâmias que dizia ter perpetrado nesse lugar. (N. T.)

mavam cair, antes de seguir para as assembleias, num estado de profunda prostração, de catalepsia, sobre cuja causa muito se discutiu. Trata-se, sem dúvida, de um problema marginal para a interpretação da feitiçaria; mesmo se pudéssemos (e não podemos) determinar com segurança a natureza desses estados catalépticos, ficaria ainda por explicar o mais importante, isto é: o significado das visões das bruxas e *benandanti*. Mas não há dúvida de que o problema merece ao menos ser colocado.

As interpretações apresentadas são substancialmente de dois tipos: ou se supôs que bruxas e feiticeiros fossem indivíduos que sofriam de epilepsia, histeria ou outras doenças nervosas insuficientemente caracterizadas; ou então a perda de consciência acompanhada de alucinações, narradas por eles, foi atribuída à ação de unguentos compostos de substâncias soporíferas ou estupefacientes. Comecemos com a discussão da segunda hipótese.

Que as bruxas se untavam antes de "partir" para o sabá é bem sabido. Já em meados do século XV, o teólogo espanhol Alfonso Tostado, comentando o *Gênese*, notava casualmente que as bruxas espanholas, depois de terem pronunciado certas palavras, besuntavam-se com unguentos e caíam num sono profundo, que as tornava insensíveis até ao fogo ou às feridas; mas, ao despertar, afirmavam ter ido a este ou àquele lugar, às vezes muito longe, para encontrar-se com outras companheiras, banquetear-se e namorar.[41] Meio século mais tarde, Della Porta obteve idêntico resultado, fazendo untar uma velha com fama de bruxa e estabelecendo depois, minuciosamente, o elenco dos ingredientes do unguento utilizado. A experiência foi repetida modernamente por dois estudiosos, os quais chegaram a resultados diferentes.[42] Todavia, parece razoável supor que, se não todas, pelo menos uma parte das bruxas confessas se servia de unguentos capazes de provocar estados de delírio alucinatório.

Não é fácil, contudo, estender essa hipótese também aos *benandanti*. Nem Gasparutto nem Moduco falam de unguentos; eles falam somente de sonos profundos, de letargias, que os tornam insensíveis, permitindo a saída do "espírito" do seu corpo. Nos sucessivos processos contra *benandanti* também encontramos apenas duas referências nesse sentido. Um boieiro de Latisana, Menichino, que afirma ser *benandante* e sair de noite sob a forma de fumaça para combater os feiticeiros e que, ao ser processado, em 1591, pelo Santo Ofício de Veneza, diante de uma das costumeiras insinuações do inquisidor ("quando saías em forma de fumaça como dizes, besuntavas-te antes com algum unguento ou óleo ou [...] dizias algumas palavras [...]?"), reage inicialmente com violência: "Não! Juro pelos santos, por Deus e pelos Evangelhos que não me untava nem dizia palavra alguma. [...]". Apenas na releitura do interrogatório admite que o *benandante* que o exortara pela primeira vez a sair de noite lhe havia aconselhado untar-se "com o óleo da lamparina antes de partir".[43] É uma admissão cautelosa e talvez reticente que não encontra confirmação muito mais sólida no testemunho de um carpinteiro de Palmanova, que denuncia ao inquisidor de Aquileia uma prostituta, Menica di Cremons, como *benandante*, por ter "ela mesma afirmado que, quando parte, unta-se com alguns óleos ou unguentos e que o corpo fica e o espírito vai [...]".[44] Trata-se, como se vê, de um testemunho indireto e, além do mais, muito tardio (o processo é de 1626); por isso, surge a suspeita de que essa referência deva ser interpretada como um primeiro indício da assimilação dos *benandanti* aos feiticeiros, que vinha ocorrendo, como veremos, naquele período.[45] Em conclusão, os testemunhos sobre o uso de unguentos por parte dos *benandanti* são verdadeiramente muito poucos, em confronto com o número de processos que chegaram até nós, para que se possa adiantar essa interpretação.

Passemos agora à outra hipótese. Que muitas bruxas eram epilépticas e que muitas possessas eram histéricas é certo. Todavia, não há dúvida de que nos encontramos diante de manifestações irredutíveis ao domínio da patologia; por motivos estatísticos (frente a um número tão elevado de "doentes" até as fronteiras entre saúde e doença se deslocam) e, sobretudo, porque as pretensas alucinações, ao invés de situarem-se numa esfera individual, privada, possuem uma consistência cultural precisa — pense-se no fato de que ocorrem num período bem circunscrito do ano: os Quatro Tempos — e exprimem conteúdos próprios de uma determinada religiosidade popular ou de um misticismo desencaminhado particular. O mesmo discurso vale para os *benandanti*. Parece óbvio atribuir a crises epilépticas as catalepsias e letargias em que eles afirmavam cair. No entanto, só um *benandante* — uma mulher, Maria Panzona, processada inicialmente em Latisana e, depois, em Veneza, pelo Santo Ofício, em 1618-9 — sofria, de fato, do "grande mal", isto é, de epilepsia.[46] Decerto, no seu caso, as crises que a afligem continuamente (até durante o interrogatório) devem ter assumido, em determinadas circunstâncias — durante os Quatro Tempos — o aspecto das letargias rituais dos *benandanti*. A documentação de que dispomos não nos permite, porém, generalizar esse fato. A natureza das catalepsias dos *benandanti* permanece obscura. De qualquer forma, não importa muito se elas eram provocadas pela ação de unguentos à base de estupefacientes, se decorriam de crises epilépticas ou se eram obtidas graças a técnicas de êxtase particulares; o problema dos *benandanti* e das suas crenças deve ser resolvido no quadro da história da religiosidade popular e não no da farmacologia ou da psiquiatria.[47]

11. Esse estado de perda da sensibilidade, comum tanto às bruxas como aos *benandanti*, é interpretado como uma separação do espírito do corpo. Uma mulher condenada à fogueira em 1571 pelo *podestà** e pelo Conselho dos Anciães de Lucca, Margherita di San Rocco, declara: "fui ao sabá mas não pessoalmente, e sim *em espírito, deixando o corpo em casa*".[48] E uma de suas companheiras (que tem o mesmo destino), Polissena di San Macario: "tendo sido persuadida por uma das minhas tias, Lena da Pescaglia, a ir às assembleias de feiticeiras, um ano após a sua morte comecei a agir assim: quando era chamada e ela

---

* Autoridade responsável pela polícia e pela justiça nas cidades italianas. (N. T.)

me dizia 'vamos' (voz que só podia ser ouvida por mim), eu me besuntava com o unguento que me fora dado [...] e, transformada em gata, *deixando o corpo em casa*, descia a escada e saía pela porta [...]".[49] São declarações feitas sob tortura ou, pelo menos, no decorrer de um processo pesadamente influenciado pelo seu uso;[50] mas o que importa aqui não é a sinceridade, e sim a presença difusa de certas crenças, não compartilhadas, como veremos, pelos juízes.

Essa separação do espírito do corpo, que permanece exânime, é considerada como uma separação efetiva, um evento carregado de perigos, quase uma morte. Ao *podestà* e aos Anciães de Lucca, Margherita di San Rocco declara (e o pormenor reaparece nas confissões da sua companheira Polissena) que, quando vão ao sabá, "se por acaso fôssemos viradas de bruços, perderíamos o espírito e o corpo permaneceria morto";[51] e, se o espírito "não tivesse voltado com o canto do galo, ao nascer do dia, não retornaria mais em forma humana; o corpo ficaria morto, e o espírito transformado em gata".[52] Por sua vez, o *benandante* Gasparutto diz a Rotaro que, "quando participa desses jogos, o seu corpo fica no leito e o espírito vai; e que, quando está ausente, se alguém for até o leito onde está o corpo para chamá-lo, este não responderá jamais, nem será possível fazê-lo mover-se, ainda que se tente durante cem anos [...]; e [...] leva 24 horas para voltar e que, se (o corpo) disser ou fizer alguma coisa, o espírito ficará separado do corpo; e, se o corpo foi enterrado, o espírito permanecerá errante...".[53] A alma que abandona o corpo para tomar parte nos encontros das bruxas ou nos combates dos *benandanti* é vista em ambos os casos como algo de muito real, algo tangível: um animal. Num outro processo de Lucca (este de 1589), uma velha camponesa acusada de feitiçaria, Crezia di Pieve San Paolo, diz: "uma vez, há mais de quarenta anos, conheci uma feiticeira que se chamava Gianna; um dia adormeceu, e vi sair um rato da sua boca; e aquele era o seu espírito que não sei para onde foi".[54] Da mesma forma, a mulher de Gasparutto, interrogada por frei Felice da Montefalco a 1º de outubro de 1580, afirma ignorar se o marido é *benandante* ou não; recorda, entretanto, que numa noite de inverno, tendo acordado assustada, chamara Paolo para que a tranquilizasse; "e embora o tivesse chamado talvez dez vezes, sacudindo-o, não pude fazê-lo acordar, e ele estava com o rosto voltado para cima"; pouco depois, percebera que ele murmurava: "esses *benandanti* dizem que o seu espírito, quando sai do corpo, parece um ratinho, e também quando retorna; e que se, quando o corpo estiver privado desse espírito, ele for virado, permanecerá morto, porque o espírito não poderá reentrar nele".[55] Uma confirmação tardia dessa crença (não exclusivamente friulana[56]) de que a alma seja um "ratinho" nos é dada por um processo de 1648 contra um menino que diz ser *benandante*: ao sabá para onde se dirige (a assimilação dos *benandanti* aos feiticeiros já está concluída nesse período), alguns participantes vão "em corpo e alma, em forma de homens e de mulheres"; outros, ao contrário, "em forma de ratos", isto é, "só com a alma".[57] Essa concepção da alma como algo de material tem raízes tão profundas entre os *benandanti* que Menica di Cremons, denunciada em 1626, declara participar das reuniões deixando o corpo e assumindo um outro semelhante ao seu.[58] Além disso, essa crença estava difundida mesmo além do círculo das bruxas e dos *benandanti*. Em Verona, por exemplo, no início do século XVI, Giberti* sente a necessidade de intervir a fim de reprimir o costume popular de abrir o teto das casas dos mortos para que as suas almas pudessem sair e voar para o Céu.[59]

12. Mas nem todas as bruxas afirmavam ir ao sabá "em espírito". Uma mulher de Gaiato, Orsolina, chamada "a Ruiva",

---

* *Gian Matteo Giberti* (1495-1543): Bispo e diplomata siciliano, de pai genovês, que atuou na corte papal como secretário e confidente de Clemente VII, desenvolvendo política favorável à França e contrária ao imperador Carlos V. Após os saques de Roma (1527), transferiu-se para a sua diocese de Verona, onde se destacou como reformador dos costumes do clero e do povo e redigiu as *Constitutiones*, que deveriam ter influência sobre os cânones tridentinos. (N. T.)

processada pela Inquisição de Modena em 1539, ao juiz que lhe perguntava se ia ao sabá "semper corporaliter an in somniis", respondeu que "multi sunt qui vadunt per visionem tantum, quandoque etiam corporaliter"; quanto a ela, "semper ivit corporaliter".[60]* Entre essas duas alternativas — isto é, se as bruxas iam ao sabá "in somniis" ou "corporaliter"** — debateram-se os que, desde o período das primeiras perseguições, polemizaram sobre a natureza da feitiçaria.

Não é o caso, obviamente, de retomar aqui a longa história dessa polêmica.[61] Basta recordar sumariamente os argumentos invocados para sustentar as duas teses. Os defensores da realidade do "sabá" (de longe os mais numerosos, até a segunda metade do século XVII) sentiam-se fortes na sua posição não apenas pelo *consensus gentium*** mas também pelas confissões das feiticeiras, muito semelhantes entre si (não obstante a diversidade de constituição física, condição social e proveniência geográfica das acusadas) para serem atribuídas a sonhos ou fantasmagorias.[62] Tudo real, portanto: as virtudes mágicas dos unguentos diabólicos, a transformação das bruxas em animais, o seu voo noturno para lugares às vezes longínquos, a presença do diabo nas assembleias etc. Do outro lado, os defensores da irrealidade do sabá — considerado fruto da fantasia exaltada de "ignobiles vetule aut persone idiote atque simplices, grosse et rurales",**** ou (como gracejava Alciato*****) de mulheres que não regulavam bem da cabeça — opunham aos seus adver-

---

* Sempre corporalmente ou em sonho; muitos vão como visões, outros corporalmente; ia sempre corporalmente. (N. T.)

** Em sonho; corporalmente. (N. T.)

*** Consenso universal. (N. T.)

**** Pessoas vulgares ou bem idiotas, simples, rudes e camponesas. (N. T.)

***** *Andrea Alciati* (1492-1550): Jurisconsulto italiano que lecionou em Avignon, Bourges, Pavia, Bolonha e Ferrara. Foi um dos primeiros juristas a utilizar o método histórico no estudo do Direito. Além de tratados de jurisprudência, deixou obras filosóficas e históricas. É conhecido especialmente pelos *Emblemata* (1522), coletânea de pequenos poemas latinos, tratando de temas morais. (N. T.)

sários o famoso *Canon Episcopi* (derivado de um penitencial alemão, provavelmente do final do século IX) e sustentavam a impossibilidade natural e sobrenatural dos voos noturnos das bruxas.[63] Essa tese, defendida pelo médico Wier com argumentos já vigorosamente racionalistas, durante o século XVII — isto é, o século que viu a perseguição desencadear-se por toda a Europa — afirmou-se, de início com dificuldade, depois com um vigor cada vez maior, até tornar-se indiscutível.

Essa alternativa, formulada por inquisidores, juristas, teólogos, apresentou-se naturalmente também aos juízes encarregados de julgar os dois *benandanti*. Os encontros noturnos, as batalhas descritas por eles deviam ser considerados sonhos, fantasias ou fatos reais? Para os *benandanti*, como já vimos, não há dúvidas: reuniões e batalhas são perfeitamente reais, ainda que só o espírito participe delas. Mas os juízes recusam esse desdobramento; nas sentenças que concluem o processo, Gasparutto e Moduco são condenados por terem "ido" com os *benandanti* e também por terem ousado "acreditar e afirmar" que o espírito pode abandonar o corpo e retornar à sua vontade. Uma deturpação idêntica se verifica, e não por acaso, em muitos processos de feitiçaria. Bruxas e *benandanti* falam de saída do espírito do corpo em forma de gato, rato ou outro animal (aqui estão as metamorfoses tão longamente discutidas por teólogos e inquisidores), tentando dominar, exprimindo-a, uma experiência angustiante como a do profundo desvario experimentado nas suas letargias. Mas essa experiência é incomunicável, as afirmações sobre a saída da alma do corpo são condenadas e as confissões das bruxas e *benandanti* são inseridas, pela força, na alternativa inquisitorial que opõe um sabá real, tangível, a um sabá fantástico, sonhado.

13. Tudo o que observamos até agora esclarece a atitude de frei Felice da Montefalco durante o interrogatório. Não é de admirar que, durante este último, o notário tenha observado que a mulher de Gasparutto chorava sem derramar lágrimas, o que era considerado indício de feitiçaria e de relações com o demônio;[64] nem que o processo de Gasparutto e Moduco tenha sido posto sob a rubrica "Processus heresis contra quosdam strigones".*

Todavia, quando nos dedicamos a examinar os ritos que os *benandanti* afirmavam realizar nos seus encontros noturnos, toda a analogia com o sabá desaparece. São ritos que quase não é necessário interpretar, tão explícito e manifesto é o seu significado, já que não se trata aqui de superstições cristalizadas e repetidas mecanicamente, e sim de ritos intensa e emotivamente vividos.[65] Os *benandanti* armados com ramos de erva-doce que lutam contra bruxas e feiticeiras munidos de caules de sorgo sabem estar combatendo "por amor das colheitas", para assegurar à comunidade a opulência das messes, a abundância dos víveres, dos cereais miúdos, das vinhas, de "todos os frutos da terra". É um rito agrário que conservou uma extraordinária vitalidade quase no final do século XVI, numa zona marginal, menos alcançada pelas comunicações, como era o Friul.[66] A que época remontam as suas origens não podemos saber. Desde já, porém, se percebe a complexidade do culto do qual o rito é a expressão.

Os *benandanti* saem na noite da quinta-feira dos Quatro Tempos; numa festividade que provém de um antigo calendário agrário e que passou tardiamente a fazer parte do calendário cristão,[67] simbolizando a crise sazonal, a perigosa passagem da velha para a nova estação, com as suas promessas de semeadura, colheitas, messes e vindimas.[68] É nesse momento que os *benandanti* saem para proteger os frutos da terra — condição da prosperidade da comunidade — da ação das bruxas e dos feiticeiros, ou seja, das forças que insidiosamente se opõem à fertilidade dos campos: "e, se nós vencemos, aquele ano é de abundância; se perdemos, há penúria no ano".

Naturalmente, os *benandanti* não são os únicos a preencher essa função propiciatória. A própria Igreja se esforça por

* Processo de heresia contra alguns feiticeiros. (N. T.)

proteger as colheitas e afastar a fome, tão frequente e danosa, mediante as Rogações, procissões feitas em torno dos campos, comumente nos três dias que precedem a Ascensão; depois, firmou-se a tradição de extrair de cada dia um prognóstico para as colheitas — do primeiro para os legumes e as vindimas, do segundo para as messes, do terceiro para a forragem.[69] E os desastres provocados pelas intempéries nesse período são atribuídos frequentemente, no próprio Friul, a uma punição imposta por Deus por causa dos pecados cometidos; a 9 de abril de 1596, o papa Clemente VIII declara inocente o distrito de Polcenico, que, em vista da esterilidade das suas messes, temia ter incorrido em excomunhão; procede da mesma forma, a 26 de março de 1598, em relação ao distrito de San Daniele, cujas colheitas tinham sido repetidamente atingidas pelo granizo.[70] Mas, se as procissões das Rogações e as absolvições papais não eram consideradas suficientes, apareciam então, em tácita concorrência, os ritos propiciatórios dos *benandanti*. Não é certamente por acaso que a arma dos *benandanti* nas suas batalhas em defesa da fertilidade dos campos seja, de acordo com as descrições de Gasparutto, o viburno, isto é, "aquele ramo que carregamos atrás das cruzes nas procissões das Rogações"; mistura de sagrado e de diabólico que obriga o inquisidor a proibir a Gasparutto (proibição estendida também aos seus domésticos) "defferre paugnas"* nas procissões das Rogações e até de tê-los em casa.[71]

Não queremos dizer com isso, naturalmente, que os camponeses friulanos do final do século XVI procurassem salvar os frutos das suas colheitas somente com procissões religiosas ou remédios supersticiosos; mas a escrupulosa execução dos trabalhos campestres podia muito bem coexistir — e de fato coexistia — com a confiança nas virtudes das procissões eclesiásticas ou, eventualmente, nas batalhas noturnas vitoriosamente travadas pelos *benandanti*. Não faltam, nesses mesmos anos, e entre os

---

* Portar viburnos. (N. T.)

mesmos camponeses, afirmações de um sabor naturalista forte e polêmico, como a belíssima declaração de um camponês de Villa, em Carnia, Nicolò Pellizzaro, que a Inquisição condena em 1595 por haver sustentado "que as bênçãos dos sacerdotes dadas aos campos e a água benta espargida sobre os mesmos no dia da Epifania não ajudam em nada as vides e as árvores a produzir frutos, mas só o esterco e o trabalho do homem...".[72] Mas também aqui é preciso ver, mais do que uma exaltação "humanista" do poder do homem sobre a natureza, o reflexo de uma polêmica religiosa; Pellizzaro aparece, com efeito, como suspeito de luteranismo, e a sua frase parece ter desejado exprimir, antes de tudo, desprezo pelos padres e pelas cerimônias católicas.

Os *benandanti*, portanto, combatem, com ramos de erva-doce, as bruxas armadas de ramos de sorgo. Por que o sorgo é a arma das bruxas não fica claro; a menos que o identifiquemos com a vassoura, seu atributo tradicional (o chamado "sorgo para vassoura", uma das variedades de sorgo mais difundidas, é uma espécie de milho-zaburro). É uma hipótese muito sugestiva — sobretudo à luz do que será dito sobre as reuniões noturnas das bruxas e dos *benandanti* como antecedente do sabá diabólico — mas que deve ser apresentada, evidentemente, com muita cautela. De qualquer forma, o sorgo parece simbolizar, para os *benandanti*, o poder maléfico das bruxas. O pároco de Brazzano, Bartolomeo Sgabarizza, relata este diálogo que teve com Gasparutto: "pediu-me para jamais semear sorgo na minha horta e disse que, sempre que o vê nas hortas, arranca-o e amaldiçoa quem o semeia; e, tendo eu dito que queria semeá-lo, começou a blasfemar".[73] Pelo contrário, à erva-doce — cujas virtudes terapêuticas eram conhecidas também na medicina popular — é atribuído o poder de afastar as bruxas; Moduco afirma que come alho e erva-doce "porque é adversário dos feiticeiros".[74]

Pode-se fazer a suposição de que esse combate seja uma reinterpretação, de certo modo mais racional, de um rito de fertilidade mais antigo, no qual dois grupos de jovens,[75] personificando respectivamente os demônios propícios da fertilidade e os maléficos da destruição, golpeavam-se simbolicamente na altura dos rins com ramos de erva-doce e de sorgo para estimular o próprio poder gerador e, por analogia, a fertilidade dos campos da comunidade.[76] Pouco a pouco, o rito se teria configurado como um verdadeiro combate, e do resultado incerto da luta entre os dois grupos dependeria magicamente a fertilidade dos campos e a sorte das colheitas.[77] Numa fase posterior, esses ritos teriam deixado de ser praticados abertamente, para sobreviver de forma precária, entre onírica e alucinatória, de qualquer forma num plano de pura interioridade — sem cair, porém, na mera fantasmagoria individual.

Mas essas são meras hipóteses que só poderiam ser confirmadas com base em testemunhos — que atualmente nos faltam — sobre fases precedentes do culto. Nas confissões dos *benandanti* não há qualquer sinal que possa ser interpretado como um vestígio desse hipotético rito primitivo. Mais plausível é talvez a conexão entre os combates dos *benandanti* contra as bruxas e as contendas rituais entre Inverno e Verão (ou Inverno e Primavera) que eram representadas (e que se representam ainda) em algumas zonas da Europa central e setentrional.[78] Pense-se, por exemplo, nos ornamentos vegetais com que são revestidos os dois contendores, o Inverno com ramos de pinheiro ou outras plantas hibernais, o Verão com espigas, flores etc. É possível ver algo de análogo no sorgo e na erva-doce de que falam os *benandanti*, levando-se em conta que ambas as plantas germinam na mesma estação? Acima de tudo, deve-se notar que a contenda entre Inverno e Verão se liga, em algumas zonas, a um rito provavelmente mais antigo, o da expulsão da Morte, ou da Bruxa.[79] Nesse rito, sem dúvida destinado a garantir a fertilidade das colheitas, um boneco (a Morte, ou a Bruxa) é espancado, apedrejado e depois expulso solenemente da aldeia. Existe uma analogia entre esse afastamento simbólico da má estação e as pancadas desferidas pelos *benandanti* nas bruxas? É possível; mas, juntamente com essas analogias, encontramos diferenças nada desprezíveis. Antes de tudo, a contenda ritual entre Inverno e Verão era celebrada, por toda parte, só uma vez por ano, enquanto os *benandanti* afirmavam combater contra as bruxas quatro vezes por ano (os Quatro Tempos); em segundo lugar — e isto é ainda mais importante —, os conteúdos dos dois ritos mostram-se completamente diferentes. Nas contendas entre Inverno e Verão está simbolizada uma pacífica sucessão de estações, e a vitória do Verão é inevitável;[80] pelo contrário, os combates entre *benandanti* e bruxas são um embate com resultado incerto entre prosperidade e penúria, uma luta verdadeira, ainda que conduzida segundo um ritual preciso. Aqui a oposição entre velha e nova estação é vivida dramaticamente, como uma contenda que decide a própria sobrevivência material da comunidade.[81]

14. A esse rito agrário, aparentemente acabado, autossuficiente nas suas motivações internas, sobrepõe-se, nas confissões desses *benandanti*, um complexo cultural de origem bem diversa. Tanto Moduco quanto Gasparutto afirmam não poder falar das reuniões noturnas de que participam, porque se o fizessem estariam contrariando a vontade de Deus; e Moduco precisa: "nós andamos a serviço de Cristo; e os feiticeiros, do diabo". A companhia dos *benandanti* é obra divina, quase um exército camponês da fé instituído por Deus ("nós acreditamos que tenha sido dado por Deus porque nós combatemos pela fé cristã"); à sua frente está, segundo Gasparutto, um anjo do Céu; nela, de acordo com Moduco, invocam-se piedosamente Deus e os santos, e quem faz parte dela está certo de ir, após a morte, para o Paraíso.

O contraste entre combater "por amor das colheitas" e combater "pela fé cristã" é gritante. Nessa religiosidade popular tão compósita, formada por contribuições variadíssimas, tal sincretismo certamente não chega a provocar espanto. Mas somos levados a indagar o porquê dessa cristianização dos ritos agrários praticados pelos *benandanti* — sem dúvida "espontânea" nesse período e difundida, como veremos, em todo o Friul. Talvez, num tempo remoto, essa cristianização tenha sido assumida como uma máscara, para ocultar da Igreja um rito pouco ortodoxo (as corporações juvenis que celebravam antigos ritos de fertilidade, por exemplo, punham-se sob a proteção de um santo padroeiro[82]); ou então o antigo rito agrário foi pouco a pouco revestido de uma motivação cristã pelos que ingenuamente uniam a boa causa da fertilidade dos campos com a santa causa da fé em Cristo. Pode-se finalmente supor que, em face da progressiva assimilação (que examinaremos em seguida) de elementos diabólicos por parte dos inimigos bruxos, os *benandanti* tenham espontânea e paralelamente identificado a sua causa com a da fé.

Talvez cada uma dessas hipóteses seja parcialmente verdadeira. É certo, no entanto, que a tentativa de cristianização não teve (e nem poderia ter) sucesso e não foi, de forma alguma, favoravelmente acolhida pela Inquisição. No espaço de alguns decênios, ela desaparece. No amálgama de crenças defendidas pelos *benandanti*, coexistiam dois núcleos fundamentais: um culto agrário (que constituía, com certeza, o núcleo mais antigo) e um culto cristão, além de um certo número de elementos assimiláveis à feitiçaria. Não tendo sido compreendido o primeiro pelos inquisidores, e tendo sido claramente recusado o segundo, esse grupo compósito de mitos e de crenças deveria desembocar, na falta de outras saídas, inevitavelmente na terceira direção.

15. Falou-se até agora dos *benandanti*. Chegou o momento de examinar os seus adversários: as bruxas e os feiticeiros. Eles emergem das confissões de Gasparutto e Moduco principalmente através da oposição — uma oposição também aqui física, tangível — com os *benandanti*: "o nosso [capitão] tinha a face clara, o outro era moreno", "o nosso porta-bandeira carrega uma bandeira de tafetá branco, bordado a ouro, com um leão; [...] a bandeira dos feiticeiros é de tafetá vermelho com quatro diabos negros, bordada a ouro".[83] Mas o que fazem bruxas e bruxos nas suas reuniões? Além de combater contra os *benandanti*, "dançam e pulam", diz Gasparutto. Não há traço — e isso já foi observado — dos elementos que imprimem um estigma diabólico ao sabá tradicional: a presença do demônio, a profanação dos sacramentos e a apostasia da fé. Não faltam, certamente, alguns indícios de um deslizamento em direção ao sabá — os diabos representados na bandeira dos feiticeiros e a afirmação de Moduco: "nós andamos a favor de Cristo; e os feiticeiros, do diabo". No entanto, são elementos isolados e talvez incorporados tardiamente. O que caracteriza esses feiticeiros não é um crime teologicamente definido, mas sim provocar a destruição das colheitas e a penúria e fazer feitiços contra as crianças. Mas, também neste segundo caso, eles devem vencer a decidida oposição dos *benandanti*. O filho do moleiro Pietro Rotaro fora "enfeitiçado pelas bruxas, mas [...], no momento do malefício, chegaram os andarilhos e retiraram-no das mãos das bruxas". Os *benandanti*, com efeito, reconhecem imediatamente as vítimas de um sortilégio; "percebe-se logo", diz Gasparutto, "porque se vê que [os feiticeiros] não lhes deixam nenhuma carne no corpo, [...] e ficam secos, secos, secos, só pele e osso". E, se se acode a tempo, pode-se tentar salvar o menino enfeitiçado; basta pesá-lo três quintas-feiras consecutivas; e, "enquanto se pesa o garoto na balança, o capitão dos *benandanti*, com a própria balança, fustiga o feiticeiro que o atingiu, a ponto de fazê-lo morrer; [...] à medida que o menino aumenta de peso, o feiticeiro vai-se enfraquecendo e morre; e, se é o garoto que definha, o feiticeiro sobrevive".[84]

O fato de que esse processo seja o primeiro testemunho friulano conhecido sobre as assembleias das feiticeiras pode ser considerado obra do acaso. Mas a coincidência se torna singular e provavelmente não mais casual quando observamos que é preciso esperar o ano de 1634 (e mais de 850 processos e denúncias ao Santo Ofício de Aquileia e Concordia) para encontrar um outro testemunho completo sobre o sabá diabólico tradicional. Antes dessa data, deparamos com muitas descrições de reuniões noturnas de bruxas e feiticeiros; mas neles — nós o veremos — estão sempre presentes os *benandanti*, e há referência exclusivamente a ritos excêntricos, similares aos descritos por Gasparutto e Moduco. É um paralelismo muito constante, muito duradouro para ser atribuído ao acaso. No Friul, também, deve ter ocorrido uma evolução análoga à que está documentada para uma outra zona da península, a região de Modena:[85] uma lenta e progressiva modificação, sob a pressão inconsciente dos inquisidores, de antigas crenças populares, que por fim se cristalizaram no modelo preexistente do sabá diabólico. Em Modena, as primeiras referências às reuniões noturnas das bruxas dizem respeito, com efeito, não à adoração do demônio, mas ao culto de uma misteriosa divindade feminina, Diana — presente na Itália setentrional, como é sabido, pelo menos desde o final do século XIV[86] —, testemunhado numa fase em que a magia não era ainda perseguida; e quando se diz de uma bruxa (citada num processo de 1498 mas não chamada em juízo) que ia "in striacium", isto é, ao sabá, descreve-se um tranquilo encontro noturno de indivíduos reunidos até a aurora para comer "navones cuiusdam agri vel orti".[87]* É preciso esperar o ano de 1532 para encontrar descrições de profanação da cruz e da hóstia consagrada, coito com os demônios etc. E note-se que está ainda presente nesse contexto, embora transformada, a figura de Diana.[88]

Como se vê, a afirmação do sabá diabólico, na região de Modena, precede de muito — um século inteiro — o seu aparecimento no Friul. Aqui, também, se faz sentir aquilo que chamamos "a marginalidade" do Friul; e também, talvez, a maior complexidade e vitalidade das crenças dos *benandanti* frente ao culto de Diana (do qual, como veremos, elas são uma ramificação). Mas, em ambos os casos, parece legítimo afirmar que a crença no sabá diabólico é inicialmente algo estranho à mentalidade popular. Ainda que essas constatações fossem estendidas a muitas outras zonas, certamente o problema da origem do sabá diabólico continuaria existindo. O esquema inquisitorial provavelmente reflete, codificando-as, as crenças que germinaram em algumas zonas, sobre o terreno onde se dissolveu o

---

* Os nabos de um campo ou de um horto. (N. T.)

catarismo* (do qual derivariam os elementos primitivamente dualísticos e depois diabólicos); alguns processos de Toulouse, do ano de 1335, parecem autorizar uma hipótese desse tipo.** No entanto, ela implica muitos problemas, não podendo ser discutida aqui.[89]

16. O processo contra Gasparutto e Moduco é o primeiro de uma longa série de processos contra *benandanti* (homens e mulheres) que afirmam combater à noite contra bruxas e feiticeiros para assegurar a fertilidade dos campos e a prosperidade das colheitas. Se estamos bem informados, essa crença (cujas prováveis origens rituais já mencionamos) não está presente em nenhum dos inúmeros processos de feitiçaria ou superstição que se desenrolaram fora do Friul. A única e extraordinária exceção é o processo contra um lobisomem lituano, que teve lugar em Jürgensburg em 1692 — mais de um século, portanto, após o processo contra Gasparutto e Moduco e no outro extremo da Europa.[90]

O acusado, Thiess, um velho com mais de oitenta anos, confessa abertamente aos juízes que o interrogam ser um lobisomem (*wahrwolff*). Mas a sua narrativa se afasta muito da imagem da licantropia difundida na Alemanha setentrional e nos países bálticos. O velho diz que o seu nariz fora quebrado, no passado, por um camponês de Lemburg, Skeistan, morto já havia bastante tempo. Skeistan era um feiticeiro; juntamente com os seus companheiros, tinha levado as sementes de trigo ao Inferno para que as messes não crescessem. Acompanhado por outros lobisomens, Thiess fora ao Inferno e lutara contra

---

* *Catarismo*: Heresia medieval que floresceu especialmente na Lombardia (norte da Itália) e no Mi-Di (sul da França) nos séculos XII e XIII. Considerava o mundo material obra do demônio que se opunha radicalmente ao mundo espiritual, obra de Deus. (N. T.)

** Segundo Norman, Cohn (*Europe's inner demons. An enquiry inspired by the great witch-hunt*, Londres, 1975, pp. 126-38), esses processos de Toulouse do ano de 1335 não são autênticos; são uma falsificação do século XIX. (N. T.)

Skeistan. Este, armado de um cabo de vassoura (o atributo tradicional das bruxas) enrolado num rabo de cavalo, havia golpeado o nariz do velho naquela ocasião. Não se tratava de um confronto ocasional. Três vezes por ano, nas noites de Santa Lúcia, antes do Natal, de Pentecostes e de São João, os lobisomens vão a pé, como uma alcateia, até um lugar situado "onde termina o mar": o Inferno. Lá eles lutam com o diabo e os feiticeiros, golpeando-os com longos chicotes de ferro e perseguindo-os como cães. Os lobisomens, exclama Thiess, "não podem suportar o diabo". Os juízes, provavelmente perplexos, pedem explicações. Se os lobisomens não podem suportar o diabo, por que se transformam em lobos e descem ao Inferno? Porque, explica o velho Thiess, desse modo eles podem trazer de volta para a terra tudo o que os feiticeiros roubaram — gado, cereais e os outros frutos da terra. Se não o fizessem, aconteceria exatamente o que havia ocorrido no ano anterior; tendo demorado para descer ao Inferno, os lobisomens encontraram as portas fechadas e não conseguiram recuperar o trigo e as sementes subtraídos pelos feiticeiros. Por isso o ano anterior fora tão ruim. Naquele ano, ao contrário, as coisas tinham-se passado diferentemente, e, sempre graças aos lobisomens, as colheitas de cevada e de centeio, bem como uma pesca abundante, estavam asseguradas.

Nesse ponto, os juízes perguntam para onde vão os lobisomens após a morte. Thiess responde que eles são sepultados como todo mundo mas que as suas almas vão para o Céu; quanto às almas dos bruxos, o diabo as toma para si. Os juízes ficam visivelmente desconcertados. Como é possível que as almas dos lobisomens subam para Deus, se eles não servem a Deus mas ao diabo? O velho nega firmemente: os lobisomens não servem de forma alguma ao diabo. O diabo é a tal ponto seu inimigo que eles, como se fossem cães — porque os lobisomens são os cães de Deus —, seguem-no, caçam-no, fustigam-no com açoites de ferro. Eles fazem tudo isso para o bem dos homens; sem a sua obra, o diabo roubaria os frutos da terra, e o mundo inteiro ficaria privado deles. Os lobisomens lituanos não são os únicos a combater o diabo para preservar as colheitas; assim procedem também os lobisomens alemães, os quais porém não fazem parte da companhia dos primeiros, seguindo para um inferno particular; e o mesmo fazem os lobisomens russos, que, naquele ano e no anterior, tinham garantido à sua terra uma colheita próspera e abundante. Com efeito, quando os lobisomens conseguem arrancar do diabo as sementes de trigo roubadas, lançam-nas ao ar para que caiam sobre toda a terra, sobre os campos dos pobres e sobre os dos ricos.

Nesse ponto, como era previsível, os juízes tentam arrancar de Thiess a admissão de ter feito um pacto com o diabo. Inutilmente o velho repete, com monótona obstinação, que ele e os seus companheiros são "cães de Deus" e inimigos do diabo, que eles protegem os homens dos perigos e garantem a prosperidade das colheitas. O pároco é chamado para admoestá-lo e tentar fazê-lo abandonar os erros e as mentiras diabólicas com as quais tentou ocultar os próprios pecados. Mas essa tentativa também é inútil. Numa explosão de cólera, Thiess grita para o pároco que está farto de ouvir falar das suas obras más; elas são melhores do que as do próprio pároco, e de resto ele, Thiess, não é o primeiro nem será o último a cometê-las. Assim, o velho persiste nas suas convicções e recusa arrepender-se; a 10 de outubro de 1692, é condenado a dez chibatadas pelas superstições e idolatrias cometidas de que se tornara culpado.

Aqui não se trata, evidentemente, de analogias mais ou menos vagas ou da repetição de arquétipos religiosos meta-históricos.[91] As crenças do velho lobisomem Thiess são substancialmente idênticas às que aparecem no processo dos dois *benandanti* friulanos. A luta a golpes de bastão (até o pormenor dos cabos de vassoura com os quais estão armados os feiticeiros lituanos evoca os ramos de sorgo ou milho-zaburro, usados pelo feiticeiros do Friul) em determinadas noites para obter a fertilidade dos campos, minuciosamente, concretamente especificada — assim como no Friul se luta pelas vides, na Lituânia combate-se pelo centeio e pela cevada —; finalmente, o combate pela fertilidade entendido como obra não apenas tolerada, mas protegida por Deus, que até garante o Paraíso aos que participam; tudo isso não deixa dúvida: é evidente que nos encontramos diante de um único culto agrário que, a julgar por essas sobrevivências tão distanciadas entre si — a Lituânia, o Friul —, deve ter-se difundido outrora numa área bem mais vasta, talvez em toda a Europa central. Essas sobrevivências, por outro lado, podem ser explicadas ou pela posição marginal do Friul e da Lituânia em relação ao centro de difusão dessas crenças ou, então, por um influxo, em ambos os casos, de mitos e tradições eslavas. O fato de que, como veremos, tenhamos traços muito apagados do mito dos combates noturnos pela fertilidade na zona germânica reforça a segunda hipótese. Mas somente pesquisas aprofundadas poderão resolver esse problema.

Mas não são apenas as crenças do velho Thiess a evocar as dos *benandanti* friulanos. A reação dos juízes de Jürgensburg também coincide, até mesmo nos pormenores, com a dos inquisidores de Udine; ambos recusam, com espanto e indignação, a paradoxal pretensão dos *benandanti* de serem os paladinos da "fé cristã" e a dos lobisomens de serem "cães de Deus". Ambos procuram identificar os *benandanti* e os lobisomens com os feiticeiros, sequazes e adoradores do diabo. Há, todavia, uma diferença que deve ser sublinhada. Se estamos corretamente informados, Gasparutto e Moduco eram os primeiros *benandanti* processados pelo Santo Ofício; o próprio nome *benandanti* era desconhecido dos inquisidores. Só pouco a pouco os *benandanti* assumirão as características dos feiticeiros diabólicos. No processo lituano do final do século XVII, assistimos ao fenômeno oposto. A figura e os atributos negativos dos lobisomens, ferozes destruidores de rebanhos, eram bem conhecidos dos juízes de Jürgensburg. Mas, dos relatos do velho Thiess, surge uma imagem completamente diferente: os lobisomens são apresentados como defensores das colheitas e até do gado contra as contínuas perfídias dos inimigos da prosperidade dos homens e da fertilidade da terra, a saber: o diabo e os feiticeiros. Esse reaparecimento de crenças provavelmente muito mais antigas se explica, com toda probabilidade, pelo fato de que, no final do século XVII, os juízes lituanos tinham cessado de servir-se da tortura e até de perguntas persuasivas nos confrontos com os acusados.[92] Que essa imagem positiva dos lobisomens fosse bem mais antiga do que o final do século XVII fica provado, acima de tudo, pela veneranda idade de Thiess; provavelmente ele devia ter assimilado essas crenças na sua já remota infância — o que nos leva ao início do século XVII. Mas há um indício de mais peso ainda. Em meados do século XVI, Peucer, discorrendo sobre os lobisomens e suas proezas extraordinárias, introduziu, no seu *Commentarius de praecipuis generibus divinationum* [Comentário sobre os principais gêneros de profecias], uma anedota sobre um jovem de Riga que, durante um banquete, caíra ao chão subitamente. Um dos presentes reconheceu imediatamente nele um lobisomem. No dia seguinte, o jovem contou ter combatido contra uma bruxa que esvoaçava na forma de uma borboleta em chamas; os lobisomens, com efeito (comenta Peucer), orgulham-se de afastar as bruxas.[93] Trata-se, portanto, de uma crença antiga; mas, assim como ocorreu no Friul com relação aos *benandanti*, os traços primitivamente positivos dos lobisomens deveriam pouco a pouco, sob a pressão exercida pelos juízes, desaparecer ou deformar-se na imagem horrenda do homem-lobo devastador de rebanhos.

De qualquer forma, com base nesse surpreendente paralelo lituano, é possível afirmar-se a existência de uma conexão não analógica mas real entre *benandanti* e xamãs. Os êxtases, as viagens ao Além sobre animais ou na forma de animais (lobos ou, como veremos no Friul, borboletas ou ratos) a fim de recuperar as sementes de trigo ou pelo menos assegurar a fertilidade dos campos: esses elementos, aos quais se acrescenta, como veremos a seguir, a participação nas procissões dos mortos, que garante aos *benandanti* virtudes proféticas e visionárias, formam um quadro coerente, que lembra imediatamente o culto dos xamãs. Mas encontrar os vínculos que ligam essas crenças ao mundo báltico ou eslavo ultrapassa, evidentemente, os limites desta pesquisa. Voltemos, portanto, ao Friul.

II. AS PROCISSÕES DOS MORTOS

1. No fim do ano de 1581, chega ao inquisidor-geral de Aquileia e Concordia, frei Felice da Montefalco, uma denúncia contra uma mulher de Udine, Anna, viúva de Domenico Artichi, chamada "a Ruiva", que afirma ver os mortos e falar com eles. A acusação é amplamente confirmada pelas testemunhas durante os interrogatórios. Ocorre que Anna tinha ido procurar uma mulher de Gemona, Lucia Peltrara, no hospital em que estava internada, dizendo-lhe ter "visto" no santuário de Santa Maria della Bella uma filha falecida da própria Lucia, enrolada numa mortalha e "descabelada". A morta lhe havia pedido para transmitir à mãe as suas últimas vontades: dar uma camisa a uma certa Paola e fazer peregrinações a alguns santuários vizinhos. Lucia Peltrara ficara "indecisa"; depois, atormentada por remorsos, impelida pelos conselhos das amigas ("dá-lhe [a camisa] de qualquer forma, já que é por amor de Deus") e pela insistência de Anna, a Ruiva, tinha atendido às súplicas da filha desaparecida, acalmando assim o próprio espírito.[1] Uma outra testemunha, Aurelia di Gemona, confirma os extraordinários poderes de Anna, que, embora não tendo assistido a uma rixa entre dois irmãos, ocorrida na noite anterior, foi capaz de relatar os seus pormenores, declarando ter tomado conhecimento deles através da falecida mãe dos dois adversários, a qual, presente no momento da disputa, tentava, sem poder ser vista, restabelecer a paz. Em geral, todos sabem que Anna, a Ruiva, vê os mortos, e ela mesma não faz mistério disso.[2]

Anna é então interrogada — a 1º de janeiro de 1582 — pelo Santo Ofício. Inicialmente, ela se esquiva das perguntas do inquisidor; depois, admite que "muitas e muitas pessoas" lhe têm perguntado se ela viu os seus parentes falecidos, mas ela costuma mandá-los embora rudemente. É uma defesa fraca; pressionada,

Anna "nesciebat quid dicere".* Foi mandada para casa, e no dia seguinte o interrogatório recomeçou. A tenacidade da mulher dura pouco; logo deve admitir ter revelado a Lucia Peltrara a aparição da filha em troca de cinco soldos; "para sustentar meu marido e meus filhos", desculpa-se. Da mesma forma, narrou a rixa entre os dois irmãos para obter "alguns pedaços de pão".

O inquisidor, contudo, não está satisfeito; quer entender melhor esse caso: "soubestes o que se faz nas casas dos outros à noite; como soubestes? Que arte é essa?". Anna "nesciebat quid dicere".** Isso, adverte frei Felice, torna-a gravemente suspeita de feitiçaria; e Anna se põe a chorar ("lacrimabatur valde"***); "jamais se provará que eu seja curandeira ou feiticeira". No entanto, insiste o inquisidor, ela disse a um "que a sua mãe está alegre, vai a Santa Maria della Bella e leva Terentia pela mão", a um outro que "mestre Battista anda com a cabeça baixa, angustiado, sem dizer nada". Como soube desses detalhes, onde viu essas pessoas mortas? "Tirei da minha cabeça", responde Anna. E, tendo em vista que não é possível obter dela uma confissão, deixam-na partir, com a obrigação de manter-se à disposição do Santo Ofício.[3]

Mas frei Felice não para de indagar sobre o caso. No dia 7 de março, chama novamente Lucia Peltrara para prestar depoimento. Esta fornece novos pormenores sobre as virtudes de Anna, acrescentando que "ela [...] costuma dizer que nós não podemos ver os mortos, mas ela pode, porque nasceu sob uma boa estrela; e diz também que, se alguém quiser ver o pai ou a mãe falecida, ela pode fazê-lo ver mas teme que, ao vê-los, tenha medo e sinta-se mal".[4]

Até aqui apareceram fatos bastante claros. Anna, a Ruiva, procura, ao que parece, aliviar a sua miséria e a da sua família, valendo-se de um desejo comuníssimo e insaciável, no qual se

---

* Não sabia o que dizer. (N. T.)
** Não sabia o que dizer. (N. T.)
*** Chorava muito. (N. T.)

cruzam a instintiva incapacidade de pensar num ser humano sem emprestar-lhe a aparência que não mais possui e a ânsia, ligada à esperança precisa de uma sobrevivência no Além, de saber algo sobre o destino dos mortos queridos. Mas trata--se de um desejo maculado pelo remorso; remorso de não ter correspondido em vida ao que aqueles seres esperavam de nós, aguçado e atenuado ao mesmo tempo pelo pensamento de poder fazer algo por eles, até de poder modificar-lhes, de alguma forma, a sorte no outro mundo. Por isso, Lucia Peltrara atende ao último desejo que lhe foi comunicado por Anna, a Ruiva; talvez a camisa dada como esmola e as peregrinações aos santuários abreviem os sofrimentos de sua filha. Quem se dirigiu a Anna para ter notícias da mãe falecida deve ter ficado feliz ao saber que ela "estava alegre", enquanto devem ter-se entristecido os parentes daquele mestre Battista, que, no outro mundo, anda "com a cabeça baixa, angustiado, sem dizer nada". Desse jogo de sentimentos contraditórios, Anna, a Ruiva, retira ora cinco soldos, ora um pedaço de pão. É um comportamento linear, aparentemente despido de complexidade, que todavia se carrega de implicações imprevistas à luz de alguns testemunhos ulteriores.

Aurelia di Gemona, interrogada novamente a 7 de março, afirma, com efeito, que Anna "dizia saber muitas coisas que os mortos lhe contavam, mas que, quando revelava algo, era espancada fortemente por eles com os caules de sorgo que costumam nascer nos hortos". E acrescentava que, "às sextas-feiras e aos sábados, era preciso arrumar as camas cedo, porque nesses dias os mortos costumam chegar cansados e deitar-se nos leitos das suas casas".[5] Mais ainda: a denúncia que suscitara o inquérito sobre Anna, a Ruiva, terminava afirmando que, "quando vivia o seu marido, diversas vezes este a chamara à noite, dando-lhe cotoveladas, e ela permanecera inerte. Ela explicava que o espírito partira em viagem e que, dessa forma, o corpo ficara como morto; e, quando o espírito retornava, ela dizia ao marido que, ao encontrá-la naquele estado, não deveria perturbar-se, porque ela sentia muita dor e sofrimento; e assim o marido começou a proceder, deixando-a em paz".[6]

Surge desses elementos uma conexão de significado ainda obscuro com as confissões dos *benandanti*. Não se diz que Anna, a Ruiva, seja uma *benandante*;[7] aliás, o termo não é nem mesmo pronunciado. Mas a letargia em que Anna cai periodicamente, acompanhada da saída do espírito do seu corpo, o qual permanece como morto, lembra tanto os relatos dos *benandanti* (recordemos o depoimento da mulher de Gasparutto) quanto os das bruxas; como Anna, a bruxa de Lucca, Polissena di San Macario, sujeita a inesperados e profundos desfalecimentos, dizia à sogra, que havia tentado fazê-la voltar a si: "quando eu fico nesse estado, não me incomodeis porque me fazeis mais mal do que bem".[8] Além disso, quando Anna, a Ruiva, se desloca em espírito para ver os mortos, fica sabendo de coisas que não pode repetir se não quer ser fustigada com os caules de sorgo que crescem no horto — a arma com a qual os feiticeiros punem os *benandanti* que não mantiveram o segredo sobre as reuniões noturnas. Finalmente, assim como os feiticeiros descritos pelos *benandanti*, os mortos entram nas casas em determinados dias para descansar. São elementos esparsos que não compõem ainda um conjunto coerente; mas que existe uma conexão geral parece fora de dúvida.

Teria o inquisidor encarregado de concluir o caso de Anna, a Ruiva — o mesmo frei Felice da Montefalco que pouco tempo antes havia condenado a dois meses de cárcere os dois *benandanti* —, vislumbrado essa conexão, ainda que sob a forma de um pressentimento? É impossível responder com segurança. Tendo ouvido os novos depoimentos, ele ordena — ameaçando, em caso de desobediência, com a excomunhão *latae sententiae** — que Anna, a Ruiva, se apresente dentro de três dias ao tribunal do Santo Ofício para expor fatos que, uma vez confirmados, a tornariam suspeita em matéria de fé. Mas Anna não é encontrada; partiu, ao que parece, para Spilimbergo. O marido e a filha vêm implorar uma prorrogação da data da

---

* Excomunhão plena. (N. T.)

apresentação, porque Anna está longe e não pode ser avisada num tempo tão curto. O pedido é atendido, e o prazo estendido por mais um mês. No dia 30 de março de 1582, Anna se coloca espontaneamente à disposição do inquisidor, o qual a dispensa, após ter-lhe ordenado reapresentar-se no fim da semana da Páscoa.[9] Mas não há traços desse novo comparecimento. O processo ficou interrompido, e o novo inquisidor, frei Evangelista Sforza, ao ordenar os documentos deixados pelo predecessor, notou a anomalia. Uma anotação feita à mão, de autoria ignorada, introduzida na documentação do processo, resume brevemente os resultados dos interrogatórios, concluindo: "Forsitan bonum erit melius corroborare processum saltem de fama".[10]* Trata-se de uma crítica velada ao modo pelo qual foi feita a instrução criminal relativa a Anna, a Ruiva? De qualquer forma, parece indicar, com certeza, o propósito de dar prosseguimento e levar até o fim o processo. Mas, evidentemente, mesmo o novo inquisidor não estava muito interessado nele. A 1º de fevereiro de 1585 (três anos depois), reuniram-se em Udine, na igreja de San Giovanni a Platea, Paolo Bisanzio, vigário-geral do patriarca de Aquileia, o inquisidor-geral de Aquileia e Concordia, frei Evangelista Sforza, Pietro Gritti, lugar-tenente da Pátria do Friul, e outras figuras de menor importância. Nessa ocasião, o tribunal do Santo Ofício "cum ad expeditionem iam tandem devenire intenderet [...] presentis processus",** e, sendo o próprio processo "parvi [...] emolumenti",*** deu autorização ao inquisidor para concluí-lo pessoalmente, enquanto, no que dizia respeito aos outros casos, ele deveria ir a Gemona.[11] De qualquer modo, isso jamais foi feito.

2. A conexão entre os *benandanti* e os que, como Anna, a Ruiva, afirmam ver os mortos delineia-se, cada vez mais cla-

---

* Talvez fosse conveniente prosseguir o inquérito pelo menos no que diz respeito ao rumor público, a fim de documentar o processo. (N. T.)
** Tinha a intenção de levar o presente processo à sua conclusão. (N. T.)
*** De pouca importância. (N. T.)

ramente, no curso de um processo iniciado em 1582 contra a mulher de um alfaiate, Aquilina, habitante de Udine, da aldeia de Grazzani.[12] Dela se diz, não apenas na cidade, mas em todas as aldeias vizinhas, que "tem a profissão de ver" e cura doenças de todos os tipos com esconjuros e remédios supersticiosos. À sua casa vem "uma multidão imensa", e murmura-se que ganha (já que "quer ser bem paga [...] e conhece, pelo rosto, os que podem e os que não podem pagar") mais de cem, dizem uns, ou até mais de duzentos ducados por ano. Alguns afirmam que é bruxa, mas, "se a chamam de bruxa, ela os expulsa e se encoleriza porque quer ser chamada de dona Aquilina".[13] Os testemunhos são muitos e idênticos; mas é impossível interrogar Aquilina, que, no momento em que teve notícia das suspeitas que pesavam sobre ela, fugiu, escondendo-se em Latisana. Essa instrução criminal permanece também incompleta; só após um ano, o tribunal do Santo Ofício decide dar-lhe prosseguimento. Fica-se sabendo, assim, que um dos doentes que tinham recorrido a Aquilina era uma mulher de Pasiano, a qual, "ao contar-lhe que via os mortos", ouviu da curandeira "que devia ter nascido empelicada". É um novo elo da cadeia que se encaixa nos elos já isolados anteriormente.

A 26 de agosto de 1583, frei Felice da Montefalco segue para a casa de Aquilina, que se diz doente, com a intenção de interrogá-la. Mas a mulher, "assustada e espantada com tantos cavaleiros", isto é, os núncios do Santo Ofício, afastou-se, buscando refúgio na casa de uma amiga. Lá, o inquisidor a encontra ainda aterrorizada. Por que razão, pergunta-lhe, desdenhastes as ordens do Santo Ofício, preferindo a fuga? Ela responde: "Porque tenho medo". "Medo de quê?" "Medo", responde ela. Mas quando, a 27 de outubro, após uma série de adiamentos implorados e obtidos pelo marido, chega-se finalmente ao interrogatório, Aquilina já recuperou o seu orgulho e responde em tom de desafio à ameaça de excomunhão feita pelos inquisidor: "até os excomungados comem pão, e haverá algum perdão para me absolver, porque eu não morrerei excomungada".[14] Declara não saber reconhecer as crianças enfeitiçadas e acres-

62

centa impetuosamente: "nem sei o que quer dizer bruxa, [...] já me perguntaram algumas pessoas onde eu obtenho o unguento com que unto os pés, quando corro sobre os caminhos, mas como sabem elas se sou eu que corro sobre os caminhos?". Da mesma forma, nega conhecer os *benandanti*; sabe apenas que os que nascem empelicados são *benandanti*. E, respondendo a uma pergunta precisa de frei Felice, conta que um dia chegara à sua casa uma mulher de Pasiano, a qual, chorando, lhe havia declarado "que via os mortos e que não queria vê-los". Aquilina lhe havia dito "que gostaria que ela visse uma filha sua, que estava morta e que costumava vestir-se de um certo modo"; depois, afirma não crer que os mortos vaguem pelo mundo, "porque" — diz ingenuamente — "eu tinha um marido e uma filha que me queriam muito bem; se vagassem dessa forma, teriam vindo me encontrar".[15]

As consequências do processo de Aquilina — a proibição de prosseguir com as curas baseadas em encantamentos e superstições, as denúncias que continuam sendo feitas, sem interrupção, até 1591, não obstante as penitências impostas dois anos antes por um novo inquisidor — não nos interessam aqui, a não ser como uma confirmação posterior da relativa indiferença (testemunhada pela lentidão na solução dos problemas judiciários, pelas interrupções, pelos adiamentos) dos inquisidores diante das superstições e crenças largamente difundidas, muito mais inocentes do que as manifestações heréticas contemporâneas que se infiltravam por todo o Friul.

3. No mesmo ano de 1582, frei Felice da Montefalco indaga a respeito de uma mulher de Cividale, Caterina, chamada "a Vesga", viúva de um certo Andrea da Orsaria, acusada de praticar "nonnullas maleficas artes".[16]* Interrogada a 14 de setembro, ela declara que a sua ocupação é "costurar e tecer", mas sabe curar as moléstias das crianças, pronunciando algumas

---

* Algumas artes maléficas. (N. T.)

palavras, que não considera supersticiosas. Então frei Felice lhe pergunta inesperadamente se ela é uma *benandante*. Caterina nega: "Eu não, senhor; eu não sou *benandante*. Mas o meu marido era, ele andava em procissão com os mortos".

Eis aí confirmada explicitamente a conexão que tinha sido sugerida de forma hipotética: quem vê os mortos, quem caminha com eles, é um *benandante*. O marido de Caterina, a Vesga, também caía numa espécie de desfalecimento: "eu o descalçava e o punha no leito, e ele ficava imóvel; não se podia tocá-lo enquanto não retornasse da procissão, porque só o espírito saía; e, mesmo que eu o chamasse, não respondia". E acrescenta: "eram muitos os que queriam que ele lhes mostrasse os seus parentes mortos; mas ele não quis fazer isso nunca, apesar dos alqueires de trigo que lhe prometiam, dizendo que, se o fizesse, os mortos o espancariam". Ela não ia às procissões com o marido nem sabia dizer quem ia com ele, "porque eu não tinha aquele dom, Deus não o deu a mim, como deu a ele".[17]

No caso de Anna, a Ruiva, podia-se supor, ao menos inicialmente, que o pretenso poder de ver os mortos fosse apenas um expediente para ganhar um pouco de dinheiro. Pouco a pouco, no entanto, essa "virtude" se revelou não apenas uma crença difusa (e não uma elaboração individual), mas, para aqueles que julgam possuí-la — isto é, os *benandanti* —, um verdadeiro destino, algo que pesa sobre a existência, marcando-a indelevelmente — aceito ora como uma graça de Deus, ora como uma "estrela" da qual se deseja em vão escapar, tal como a desconhecida mulher de Pasiano. Às vezes, as próprias bruxas declaram partir para o sabá movidas por um irresistível impulso interior; assim, a bruxa de Lucca, Margherita di San Rocco, ao juiz que lhe pergunta "que recompensa recebem ou esperam receber dessa servidão", responde: "Eu não esperava ganhar coisa alguma e, por ter nascido com essa má sorte, tinha de ir [ao sabá], sofrendo tormentos".[18] Mas é sobretudo "sair" para combater os bruxos que representa, para Gasparutto e Moduco, uma necessidade inelutável. Quando eles atingem a idade predeterminada, são chamados "pelo tambor que reúne os soldados, e [...] é preciso ir". E para eles, também, ser chamado é um sinal de Deus: "Eu não posso ensinar essa arte a ninguém", afirma Gasparutto, "é o próprio Deus quem a ensina".[19] Trata-se de um vínculo ulterior entre os *benandanti* que saem à noite, "em espírito", para ver os mortos e os *benandanti* que saem "em espírito" para combater contra os feiticeiros pelas colheitas. Encontramo-nos diante de duas ramificações — certamente não independentes, como testemunham as concordâncias que estamos, pouco a pouco, encontrando — de uma mesma crença, cujas raízes mergulham profundamente no tempo.

4. Nas suas instruções aos bispos, Reginone de Prüm (morto em 915) condena, juntamente com várias crenças supersticiosas, as das mulheres que, iludidas pelo diabo, acreditam cavalgar à noite com Diana, deusa dos pagãos, e o seu cortejo de mulheres, em direção a lugares remotos.[20] Essa passagem, retomada diversas vezes por vários autores e finalmente incorporada por Graciano na sua grande coletânea de cânones, provocou uma interminável série de discussões na literatura demonológica; nela, com efeito, falava-se de cavalgadas e reuniões noturnas mais ou menos similares ao sabá das bruxas em termos de ilusão diabólica e não de realidade. Segundo alguns, portanto, o cânone — o célebre *Canon Episcopi* — constituía um argumento contra a perseguição às bruxas, pobres mulheres vítimas dos enganos e das seduções do demônio.

Essa discussão não nos interessa aqui. O que importa é notar que essa crença nas cavalgadas noturnas teve uma admirável difusão, testemunhada pelos antigos penitenciais alemães. Neles, todavia, o nome de Diana é, às vezes, substituído pelos nomes de algumas divindades populares germânicas, como Holda, dotadas de atributos que, por um contraste aliás muito frequente, dizem respeito tanto à vida quanto à morte. Holda, com efeito, analogamente à sua coirmã da Alemanha meridional, Perchta, é ao mesmo tempo deusa da vegetação, e portanto da fertilidade, e guia do "exército furioso" ou da "caça selvagem" (*Wütischend Heer, Wilde Jagd, Mesnie Sauvage*) — isto é, do bando dos que morreram prematuramente, que percorre à noite, implacável e terrível, as ruas das aldeias, enquanto os habitantes trancam as portas em busca de proteção.[21] Não há dúvida de que as cavalgadas noturnas das mulheres adeptas de Diana são uma variante da "caça selvagem"; e explica-se assim a espantosa presença de Diana, "deusa dos pagãos", entre esses mitos populares — identificação erudita, na realidade, de inquisidores, teólogos, pregadores, facilitada por algumas analogias objetivas. Diana-Hécate, com efeito, também é seguida nas suas peregrinações noturnas por um grupo de mortos que não encontram paz: os mortos prematuros, as crianças roubadas cedo demais à vida, as vítimas de morte violenta.[22]

Aos bandos noturnos e vagabundos, guiados por uma figura feminina, é feita uma referência numa passagem de Guilherme de Auvergne (morto em 1249). Segundo o vulgo, uma misteriosa divindade feminina (tratando-se na realidade, explica Guilherme, de um demônio), chamada Abundia ou Satia, vagueia à noite pelas casas e adegas, acompanhada pelos seus sequazes, comendo e bebendo o que encontra; se encontra alimento e bebida, deixados como oferenda, garante a prosperidade da casa e dos seus habitantes; caso contrário, afasta-se, recusando conceder-lhes a sua proteção.[23] À "dama Abonde" e aos seus seguidores faz referência também uma passagem do *Roman de la Rose*, composto, como se sabe, por volta do final do século XIII; alguns acreditam (mas o poeta considera tudo isso "folie orrible"*) que os filhos gerados em terceiro lugar sejam forçados a ir, três vezes por semana, em companhia da dama Abonde às casas dos vizinhos. Ninguém pode impedi-los, nem muros, nem portas trancadas, já que são apenas as almas deles que viajam, enquanto os corpos permanecem imóveis; se, porém, alguém os vira, as almas não podem mais retornar.[24]

Esses testemunhos apresentam analogias importantes com os relatos dos *benandanti*. No que diz respeito às oferendas

---

* Loucura horrível. (N. T.)

propiciatórias, observe-se que Gasparutto exortava o pároco de Brazzano a ter sempre em casa "água clara", já que bruxas, feiticeiros e *benandanti* "voltam desses jogos cansados e acalorados; ao passar pelas casas, se encontram água clara e limpa nos baldes, bebem-na; se não, vão às adegas e estragam o vinho". Trata-se de um testemunho, na realidade, ligeiramente impreciso; nessa circunstância também, como explica Moduco, há uma nítida oposição entre o comportamento dos "*malandanti*", isto é, dos bruxos, e o dos *benandanti*; "montando nos tonéis", diz ele, "bebíamos com um bornal, assim como os feiticeiros; mas eles, depois de beber, mijavam nos tonéis".[25] Por outro lado, o mesmo elemento reaparece, com um significado diverso, nas confidências feitas por Anna, a Ruiva — uma das *benandanti* que afirmavam ver os mortos —, às vizinhas: "nas sextas-feiras e sábados", dizia ela, "era preciso arrumar as camas cedo, porque nesses dias os mortos costumam chegar cansados e deitar nos leitos de suas casas".[26] A comida é preparada, nessa variante do mito, não mais com intenção propiciatória, mas para restaurar os mortos, que em certos dias ficam cheios de nostalgia pela antiga habitação e, cansados da sua vida errante, pedem acolhida, repouso e alimento. Nessa forma, a crença conservou-se nas tradições populares de toda a Itália (e não apenas da Itália), do Piemonte ao Abruzzo e à Sardenha. No dia 2 de novembro, dia de Finados, os defuntos atravessam a aldeia em longas procissões, carregando velas e entrando nas casas que lhes pertenceram, onde a piedade dos vivos preparou bebidas, alimentos e camas limpas.[27]

Uma outra analogia entre os sequazes da dama Abonde e os *benandanti* "agrários" é, naturalmente, a viagem feita só com a alma, deixando o corpo exânime. Até o pormenor do corpo virado que impede a alma de retornar à sua sede natural aparece nos relatos dos *benandanti* ("se, quando o corpo estiver privado do espírito, ele for virado, permanecerá morto, porque o seu espírito não poderá retornar"); aliás, esse pormenor é comum também às confissões das bruxas, como aparece num processo de Lucca já citado ("se, por acaso, formos virados de bruços, perderemos o espírito e o corpo ficará morto")[28] — testemunho, entre muitos, dos vínculos que ligam, sob o verniz diabólico mais tardio, essas antigas crenças à verdadeira feitiçaria. Deve-se notar sobretudo que, de forma análoga aos *benandanti* nascidos com o pelico, os filhos que foram gerados em terceiro lugar, seguidores da dama Abonde, têm o dever, que lhes foi imposto pelo destino, de garantir a prosperidade e a abundância.

Mas, como já dissemos, Abonde é apenas um dos nomes assumidos por essa divindade popular. Uma mulher processada pela Inquisição milanesa em 1390, por ter afirmado fazer parte da "sociedade" de Diana, declara que a deusa, acompanhada pelos sequazes, visita as casas à noite, sobretudo as dos ricos, comendo e bebendo; e, quando a companhia encontra habitações limpas e ordenadas, Diana concede uma bênção aos seus donos.[29] Na Baviera, ao contrário, reencontramos, quase dois séculos mais tarde, o nome de Abonde, apresentado porém, significativamente, como sinônimo de Perchta; o *Thesaurus pauperum* [Tesouro dos pobres] composto em 1468, condena, com efeito, a superstição idólatra daqueles que deixam alimentos e bebidas expostos à noite para Habundia e Satia ou, como diz o povo, Fraw Percht e o seu séquito, esperando conseguir assim fartura e riqueza. A mesma prática supersticiosa de oferecer, em determinados dias, sal, comida e bebida a Perchta, "alias domine Habundie",* fora registrada e condenada poucos decênios antes, em 1439, por Thomas Ebendorfer von Haselbach, no seu tratado *De decem praeceptis* [Os dez preceitos].[30]

5. Esses testemunhos indicam a existência de um vínculo, ainda bastante genérico, entre essa divindade popular de múltiplos nomes — Abundia-Satia-Diana-Perchta[31] — e o núcleo de crenças que gravitam em torno dos *benandanti*. É possível, todavia, tornar mais preciso esse paralelo.

---

* Aliás dama Abonde. (N. T.)

O dominicano J. Nider (1380-1438), na sua obra *Preceptorium divine legis* [Os preceitos da lei divina], ao estabelecer a lista daqueles que infringem, com atos e crenças supersticiosas, o primeiro mandamento, cita os indivíduos que acreditam serem transportados às assembleias de Herodíades e, logo em seguida, as mulheres que, "in quattuor temporibus se in raptu dicunt videre animas purgatorii et plura alia fantasmata".* Essas, com efeito, retornando a si após um período de desfalecimento, contam coisas extraordinárias sobre as almas que estão no Purgatório ou no Inferno, sobre objetos roubados ou perdidos etc. As infelizes são enganadas pelo demônio, afirma Nider, e não é de espantar que durante o seu ambíguo êxtase não percebam nem mesmo o ardor da chama de uma vela; o demônio as domina a tal ponto que não podem perceber nada, tal como os que sofrem de epilepsia.[32]

Essa referência de Nider (que nas suas obras sempre faz alusão a superstições difundidas no mundo germânico) evoca, sem qualquer possibilidade de dúvida, os relatos dos *benandanti* que afirmam ver os mortos durante os Quatro Tempos. Mas é significativo que Nider, embora sublinhando o caráter diabólico dessas alucinações, as aproxime não tanto da feitiçaria, mas sim das visões daqueles que afirmam participar das assembleias de Herodiana, de Herodíades ou de Vênus — sinônimos também da divindade feminina que se acreditava errasse à noite, seguida de um cortejo de mulheres.

A distinção entre essas crenças anteriores à feitiçaria e a verdadeira feitiçaria reaparece, com maior nitidez, numa passagem de uma crônica (que data de alguns decênios após a morte de Nider) de Matthias von Kemnat, capelão da corte do Palatinado Superior. Após ter descrito as características da perversa "sect Gazariorum", isto é, da feitiçaria diabólica, com o seu acompanhamento de sabá, pactos com o demônio, delitos

---

* Durante os Quatro Tempos, tendo perdido a consciência, dizem ver as almas do Purgatório e outras fantasmagorias. (N. T.)

etc., Kemnat cita uma outra seita, menos nefasta, perseguida em Heidelberg por volta de 1475, sobre a qual sabe dizer pouca coisa; trata-se de mulheres que "viajam" durante os Quatro Tempos, provocando tempestades e lançando sobre os homens malefícios não mortais.[33] Aqui também, contudo, o misterioso perambular dessas mulheres durante os Tempos está relacionado com um grupo de crenças que já conhecemos; Kemnat cita, nesse contexto, um episódio da vida de são Germano, extraído da *Legenda aurea* de Jacopo da Varazze, no qual se fala de oferendas propiciatórias destinadas às "bonis mulieribus quae de nocte incedunt",* e de estranhas viagens noturnas.[34] Ora, parece razoável supor que essa seita "menos perversa", da qual já se estavam perdendo os traços, não fosse mais do que um resíduo das crenças populares em que se introduziu, precisamente por volta do final do século XV (Kemnat escreve antes do aparecimento do *Malleus maleficarum*), a verdadeira feitiçaria. Não é certamente por acaso que, nos primeiros processos de feitiçaria a terem lugar no cantão de Lucerna e no Tirol, as incriminadas afirmassem que participavam do sabá na quinta-feira dos Quatro Tempos, enquanto depois, nas mesmas zonas, fala-se de quinta-feira sem qualquer outra especificação.[35]

6. Esse tema das viagens misteriosas de algumas mulheres nas noites dos Tempos é, portanto, antigo e não se restringe ao Friul. Além disso, ele está sempre estreitamente relacionado com o mito das viagens noturnas dos bandos de mulheres guiadas por Abundia-Diana-Satia-Perchta e, portanto, com o da "caça selvagem" ou do "exército furioso". Essa mesma conexão reaparece, no início do século XVI, nas prédicas feitas em Estrasburgo por Geiler von Kaisersberg, reunidas sob o título de *Die Emeis*. Nelas, Geiler menciona, após as bruxas e as mulheres que afirmam encontrar-se de noite com "Fraw Fenus" (isto é, Vênus), as que, durante os Quatro Tempos, caem num desfa-

---

* Boas mulheres que andam à noite. (N. T.)

lecimento que as torna insensíveis a picadas e queimaduras até que, retornando a si, contam o que viram, afirmando terem estado no Céu e falando de objetos roubados ou escondidos.[36] Trata-se de visões diabólicas, comenta Geiler, quase repetindo as palavras de Nider citadas acima; todavia, o estilo popular, imediato, dos seus sermões, desenvolvidos sob a forma de respostas a perguntas e dúvidas apresentadas pelos fiéis, torna bastante improvável a hipótese de que a passagem seja simplesmente um eco literário, estranho à realidade das crenças populares do tempo. Mesmo porque Geiler retorna ao argumento das superstições relacionadas com os Quatro Tempos: nesses dias, particularmente durante os Tempos do Natal, que são os mais santos de todos, aparece, segundo a crença popular, o "exército furioso", formado por aqueles que morreram prematuramente, como, por exemplo, os soldados caídos em batalha, que são obrigados a vagar até que transcorra o tempo que deveriam ter vivido na terra.[37] Mas esse pormenor também nos reconduz aos *benandanti* e às suas narrativas; recordemos que Gasparutto afirmava o seguinte: "Se, por acaso, quando estivermos fora, alguém for observar o nosso corpo com uma vela, o espírito só poderá retornar quando o corpo deixar de ser contemplado; se, pelo fato de parecer morto, foi sepultado, o espírito vagará pela terra até o momento previsto para a morte do corpo".[38]

Ora, o que caracteriza esse núcleo de tradições e de mitos é a absoluta ausência de relações com o mundo culto; a única exceção é a tentativa de revestir divindades populares como Perchta ou Holda com as vestes, mais familiares aos autores dos textos citados, de Diana ou Vênus. Dessa separação, o volume que reúne os sermões de Estrasburgo de Geiler nos fornece um exemplo notável. Conhecemos apenas duas edições da obra. Na primeira, a prédica dedicada ao "exército furioso" ("Am dürnstag nach Reminiscere von dem wütischen heer"*) é acom-

---

* Sermão de quinta-feira, dedicado à recordação do exército furioso. (N. T.)

panhada por uma gravura à primeira vista surpreendente: num bosque gracioso avança o carro de Baco, precedido por um sátiro que toca gaita de foles e por Sileno, ébrio, com a cabeça, coroada de cachos de uvas, caída para trás, montado num asno (fig. 1). Não se consegue compreender como essa cena da mitologia clássica possa sugerir aos leitores dos sermões de Geiler o tenebroso mito, bem conhecido deles, do "exército furioso". O gravador havia retomado uma ilustração das obras de Virgílio, publicadas por S. Brant em 1502, limitando-se a suprimir a figura do poeta sentado no seu escritório, colocada à esquerda (fig. 2). Em si, isso não tinha nada de excepcional. Mas, neste caso, a distância entre o texto a comentar e a figura era tal que o ilustrador da obra não se preocupou nem mesmo, como fizera alhures, em eliminar as legendas com os nomes "Bacchus", "Silenus", "Satirus".[39] É verdade que faltava uma tradição iconográfica para o "exército furioso"; mas o recurso à pacífica cavalgada de Baco não podia satisfazer os leitores de Geiler, como também não nos satisfaz hoje. Em 1517, um ano após a primeira edição, as prédicas foram reeditadas, sempre em Estrasburgo, com algumas variantes nas ilustrações que acompanhavam o texto. Entre elas, a substituição da gravura que ilustrava a prédica sobre o "exército furioso". A cavalgada de Baco foi substituída não por uma gravura original, mas por uma imagem copiada de uma ilustração da *Stultifera Navis* de S. Brant (ed. de 1º de agosto de 1497, Basileia), modificada ligeiramente (falta, por exemplo, o horóscopo no alto, à esquerda) (cf. figs. 3 e 4).[40] Evidentemente, o carro dos loucos de Brant pareceu mais adequado do que o grupo de seguidores de Baco para exprimir a atmosfera de terror que circundava o mito do "exército furioso". Mas a substituição nos revela também a dificuldade de traduzir em imagens uma crença popular, desprovida (diferentemente das relacionadas com as bruxas) de vínculos com o mundo erudito.[41]

7. Portanto, as noites dos Tempos, nas quais ocorrem as viagens das mulheres condenadas por Nider e Geiler (e tam-

1. Geiler von Kaisersberg, *Die Emeis*, Estrasburgo, 1516, f. XXXVII*r* (fotografia fornecida pelo Museu Britânico).

2. *Publii Virgilii Maronis Opera*..., Estrasburgo, 1502, c. LXIr (fotografia fornecida pelo Museu Britânico).

3. Geiler von Kaisersberg, *Die Emeis*, Estrasburgo, 1517, f. XXXVII*r* (fotografia fornecida pela Biblioteca Nacional de Paris).

De Corrupto ordine vivendi pereūtibus. Inuentio noua. Sebastiani Brant.

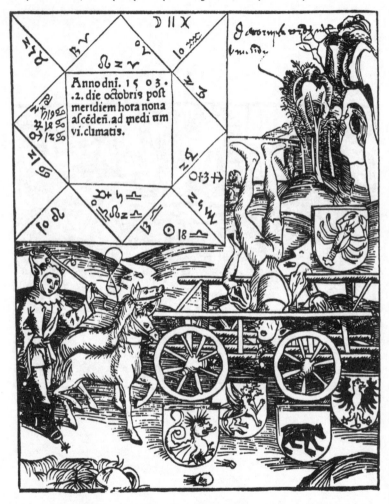

4. S. Brant, *Stultifera Navis*, In urbe Basiliensi 1497 Kalendis Augusti, f. CXLVr (fotografia fornecida pelo Museu Britânico).

bém, acrescentemos, as das *benandanti* friulanas), são também, segundo uma tradição difundida por toda a Europa central, as noites em que aparece o "exército furioso".[42] Na verdade, essa visão macabra é um tanto diferente das procissões dos mortos que encontramos nos processos das mulheres *benandanti*. Mas a tradição da "caça selvagem" ou do "exército furioso", na qual se expressava um temor antiquíssimo, pré-cristão, dos mortos vistos como mero objeto de terror, como entidades implacáveis e maléficas, desprovidas de qualquer possibilidade de catarse, havia sofrido, muito cedo, uma tentativa de cristianização, testemunhada pela primeira vez numa passagem da *História eclesiástica* de Orderico Vital. Este, no ano de 1091, introduziu o relato de um evento extraordinário, ocorrido "in villa, quae Bonavallis dicitur",* isto é, na atual Saint-Aubin de Bonneval. Um padre, seguindo à noite por um caminho, ouviu de repente um fragor semelhante ao de um exército em marcha; e eis que lhe aparece um ser enorme, armado com uma clava, seguido por uma multidão de homens e mulheres, alguns a pé, outros a cavalo, atormentados cruelmente por demônios. Entre eles, o sacerdote reconheceu muitos indivíduos conhecidos dele, mortos havia pouco tempo, e ouviu os seus pungentes lamentos. Viu os assassinos, viu as mulheres impudicas, viu clérigos e monges (e, no meio deles, muitos que se acreditava estarem entre os bem-aventurados); e então compreendeu que estava diante da "família Herlechini", cuja existência, mesmo diante dos testemunhos mais precisos, havia sempre negado. Os mortos falaram com ele, descreveram os seus sofrimentos e enviaram mensagens para os entes queridos que ainda viviam.[43] Aqui, naturalmente, os mortos não são mais as entidades obscuras e terríveis que atravessam como um turbilhão as ruas da aldeia; eles foram enquadrados no Além cristão, assumindo a tradicional função de instruir e advertir os vivos.[44] É uma tentativa ainda inicial, que conserva traços da crença antiga; assim, o

---

* Na cidade chamada Bonneval. (N. T.)

bando dos mortos é guiado pelo legendário homem selvagem, aqui com os traços do demônio Herlechinus (o qual, pouco a pouco, substituirá a clava, emblema do homem selvagem, pela espada de pau, assumindo os traços bem conhecidos da figura do Arlequim[45]) e que, alhures, aparece à frente da "caça selvagem". Mas essa primeira tentativa de dar um conteúdo novo e piedoso aos mitos antigos sofreu, nas tradições populares da zona de Saint-Aubin de Bonneval, uma transformação significativa: o padre teria encontrado uma turba de homens vestidos de vermelho que, depois de conduzi-lo a um prado, lhe haviam sugerido renegar Deus e a sua fé.[46]

Esses dois elementos — a divindade à frente da "caça selvagem" e a procissão dos mortos — encontram-se ambos presentes, mas num estado já desagregado, num processo instaurado em Mantua em 1489. O principal acusado, Giuliano Verdena, é um tecelão, e são tecelões as testemunhas chamadas para depor — o patrão e dois companheiros de trabalho de Giuliano. Esses depoimentos revelam que ele costuma tirar a sorte, enchendo uma vasilha com água (às vezes, trata-se de água benta), aproximando-a de uma vela, fazendo olhar para dentro dela um menino (ou uma menina) e mandando-o pronunciar uma conhecida fórmula mágica ("Anjo branco, anjo santo etc."). O procedimento é habitual mas o objetivo do sortilégio é insólito, já que só ocasionalmente Giuliano aceita fazer aparecer refletidas na água do vaso as imagens dos autores de pequenos furtos.[47] Normalmente, Giuliano lê um livro, recomendando às crianças prestar bastante atenção ao que verão aparecer na superfície da água; e ora as crianças dizem que veem "muitos, muitos que parecem mouros",[48] ora "magnam multitudinem gentium inter quas aliqui erant pedester, aliqui equester, aliqui sine manibus", ora "quendam hominem magnum sedentem cum pamulo ab utroque latere".[49] Giuliano explica às crianças que os "mouros" são espíritos e que o personagem desconhecido é Lúcifer, "magister artis". Este tem em mãos um livro fechado, no qual estão relacionados muitos tesouros ocultos; e Giuliano declara que, a qualquer custo, quer transcrever aquele livro, "pro utilitare Cristianitasti et pro eundo contra Turchum et destruere eum".[50]* Outras vezes, as crianças vislumbram, na água do vaso, uma figura na qual Giuliano reconhece a "domina ludi" (epíteto atribuído ora a Diana, ora a Herodíades), que, "inducta pannis nigris, cum mento ad stomacum", aparece ao próprio Giuliano, declarando-se pronta a revelar-lhe "potentiam herbarum et naturam animalium".[51]** Mas, nas figuras que Giuliano interpretou como uma multidão de espíritos, pode-se ver um resíduo da tradição da procissão dos mortos, alguns a pé, outros a cavalo, descrita por Orderico Vital. Às vezes, Giuliano pede a uma menina para olhar na água do vaso a fim de saber "utrum debebat ire in inferno vel non"; a menina o vê "in caldera, Lucifero supra se eum tenente cum quodam rastello", e cala-se, "ne ipse Iulianus eam verberaret". Por sua vez, Verdena lhe mostra o pai falecido, e a menina, afirmando tê-lo visto "stetisse in purgatorio et ascendere ad celum",*** rompe em pranto. Uma outra vez é Giuliano que, "graças à sua fantasia", consegue que um clérigo que o ajuda nos seus encantamentos veja um certo "illustris dominus Rubertus", "damnatus in inferno et in quadam calderia accensa igne, super quo erat Lucifer, Barbariza, [...] Zanetin et alii spiritus".[52]**** Tudo isso mostra como o antigo tema dos mortos errantes assumiu, com o tempo, um novo conteúdo emotivo. Ele cessou de instruir os vivos com a representação das penas do Além e, através da mediação da magia divinatória, tornou-se o canal pelo qual encontram saída

---

*. Uma grande multidão de homens, uns a pé, outros a cavalo, outros sem as mãos; um homem grande, sentado, com dois servidores, um de cada lado; mestre da arte; em benefício dos cristãos, para combater os turcos e destruí-los. (N. T.)

** Senhora do jogo; envolvida com vestes negras e com a cabeça caída para a frente; o poder das ervas e a natureza dos animais. (N. T.)

*** Se iria para o Inferno ou não; num caldeirão, com Lúcifer sobre ele, dominando-o com um forcado; e o próprio Giuliano fica silencioso; no purgatório e subindo ao céu. (N. T.)

**** Ilustre senhor Roberto; danado no inferno, num caldeirão abrasado sobre o qual estão Lúcifer, Barbariza, [...] Zanetin e outros espíritos. (N. T.)

o pungente e ansioso interesse pelo problema da salvação individual e também o sentimento de pesar pelos parentes mortos e a nostalgia dos mesmos.

8. Com o processo de Giuliano Verdena, afastamo-nos aparentemente muito dos *benandanti*; o único ponto de contato parece ser a referência à procissão das almas e à sua sorte no além-túmulo. Na realidade, aqui também nos movemos no mesmo círculo de crenças, ou pelo menos nas suas margens. Isso fica claro se aproximamos as confissões de Verdena das de uma mulher de Burseberg, no Tirol, Wyprat Musin, processada por superstições no dia 27 de dezembro de 1525. Dois anos antes, numa noite dos Quatro Tempos, relata Wyprat, ela vira uma grande multidão guiada por uma mulher, que havia declarado chamar-se Fraw Selga e ser irmã de Fraw Venus.[53] Fraw Selga havia forçado a aterrorizada Wyprat Musin a segui-la, sob pena de morte, nas noites de quinta-feira e de sábado e a tomar parte em certas procissões que cruzavam várias partes da paróquia. Dessas assembleias, Musin devia participar, quisesse ou não, já que — tinha afirmado Fraw Selga — ela estava destinada a isso desde o nascimento. As procissões eram formadas por almas que purgavam pecados e também por condenados que sofriam penas variadas; e as almas haviam tranquilizado Wyprat, dizendo que os que participavam das procissões deviam manter-se virtuosos, não cometer pecados e dar esmolas. Durante os encontros que transcorriam nos dias dos Quatro Tempos, costumava-se olhar numa espécie de bacia, que era também um fogo (Wyprat Musin não sabe explicar direito; trata-se, como revela um testemunho análogo, de uma bacia na qual aparecia o fogo dos condenados[54]) em que se percebiam as imagens dos membros da paróquia destinados a morrer naquele ano. Além disso, Fraw Selga havia dito a Wyprat ter conhecimento dos lugares onde estavam sepultados muitos tesouros, destinados àqueles que costumassem servir a Deus e invocá-Lo.

As analogias dessa narrativa com as confissões de Giuliano Verdena são evidentes — a divindade feminina (chamada, no primeiro caso, de Fraw Selga e, no segundo, de "domina ludi"), os tesouros escondidos, a legião das almas, o tema do destino no outro mundo, até mesmo o pormenor da bacia cheia de água, na qual se refletem as imagens daqueles que estão destinados a morrer. Mas, aqui, a mulher obrigada por um destino inelutável a participar das procissões das almas sai na noite dos Quatro Tempos — e, com certeza, se vivesse do outro lado dos Alpes, no Friul, afirmaria ser uma *benandante*. De qualquer forma, as suas confissões confirmam o vínculo profundo existente entre esses *benandanti*, que poderíamos chamar de "fúnebres", e as crenças relativas ao "exército furioso".

9. Não sabemos se Wyprat Musin foi acusada de feitiçaria; de qualquer maneira, não há, no seu relato, elementos especificamente diabólicos ou derivados da feitiçaria. Em outros lugares, todas as que declaravam ver as almas dos mortos nas procissões noturnas eram seguramente condenadas como bruxas. Veja-se o caso daquela mulher de Küssnacht, de quem conhecemos apenas o apelido, bem significativo — "mãe das almas", *Seelenmutter* —, denunciada em 1573 ao conselho de Schwyz por suas "fantasmagorias não cristãs" e queimada como bruxa poucos anos depois.[55] Como as *benandanti* friulanas, ela tirava proveito dos seus pretensos dons, dando, em troca de um pouco de dinheiro, notícias sobre o destino ultratumular de homens e mulheres recém-falecidos ou desaparecidos havia muito tempo; corria o risco, naturalmente, de ver as suas revelações desmentidas clamorosamente, como ocorreu quando, após ter anunciado a morte de um certo sapateiro em terra luterana e recomendado a seus parentes que dessem esmolas e mandassem rezar missas na igreja de Nossa Senhora de Einsiedeln, viu-o retornar, seis meses depois, são e salvo.[56] A Seelenmutter não afirmava ver os bandos de mortos nas noites dos Tempos; sabemos, todavia, que nesse período era muito difundida, em Lucerna, no cantão de Schwyz e um pouco por toda a Suíça, a crença nas procissões dos mortos prematuros, das quais podiam participar em espírito, deixando o corpo no leito, até mesmo seres vivos, considerados, por isso, particularmente afortunados e piedosos.[57] Além disso, a própria Seelenmutter havia dito a um necromante, instruído por ela na arte de invocar os espíritos, que se ele tivesse nascido nos Quatro Tempos seria capaz de ver muitos espíritos.[58] Aqui também identificamos, em suma, os mesmos elementos que aparecem nas confissões das *benandanti* friulanas, mas num estado desagregado — ou pelo caráter sumário dos testemunhos ou porque nos encontramos nas margens da zona de difusão dessas crenças.

Talvez a segunda hipótese seja a correta. O testemunho que apresenta as analogias mais precisas com o Friul é de origem bávara. Trata-se de um processo instaurado em Oberstdorf em 1586 (até as datas, como se vê, apresentam correspondência plena) contra um pastor de 37 anos, Chonradt Stöcklin. Ele contara aos juízes de Oberstdorf que, oito anos antes, quando se encontrava num bosque cortando abetos, lhe havia aparecido o boieiro Jakob Walch, da mesma aldeia que ele, morto havia oito dias, o qual, após ter-lhe confiado ter sido obrigado a vagar por três anos antes de sofrer as penas infernais, o exortava a viver honesta e religiosamente e a ter sempre Deus em mente. As aparições tinham-se repetido; depois de um ano, o boieiro morto lhe aparecera todo vestido de branco, com uma cruz vermelha na testa, e o convidara a segui-lo. De repente, Stöcklin desmaiara, tendo-se transportado para um lugar onde vira sofrimentos e alegrias — o Inferno e o Paraíso, pensava ele —, povoado de gente que ele desconhecia. Ali fora exortado a fazer orações (30 mil ave-marias durante os Quatro Tempos), levar a mulher e as crianças à missa, não cometer pecados e venerar os sacramentos. Uma outra vez, o boieiro morto lhe dissera, respondendo a uma pergunta sua, que Deus Onipotente fizera dele um anjo e que o seu destino errante não tinha nada de pecaminoso. Três, com efeito, explicara Stöcklin, eram as maneiras de vagar: a primeira, a da "legião noturna", à qual ele próprio pertencia; a segunda, a dos defuntos em direção aos lugares a eles destinados; a terceira, a das bruxas para o sabá — mas desta última não sabia nada nem havia jamais participado. As viagens da "legião noturna" ocorriam durante os Quatro Tempos, na sexta-feira e no sábado, quase sempre à noite. Antes da viagem, vinha um desmaio e permanecia-se exânime; era a alma (assim, pelo menos, ele supunha) que partia, deixando o corpo imóvel e privado da vida por uma hora ou pouco mais. Porém, se nesse meio-tempo o corpo fosse virado, o retorno da alma seria penoso e difícil. Stöcklin havia declarado, em resposta a uma pergunta dos juízes, conhecer só um dos participantes das viagens da "legião noturna", mas não saber o seu nome. Havia, pelo contrário, relacionado os nomes de numerosas bruxas de Oberstdorf e os seus delitos, que ele conhecera durante as misteriosas viagens noturnas; e tinha afirmado ser capaz de curar homens e animais enfeitiçados pelas bruxas e tê-lo feito diversas vezes, graças a Deus, impondo orações e jejuns.

Os juízes contestaram, ponto por ponto, as surpreendentes afirmações de Stöcklin, mas sem sucesso; em vão tentaram arrancar-lhe a confissão de ser um feiticeiro, ter participado do sabá e ter feito um pacto com o demônio. Ele repetiu, inúmeras vezes, de forma obstinada, nada ter a ver com o demônio e a feitiçaria. Mas, interrogado novamente, a 23 de dezembro de 1586, Stöcklin começou a vacilar; primeiramente, admitiu ter recebido aos dezesseis anos, de sua mãe, um unguento com o qual fizera um sortilégio contra homens e animais; depois, pressionado pelas abertas insinuações dos juízes, confessou ter ido muitas vezes ao sabá, ter renegado Deus e os santos diante do "grande Diabo". Não satisfeitos, os juízes submeteram-no à tortura, obtendo uma confissão mais completa e um longo elenco de cúmplices. Assim, Stöcklin acabou sendo condenado à fogueira, juntamente com várias mulheres denunciadas por ele.[59]

10. Desses testemunhos, tão dispersos e fragmentários, surge a imagem de um núcleo de crenças bastante coerente e unitário, que no decorrer de um século, entre 1475 e 1585, revela-se presente numa área bem precisa, compreendendo a

Alsácia, o Württemberg (Heidelberg), a Baviera, o Tirol e, um pouco à margem, a Suíça (cantão de Schwyz). Uma pesquisa mais aprofundada, que até agora não foi feita (e estas referências não pretendem, evidentemente, substituí-la), poderá permitir a formação de um quadro mais preciso e mais amplo dessa difusão. Desde agora, porém, é possível afirmar que existe um vínculo que liga os testemunhos que analisamos, a saber: a presença de grupos de indivíduos — geralmente mulheres — que, durante os Quatro Tempos, sofrem desmaios, permanecendo inconscientes por um breve período de tempo, durante o qual, afirmam eles, as suas almas se afastam dos corpos para seguir as procissões (quase sempre noturnas) dos mortos, que aparecem liderados, num determinado caso, por uma divindade feminina (Fraw Selga); essas procissões, como já vimos, ligam-se a um mito mais difuso e antigo, o da "caça selvagem". Todos esses elementos reaparecem, com exatidão — como veremos cada vez melhor — nas confissões das *benandanti* friulanas. Nelas surge também, ainda que excepcionalmente, a multiforme divindade feminina; uma *benandante* de Latisana, Maria Panzona, processada em 1619, declara ter ido em espírito, várias vezes, ao vale de Josafá, montada num animal, e ter prestado homenagem, "baixando a cabeça", juntamente com outros *benandanti*, a "uma certa mulher majestosamente sentada sobre a borda de um poço, chamada de abadessa".[60]

Mas qual é a relação que une as mulheres *benandanti* que veem os mortos aos *benandanti* "agrários", como Moduco e Gasparutto, que afirmam sair nas noites dos Quatro Tempos para combater pela prosperidade das colheitas contra bruxas e feiticeiros? O nome, comum a ambos, antes de tudo, depois o desfalecimento por que passam durante a noite dos Quatro Tempos, interpretado como a viagem da alma separada do corpo, tinham permitido imediatamente supor que se tratasse de duas ramificações de uma única crença. Além disso, nas confissões do pastor bávaro Chonradt Stöcklin apareceram alguns elementos que unem ulteriormente os dois ramos — o conhecimento das bruxas e dos seus delitos e a capacidade de curar as vítimas dos malefícios. Mais ainda, os testemunhos reunidos anteriormente mostravam o vínculo da divindade acompanhada pela legião das almas (Abundia-Satia-Diana-Perchta) com a riqueza e a abundância. Neles faltava, todavia, qualquer referência aos Quatro Tempos; e mesmo a abundância era entendida ali no sentido genérico, sem alusões específicas à fertilidade dos campos. A última peça do mosaico nos é dada por um outro grupo de crenças, no qual a divindade feminina que dirige a legião dos mortos aparece, uma vez mais, com um nome alterado: Holda (Frau Holle) ou Vênus.[61]

11. Nos seus *Annales svevici* [Anais suábios], Crusius introduziu, para o ano de 1544, um curioso relato, tirado de uma crônica mais antiga.[62] Naquele período, erravam pelos campos da Suábia alguns *clerici vagantes*,* que levavam nos ombros, como se fora uma capa, uma pequena rede amarela. Eles se dirigiam aos camponeses, afirmando terem estado no Venusberg e visto coisas extraordinárias. Conheciam o passado e o futuro; eram capazes de reencontrar objetos perdidos; sabiam de encantamentos que protegiam os homens e os animais das bruxas e dos malefícios e afastavam o granizo; e, com essas bazófias, entrecortadas por palavras assustadoras murmuradas entre dentes, assombravam homens e mulheres, sobretudo as mulheres, e extorquiam-lhes dinheiro. Mais ainda, declaravam também serem capazes de invocar o "exército furioso", formado por crianças mortas antes do batismo, homens caídos em batalha e todos os "extáticos", isto é, aqueles cujas almas haviam abandonado os corpos e não tinham retornado mais.[63] Todas essas almas — diziam eles — costumam reunir-se em lugares desertos na noite do sábado dos Quatro Tempos e da quinta-feira do Advento; vagam, lamentando-se, até o dia previsto para a sua morte, dia em que serão recebidos entre os bem-aventurados. Além disso, esses *clerici vagantes* declaravam possuir duas cor-

* Clérigos errantes. (N. T.)

85

das: uma para o trigo, a outra para o vinho; se enterrassem uma delas, naquele ano o preço do trigo (ou do vinho) subiria.

Ainda uma vez: se esse testemunho se referisse ao Friul e não à Suábia, poderíamos estar certos de que os *clerici vagantes* teriam acrescentado aos seus pretensos méritos o de serem *benandanti*. Aqui também as analogias são evidentes: a viagem ao misterioso reino de Vênus (verdadeiro Além popular, como veremos logo) tornou-os capazes de curar feitiços, de invocar, durante os Tempos, as legiões dos mortos prematuros, das quais fazem parte, entre outros, os "extáticos" como eles, cujas almas não podem reintegrar-se aos corpos; tornou-os capazes, finalmente, de garantir riqueza aos camponeses, agindo magicamente não sobre a fertilidade dos campos, como os seus colegas friulanos, mas sim, por uma curiosa variante, sobre os preços dos produtos agrícolas. Estamos em 1544, quase quarenta anos antes do processo de Moduco e Gasparutto; mas seria precipitado concluir que essas crenças devem ter atingido o Friul a partir da Alemanha, já que não dispomos de processos friulanos anteriores à primeira metade do século XVI. De qualquer forma, grupos de *clerici vagantes* que declaravam ter estado no Venusberg apareceram em Lucerna em 1576 (e é significativo que tenham sido aproximados da Seelenmutter de Küssnacht, que já encontramos) e, novamente, em 1599 e 1600.[64] Um grupo análogo, constituído numa associação chamada Johannesbruderschaft,* foi processado em Lvov no ano de 1694; como os seus colegas suábios de 150 anos antes, esses *clerici vagantes* buscavam tesouros, afirmavam terem visto as almas dos mortos no Venusberg e procuravam invocá-las.[65]

12. O nexo entre mundo dos mortos ("exército furioso", Venusberg) e fertilidade dos campos, presente na passagem de Crusius, reaparece com maior nitidez num processo instaurado no Hesse, em 1630, contra um mago, Diel Breull.[66] Este, pro-

---

* A Irmandade de João. (N. T.)

cessado no ano anterior por ter feito encantamentos olhando num cristal, fora condenado ao exílio. No segundo processo, Breull contara que, oito anos antes, encontrando-se num período de profunda depressão (sua mulher e seus filhos haviam morrido), adormeceu um dia e, ao despertar, encontrou-se no Venusberg. A divindade do lugar, "Fraw Holt" — a germânica Holle, considerada sinônima de Vênus —, lhe havia mostrado, refletidas numa bacia cheia de água, as coisas mais estranhas: cavalos esplêndidos, homens ocupados em banquetear-se no meio de chamas e, entre estes últimos, pessoas conhecidas dele e mortas havia muito tempo, que lá se encontravam (havia explicado Fraw Holt) por causa de suas más ações. Diel Breull ficara sabendo ser um membro da legião noturna, um "nachtfahr" (quase cinquenta anos antes, o pastor bávaro Chonradt Stöcklin se servira de uma expressão análoga). A seguir, tinha estado no Venusberg quatro vezes por ano, durante os Tempos; e, naquele ano, as colheitas haviam sido boas. Aqui também, em suma, quem tem a faculdade de ir durante os Tempos, após uma misteriosa letargia, ao Além povoado de mortos e presidido por Holle-Vênus tem condições de garantir a fertilidade — enésimo testemunho do vínculo muito estreito que une as duas faces desse culto: a "agrária" e a "fúnebre". Mas as confissões de Diel Breull são também integradas à força no esquema do sabá diabólico; submetido à tortura, ele é forçado a confessar ter renegado Cristo e ter-se dado ao diabo. Assim, em 1632, é levado ao suplício. A assimilação dessas crenças à bruxaria era inevitável; e não é de admirar que o inquisidor Ignazio Lupo, num tratado publicado alguns decênios antes, afirmasse que as bruxas da região de Bergamo se reuniam na quinta-feira dos Quatro Tempos na montanha de Vênus — o Tonale — para adorar o diabo e entregar-se a orgias.[67]

13. O mito dos *benandanti* liga-se, portanto, por múltiplos laços, a um conjunto de tradições mais vasto, largamente difundidas durante quase três séculos, numa área bem delimitada, compreendida entre a Alsácia e os Alpes orientais. Mas não se pode afirmar com certeza que a variante friulana seja de origem germânica. Fica claro que, se excetuarmos o processo do lobisomem lituano, falta nos testemunhos citados até agora qualquer relação ou analogia com os combates descritos pelos *benandanti* "agrários" — combates entre bruxas armadas de caules de sorgo e *benandanti* armados com ramos de erva-doce. No máximo, é possível recordar que Burchard de Worms ameaçava impor penitências às mulheres que acreditavam voar no silêncio da noite até as nuvens, para travar misteriosas batalhas — referência que recorda apenas de forma genérica as lutas dos *benandanti* e nas quais, talvez, se deva ver, como já foi proposto, um eco das tradições da "caça selvagem".[68] Por outro lado, é possível encontrar um eco deformado dos ritos noturnos descritos pelos *benandanti* no folclore tirolês, mais exatamente nos chamados *Perchtenlaufen*, ritos que, em determinadas festividades, opõem dois grupos de camponeses, uns fantasiados de Perchtas "belas", os outros de Perchtas "feias", que se perseguem, agitando chicotes e bastões de madeira — provavelmente, um resíduo das antigas batalhas rituais. Até mesmo o objetivo da cerimônia, propiciar a fertilidade das colheitas, lembra as batalhas entre *benandanti* e bruxas.[69] Tudo isso nos reporta a uma zona próxima do Friul e a Perchta, a multiforme divindade popular que se acreditava conduzir o "exército furioso"; nada de novo, aparentemente. Mas traços dessa escaramuça ritual entre os dois grupos de Perchtas, as "belas" e as "feias", foram encontrados na península balcânica, e, segundo uma ousada e controvertida hipótese, tais tradições, nascidas no Oriente Médio, ter-se-iam difundido na Europa central durante os primeiros séculos da Era Cristã, a partir da própria península balcânica.[70] É possível concluir, a partir daí, que o mito dos *benandanti* — em particular, o tema dos combates pela prosperidade das colheitas, identificável com tanta nitidez na Lituânia — seja proveniente do mundo eslavo ou até do Oriente Médio? É verdade que traços de crenças populares análogas às dos *benandanti* podem ser localizados, como veremos, até na Dalmácia. Mas, na falta de pesquisas aprofundadas, sistemáticas, fora do Friul, não podemos dizer com segurança se elas se difundiram da Alemanha para o Friul e, desta área, para a Dalmácia, ou vice-versa. As datas dos testemunhos reunidos fazem-nos preferir a primeira alternativa; a referência de Nider às mulheres que caem em êxtase durante os Quatro Tempos é de meados do século XV, o processo do pastor bávaro tem lugar, como os mais antigos processos contra os *benandanti* friulanos, por volta de 1580, enquanto os indícios da existência de crenças análogas na Dalmácia são já de 1685-90, posteriores, portanto, de mais de um século. É impossível dizer se essa linha de difusão tão nítida é resultado simplesmente do escasso número e, consequentemente, da casualidade dos testemunhos recolhidos.

Concluindo, a proveniência germânica do mito das procissões dos mortos é quase certa; pelo contrário, no que diz respeito às batalhas pela fertilidade, o problema permanece em aberto. Na verdade, a presença desse segundo mito na Lituânia e entre os eslovenos faz pensar num vínculo com o mundo eslavo. No Friul, para onde confluíam tradições germânicas e eslavas, os dois mitos ter-se-iam amalgamado e fundido no mito globalizante dos *benandanti*.

14. Mas, se esses problemas de origem são inevitavelmente insolúveis, e, em definitivo, abstratos, o significado dessas crenças, pelo contrário, é claríssimo, bem como o vínculo profundo que une os dois veios, o dos *benandanti* "agrários" e o dos *benandanti* "fúnebres". Não se trata apenas de identidade de nomes, ou dos êxtases, comuns a ambos, durante os Tempos; assim como as assembleias dos feiticeiros, as procissões dos mortos só podem ser alcançadas pelos *benandanti* "em espírito", isto é, deixando o corpo como morto, imerso numa profunda letargia. Em ambos os casos, essa ida "em espírito" é, já o sublinhamos repetidamente, uma espécie de morte; uma morte fictícia, vista, todavia, pelos *benandanti* como um evento arriscado, que poderia conduzir à morte real, se o espírito não pudesse voltar dos encontros noturnos a tempo de reintegrar-se ao corpo abandonado. Portanto, a letargia — provavelmente provocada pelo uso de unguentos soporíferos ou por catalepsias de natureza desconhecida — é procurada como um meio adequado para alcançar o mundo misterioso (e, de outra forma, inatingível) dos mortos, dos espíritos que erram sem descanso sobre a terra, os quais, na versão "agrária" do culto, conservam os traços temíveis da antiga "caça selvagem", enquanto na outra versão, a "fúnebre", assumiram o aspecto mais ordenado e conforme à tradição cristã da procissão descrito pela primeira vez por Orderico Vital. E aqui se percebe a identidade profunda entre os mortos errantes e os feiticeiros contra quem os *benandanti* combatem à noite. Os *clerici vagantes* descritos por Crusius na sua crônica afirmavam que, do "exército furioso" dos mortos implacáveis, faziam parte também as almas dos "extáticos", que não haviam retornado aos próprios corpos. Da mesma forma, segundo Gasparutto, os espíritos dos *benandanti* que "levam 24 horas para voltar" das reuniões noturnas ou que cometem algum erro ficam "separados dos corpos" e [...] se os corpos forem sepultados, os espíritos tornam-se errantes, sendo chamados de *malandanti*" — *malandanti*, isto é, bruxos forçados a vagar atormentados ("até a hora prevista para a morte do corpo"), como presenças más, hostis: "comem as crianças, esses *malandanti*".[71] Da mesma forma, os mortos punem os *benandanti* que revelam o segredo das suas procissões noturnas, espancando-os com os caules de sorgo que crescem nos hortos — exatamente como os feiticeiros contra os quais Moduco e Gasparutto afirmam combater.[72] A inveja dos vivos e de suas obras, atribuída popularmente aos seres arrancados à vida prematuramente, é o que caracteriza esses feiticeiros, representados ainda apenas como encantadores de crianças e destruidores de colheitas, e não como sequazes do demônio ou inimigos da fé. Em Lucca e em Bergamo, durante o século XVI, as curandeiras tratam, com encantamentos e superstições, além das vítimas de feitiços, os que foram "esmagados pelos mortos" ou pelas "sombras".[73] É um terror difuso o das legiões errantes dos mortos prematuros. Uma mulher processada em 1601 pela Inquisição de Modena por ter feito encantamentos "ad amorem"* e ter "a fama de bruxa", Grana di Villa Marzana, fiandeira de profissão, afirma ter aprendido com a aia, quando criança, que as vítimas de um feitiço, se não forem socorridas com meios apropriados, são perseguidas pelas "sombras". Essas "sombras" são "almas dispersas, perdidas ou de gente assassinada, que são *malandanti*; se alguém se choca com elas ou se elas lhe tocam os pés, entram nele e fazem-no sofrer [...]". E pouco depois acrescenta, com decisão: "Além disso, eu acredito e tenho por certo que, quando uma pessoa é assassinada antes que tenha passado o tempo previsto da sua vida, ela é forçada a ser *malandante* e errante até que chegue a hora determinada, fixada para a sua morte". Essa doutrina (à qual adere, diz ela, com base numa experiência precisa) ela ouviu ser defendida até mesmo por um padre cujo nome não recorda. Depois, severamente repreendida pelo juiz e exortada a retratar o seu erro ("si diceretur sibi ab Ecclesia falsum esse quod anime interfectorum eant disperse et mal'abiando, teneretne cum Ecclesia vel potius cum oppinione vulgi?",** Grana se submete: "Prefiro crer na Igreja, que está acima dessas coisas".[74] Desse conjunto de fantasias e medos, do qual a dimensão propriamente demoníaca está ausente, nasce também o terror dos feiticeiros.

Na verdade, essa identidade entre feiticeiros e mortos errantes é uma identidade *sui generis*; não se deve, evidentemente, transformar, de forma rígida, esse mundo de crenças populares tão fluido, contraditório e compósito numa série de relações racionais, claras e distintas. É fácil objetar que bruxas e feiticeiros, além de participar, segundo os *benandanti*, "em espírito" das assembleias noturnas, vivem a sua vida cotidiana — são, em suma, homens e mulheres de carne e osso, não almas errantes. Mas a existência de uma dualidade irredutível de planos é característica

---

* De amor. (N. T.)

** Se a Igreja disser que é falso que as almas das pessoas assassinadas fiquem vagando e tornem-se *malandanti*, aderiria ela à Igreja ou à opinião do vulgo? (N. T.)

dessa mitologia popular.[75] Ao invés de identidade pura e simples, será então mais exato falar de participação comum numa esfera mitológica originariamente indiferenciada, que pouco a pouco se torna mais precisa, mais lapidada, assume nos "sonhos" de Gasparutto e Moduco os traços dos feiticeiros, torna-se concreta nos de Anna, a Ruiva, na imagem dos vizinhos mortos.

Mas quem tinha esse destino, virtude ou maldição, de "sair à noite", para "ver os mortos", como Anna, a Ruiva, ou para combater contra bruxas e feiticeiros, como Moduco e Gasparutto? Aqui se torna clara, provavelmente, a condição material que une todos os *benandanti*: terem nascido empelicados. O "pelico" é considerado, em algumas tradições populares europeias (e não apenas europeias), como a sede da "alma externa". Ele aparece, assim, ligado ao mundo das almas errantes, dos mortos prematuros: um lugar de passagem, um caminho entre o mundo deles e o mundo dos vivos. Isso explica por que em alguns países — por exemplo, a Dinamarca — se atribui aos que nasceram empelicados o dom de ver os fantasmas.[76] O pelico é a condição necessária, aos olhos dos *benandanti*, para "partir". Por isso, o *benandante* que aparece pela primeira vez a Moduco diz: "Tu deves vir comigo porque tens uma das minhas coisas". Essa "coisa" que Moduco tem consigo é a membrana amniótica na qual nasceu: "eu carregava o pelico sempre ao pescoço, mas o perdi e, depois disso, nunca mais fui [aos encontros noturnos]".[77]

O camponês friulano do século XVI que tinha a sorte de nascer com o pelico ficava sabendo, portanto, bem cedo — dos familiares, dos amigos, da comunidade toda — que tinha nascido sob uma "estrela" especial. O pelico, levado ao pescoço, às vezes bento por um sacerdote, ligava-o a um destino ao qual era impossível subtrair-se. Chegando à idade viril, numa quinta-feira dos Quatro Tempos, o *benandante* iniciava a sua "profissão", mergulhando numa letargia misteriosa, povoada de figuras e eventos destinados a repetir-se, com variações mínimas, durante anos, no qual se dava vazão a aspirações e temores coletivos — o pavor da penúria, a esperança de uma boa colheita, a preocupação com o Além, a saudade desesperada dos entes falecidos, a ansiedade por seu destino ultraterreno. Na verdade, é difícil para nós conceber, por um lado, a configuração dessa tradição como um impulso interior forte, irresistível; por outro, a sua perpetuação sem dispersões nem empobrecimento, malgrado o estreitamento de uma vida puramente interior, reflexa; e, ainda, a riqueza e sobretudo a consistência intersubjetiva desses "sonhos", dessas "fantasmagorias". Onde esperaríamos encontrar o indivíduo na sua (suposta) imediaticidade a-histórica, encontramos a força das tradições da comunidade, as esperanças e as necessidades ligadas à vida em sociedade.

15. Num processo de 1599, as implicações emotivas do mito das procissões dos mortos aparecem com grande clareza. O caso tem início em consequência de uma denúncia precisa e circunstanciada, feita por um padre de Udine, Sebastiano Bortolotto, pároco da igreja de San Cristoforo. Após ter recordado os próprios deveres pastorais, bem como um precedente édito da Inquisição ("[...] temendo, digo, a afiada espada da excomunhão que me ameaça se, quinze dias após ter sabido de coisas que dizem respeito ao Santo Ofício, não as denunciar"), ele declara que dona Florida, mulher do notário Alessandro Basili (que, por sua vez, cura doenças com orações), "vai semeando tais e tais cizânias", dizendo às vizinhas que toda quinta-feira à noite deve participar das procissões dos mortos e que, entre esses, viu "o senhor Bartholomio del Ferro, com as calças em mau estado, uma coroa na mão, de péssimo humor, e [...] o senhor Valentin Zanutti, morto há cerca de seis dias, sem boné e com calças de montaria, o que o impede de andar, e muitos outros [...]". Florida conclui esses discursos declarando "que não pode deixar de ir porque é *benandanti* e que, se revelasse os segredos dos mortos, seria espancada rudemente".[78]

A denúncia do pároco é de 2 de setembro; quatro dias depois, comparecem diante do inquisidor Gerolamo Asteo algumas mulheres que ouviram os relatos de Florida e acreditaram neles, tendo portanto recebido, dos seus respectivos confessores, a injunção de denunciá-la ao Santo Ofício. O depoimento das denunciantes revela que Florida afirmou ser *benandante*, ver nas procissões dos mortos de que participa "os que estão no Purgatório e no Inferno" e saber dizer "quais os que estão no Paraíso" (um outro testemunho nos diz que as almas dos bem--aventurados não participam das procissões dos *benandanti*, como não participavam da procissão descrita por Orderico Vital); além disso, acrescentou "que combate contra os feiticeiros e que foi duas vezes açoitada por ter revelado detalhes e ganhado dinheiro com isso". A um jovem que não queria acreditar em tais "visões", Florida disse que fosse "à localidade de Povaro na quinta-feira, que ela o faria ver essas procissões de mortos". Como se vê, também aqui as duas ramificações do mito se entrecruzam e se sobrepõem. Florida afirma ver os mortos e participar das suas procissões e, ao mesmo tempo, combater contra os feiticeiros.

No mesmo dia, Florida comparece espontaneamente ao tribunal do Santo Ofício. Ela declara que contou às vizinhas ter visto os seus parentes mortos só "por brincadeira" (mas, depois, admitirá ter começado a divulgar as suas supostas visões na esperança de ganhar um ducado), acrescentando detalhes unicamente para dar maior verossimilhança aos seus relatos. Assim, disse ter visto uma mulher morta, chamada Mozza, "no Inferno, cobrindo os olhos com a mão", e isso "por um grande pecado que eu ouvi dizer que essa Mozza cometeu, o que torna provável que ela esteja no Inferno", enquanto, de um outro morto, disse que "fora para o Paraíso, baseada no relato positivo que fizera dele o seu confessor". A notícia dessas histórias se espalhou, outras mulheres vieram até a casa de Florida para importuná-la, e ela continuou com as suas simulações, um pouco para se intrometer na vida dos outros, um pouco com a intenção de fazer o bem: "tendo percebido que [...] a viúva Francesca estava pensando em morar com a mãe, disse a essa Francesca que [...] o falecido Valentin me informara que ela não devia ficar sozinha mas ir morar com a mãe. Da mesma forma, fingi que o mesmo Valentin me dissera que os seus parentes deveriam restituir o que ele havia tirado a mais daqueles aos quais tinha servido como administrador; assim também fingi que o mesmo senhor Valentin me havia dito que a sua mulher não devia brigar com um padeiro do burgo de Aquileia, com o qual Valentin contraíra algumas dívidas". Agora, todos os dias, vinham à casa de Florida quatro ou cinco pessoas para perguntar-lhe "várias coisas sobre os mortos"; entre elas, "Betta, que, estando grávida do cozinheiro do *ilustrissimo monsignor patriarca*, veio para saber se seu marido, que se encontra ausente de Udine, está vivo ou morto, porque ela gostaria de esposar o cozinheiro do *monsignor patriarca*". Neste caso também, Florida interveio, procurando pôr as coisas em ordem: "Como de costume, fingi saber que não estava morto, para evitar que ela pecasse". Assim, nesse contexto de intrigas e mexericos de vizinhança, o mito das procissões noturnas dos mortos mantém, com uma inflexão moralista particular, a sua primitiva função admonitória.

Quanto aos pormenores da saída na noite da quinta-feira, de ser *benandante* etc., Florida afirma tê-los inventado também inteiramente, inspirando-se nas narrativas de uma mulher já morta, conhecida onze anos antes em Preclus, que dizia ser *benandante* e ver os mortos. E acrescenta: "Eu disse que era *benandante* mas foi pura loucura [...]; para adquirir essa reputação, fingi não querer aceitar nada, dizendo [...] que não aceitaria nem mesmo um cabelo porque tinha verificado que as que aceitam são espancadas, e, dessa forma, vede, meu Pai, a minha loucura, pois fiz essas coisas sem recompensa [...]". Pelo mesmo motivo, diz, "fingi ter nascido empelicada e ser preciso que eu vá toda quinta-feira à noite à pracinha de San Cristoforo, onde se trava combate contra os feiticeiros; e aquele em cuja direção se inclina a bandeira de guerra, levada pelo porta-estandarte, deve morrer". Florida conclui o relato implorando perdão para a sua leviandade e é posta em liberdade.

Mas os depoimentos contra ela não se interrompem. A todas as vizinhas Florida disse ser *benandante* e ser obrigada, por ter nascido "sob aquela estrela", a ir, na quinta-feira à noite, "em corpo e alma ver os mortos, e que era errado afirmar que se vá só com a alma". E, conversando com uma vizinha, após ter dado o seu depoimento ao Santo Ofício, exclamou: "Estive com o padre-inquisidor. O que ele pode ter contra mim? Se não fôssemos nós, os *benandanti*, os feiticeiros comeriam as crianças até nos berços"; e isso foi ouvido por todos, "estando várias pessoas na estrada e outras à janela". Mais uma vez surge a orgulhosa certeza com a qual os *benandanti* se apresentam como defensores da comunidade contra as forças maléficas que a ameaçam; eles não são feiticeiros e não é admissível que a sua benéfica atividade possa ser perseguida pelos inquisidores. Sentindo-se segura disso, Florida Basili defende aos gritos, diante das vizinhas, a sua inocência e a sua virtude de *benandante*. Mas, precisamente à luz desses testemunhos posteriores ao seu interrogatório, a pretensa confissão de Florida parece reticente, até mesmo mentirosa. A uma outra amiga, Florida disse algo significativo: "Estive com o padre-inquisidor, e ele não me disse nada; não tenho medo de ninguém, a não ser do meu marido. Mas eu nasci assim, e é forçoso que eu seja *benandante*, e não posso agir de forma diferente [...]".

Esses novos testemunhos não levam o inquisidor a aprofundar o seu inquérito sobre Florida. É preciso esperar uma congregação do Santo Ofício, reunida a 11 de maio de 1601 e que contou com a presença do patriarca Francesco Barbaro, do comissário da Inquisição, frei Francesco Cummo da Vicenza, e de outros, para que se tome a decisão de ouvir novamente Florida Basili. Após dois interrogatórios infrutíferos, que tiveram lugar a 16 e a 28 de maio, a mulher é encarcerada. No dia 6 de julho, finalmente, ela se decide a admitir por inteiro tudo o que está contido no processo. No dia seguinte, duas testemunhas se apresentam e se dispõem a pagar sua fiança. Florida é posta em liberdade. Mas, poucos meses depois, em novembro, é feita uma nova denúncia à Inquisição contra ela. Desta vez não se trata de ver os mortos, nem de *benandanti*: Florida é acusada de ter curado com meios supersticiosos (um ovo amarrado com um fio, ossos de mortos) uma certa Maddalena, prostituta que temia ter sido "enfeitiçada" pelo amante. Poucos dias depois, ela morria "com grande efusão de sangue". Dessa vez, o Santo Ofício não chegou a interferir, e de Florida Basili não sabemos mais nada.

Como se pôde ver, com as suas narrativas Florida Basili tranquiliza inconscientemente as fantasmagorias, as ânsias, os temores e as esperanças que circundam, aos olhos da coletividade, o mundo de além-túmulo; e, ao mesmo tempo, empresta ingenuamente, por um instante, a dimensão da vida aos desaparecidos, descrevendo o seu estupor, a sua melancolia e as reações diante do mundo do Além e das suas leis. A uma vizinha, ela contara "que não tinha visto o genro dela no Purgatório, apenas o marido, o qual estava admirado com o fato de o genro ter ficado só três meses no Purgatório"; a uma outra, "que o filhinho falecido dela não tem cinto e não pode ir colher rosas como os outros, estando, por isso, muito melancólico". É para saber essas "coisas variadas sobre os mortos" que as vizinhas se amontoam na porta de Florida Basili.

Essa virtude de ter acesso ao mundo dos mortos e comunicar-se com eles é, portanto, largamente reconhecida — embora uma das vizinhas declare, não sabemos se sinceramente, ao inquisidor que a interroga: "nós achamos que é uma louca". Poderíamos esperar que a sua pretensa capacidade de defender as crianças das perfídias dos feiticeiros — capacidade que ela reivindica publicamente, consciente dos seus méritos diante da comunidade — fosse igualmente reconhecida. Mas não é o caso. Uma criada que vive na vizinhança informa que, na região, murmura-se que Florida "tem o mau-olhado". O que significa, pergunta o inquisidor, "ter o mau-olhado?". E a jovem explica: "Nós dizemos que têm mau-olhado as mulheres que secam o leite das mulheres que amamentam e são também bruxas que comem as crianças". É uma contradição evidente: Florida é acusada de fazer mal às crianças, justamente ela, uma *benandante*, que as defende, até nos berços, dos assaltos dos feiticeiros. Logo ela, acusada de feitiçaria! Poder-se-ia supor que a atividade do marido, conhecido pela capacidade de curar doenças de todo tipo com meios supersticiosos, tenha acabado por lançar uma sombra até sobre os poderes de Florida. E, no entanto, vemos a mulher substituir o marido e, finalmente, tentar curar uma enferma com os mesmos expedientes. É uma contradição isolada, ainda embrionária, mas, como veremos, destinada a desenvolver-se de maneira imprevista.

16. No mesmo ano em que foram feitas as últimas denúncias contra Florida Basili, comparecia espontaneamente diante do comissário da Inquisição, frei Francesco Cummo da Vicenza, um frade dominicano, Giorgio de' Longhi. O seu depoimento (5 de abril de 1601)[79] é dirigido contra uma *benandante* que se inscreve na categoria que estamos examinando. Trata-se de uma mulher cega, chamada Gasperina, habitante de Grazzano, que morava perto da casa que pertencera, no passado, à "solene Aquilina" (assim se expressa o dominicano, aludindo, com toda probabilidade, à orgulhosa curandeira, também habitante de Grazzano, perseguida alguns anos antes pelo Santo Ofício). Essa mulher costuma frequentar a casa da mãe da testemunha, e foi esta última quem exaltou diante do filho as virtudes de Gasperina, dizendo-lhe "que era uma mulher santa, e [...] dizia muitas coisas sobre Deus e até que via e falava com o Senhor, e [...] Lhe havia respondido, quando Este dissera que lhe teria concedido recuperar a vista se ela quisesse, que preferia permanecer cega". Além disso, Gasperina costumava dizer que "tinha um pelico, que carregava consigo, bento pelo papa" e que "na vigília de São João, na véspera da Epifania e nas quintas-feiras à noite" partia em procissão com muita gente vestida de vermelho e, quando estava nessa procissão, podia ver. Para Gasperina, assim como para Moduco e Gasparutto, ser *benandante* é um dom divino, e a Deus ela atribui também essa transitória, miraculosa interrupção da sua cegueira.

Frei Giorgio escutou com suspeita (talvez também em virtude da referência à noite de São João, notoriamente consagrada às mais diversas superstições populares) esses relatos da mãe, "que era simples e ingênua", advertindo-a de que "essa tal

Gasperina fazia coisas que não eram boas, aliás até contrárias à nossa fé", e dizendo-lhe que gostaria de falar com ela, "com o firme propósito de dar-lhe uma boa repreensão e tentar tirá-la do seu erro". Mas Gasperina, diante dos insistentes pedidos do dominicano de que ela se apresentasse no seu convento, recusa de início; e, finalmente, exclama "que não queria ir falar com frades" (observe-se que também Florida Basili havia recomendado às vizinhas não confiar ao confessor os relatos que lhes costumava fazer, mas sim confessar-se "diante de uma imagem, porque assim Deus perdoaria"). Como confirmação das suas suspeitas, fica sabendo que Gasperina (a qual frequenta as casas das mais ricas damas da cidade), quando é chamada para seguir essas procissões, não pode deixar de ir e que, se revelasse o nome de alguém "da sua companhia que participava das citadas procissões, seria espancada". "Pelo que verifiquei", acrescenta o dominicano, dirigindo-se ao comissário da Inquisição, "através da leitura de alguns livros, essa Gasperina é uma *benandante*." É uma afirmação de grande interesse: quais livros teriam fornecido informação no sentido de permitir a frei Giorgio reconhecer em Gasperina, a Cega, uma *benandante*? O *Preceptorium* de Nider? Os sermões de Geiler von Kaisersberg? De qualquer forma, essa referência é testemunho da atenção crescente, mesmo entre o clero, dada às crenças relacionadas com os *benandanti*; menos de 25 anos antes, o inquisidor frei Felice da Montefalco ignorava dos *benandanti* até mesmo o nome. Mas, embora estando mais bem informados sobre o assunto, os inquisidores não parecem querer mudar a sua atitude; a denúncia contra Gasperina também é abandonada sem inquérito ulterior.

17. O caráter fundamentalmente unitário desse complexo de crenças reaparece com nitidez particular nas confissões de uma *benandante* de Latisana, já mencionada, Maria Panzona, processada em 1619. Ela descreve com vivacidade a viagem feita "em corpo e alma" ao Além, com o padrinho, que tinha sido o primeiro a revelar-lhe a "estrela" sob a qual nascera:

"disse-me antes que não deveria falar sobre isso jamais e conduziu-me ao Paraíso, situado no prado da Virgem, e também ao Inferno; vi, no Paraíso, Deus e a Virgem com muitos anjinhos, e tudo estava cheio de rosas; e, no Inferno, vi os diabos e os diabinhos mergulhados em água fervente, e vi também a minha madrinha [...]". Isso ocorrera no momento da iniciação; das outras vezes, pelo contrário, Maria Panzona havia participado das batalhas travadas pelos *benandanti* contra as bruxas no "prado de Josafá", "em defesa da fé", e também para assegurar a abundância das colheitas.[80]

Um traço posterior das procissões dos mortos encontra-se na denúncia apresentada ao Santo Ofício de Aquileia em 1621 contra um pastor de nome Giovanni, conhecido como *benandante*.[81] Desse caso, como também do de Maria Panzona, nos ocuparemos mais tarde; por enquanto, basta citar uma passagem das narrativas do pastor. Nas assembleias noturnas, diz ele, "tanto os homens como as mulheres saltavam, e, por vezes, comiam, e [...] entravam e saíam daquela igrejinha [de San Canziano], com velas acesas". Entre os feiticeiros, "havia um velho que tinha conhecimento dos mortos, isto é, via-os submetidos aos castigos do Além [...]; via os que haviam cometido furtos nos campos dos outros e que, por isso, os carregavam nos ombros [...]".[82] Aqui temos ainda um eco da antiga procissão dos mortos descrita por Orderico Vital e do seu primitivo significado de ilustração das penas dos pecadores, com a finalidade de advertência moral e religiosa. Mas é apenas um eco; logo o conteúdo desaparece, permanecendo apenas o elemento figurativo do mito, as procissões noturnas dos mortos com as velas nas mãos. Isso ainda não aparece claramente na denúncia feita ao Santo Ofício de Cividale pelo cônego Francesco Baldassari (23 de fevereiro de 1622) contra uma camponesa de Iplis, Minena Lambaia,[83] na medida em que se trata de um testemunho de segunda mão, que acumula desordenadamente elementos bem conhecidos: "nas quintas-feiras e nos Quatro Tempos, ela sai em procissão com uma vela na mão [...] e [...] eles seguem na direção de uma montanha sobre a qual param para comer; cercam a sua casa, gemendo, e forçam-na a sair e, por ter falado dessas e de outras coisas, foi espancada por uma de suas tias, tendo mostrado a ele as manchas escuras nas ilhargas; ela sabe muitas coisas mas não pode revelá-las [...]". Mas, nos processos seguintes, esse meio se mostra claramente esgotado. Numa denúncia feita a 15 de janeiro de 1626 ao inquisidor frei Domenico d'Auxerre contra uma prostituta que costuma dizer ser *benandante*,[84] fala-se genericamente de "uma multidão de jovens em procissão"; com mais exatidão, de uma *benandante* de Prutars, Morosa, denunciada ao Santo Ofício em 1645, diz-se "que, na noite de São Justo, ela viu uma procissão que começava perto da sua casa e seguia até Anconeta, e todos estavam com velas nas mãos; afirmou, certa vez, ter visto, nessas procissões, seu pai e sua mãe, que lhe pediram esmola, e ela respondeu que não queria dar nada".[85] Mas, em suma, estamos agora diante de um mito esvaziado do seu significado, reduzido a pura exterioridade. E é há bastante tempo pura exterioridade o "toco de vela ímpio" que aparece nas mãos de um *benandante*, numa grotesca paródia de drama romântico composta pelo mais notável poeta friulano do século XIX, Pietro Zorutti, e representada em Udine pela primeira vez, com grande sucesso, a 2 de fevereiro de 1848.[86]

No conjunto, o mito das procissões dos mortos tem, no Friul, no cruzamento de crenças ligadas aos *benandanti*, um lugar bastante marginal, no que diz respeito à difusão e à persistência. Uma complexidade de desenvolvimento e uma sorte bem maiores teve, ao contrário, o outro mito, o mito agrário da luta em favor das colheitas contra bruxas e feiticeiros.

III. OS *BENANDANTI* ENTRE INQUISIDORES E BRUXAS

1. Entre 1575-80 e 1620, aproximadamente, o mito dos *benandanti* "agrários" está documentado, com as características essenciais já descritas, para todo o Friul. É uma fase apenas aparentemente estática da história que estamos delineando e que prepara o período seguinte de transformação rápida, quase violenta.

Nos primeiros meses de 1583, chega ao Santo Ofício de Udine uma denúncia contra Toffolo di Buri, um boieiro de Pieris, aldeia vizinha a Monfalcone — do outro lado do Isonzo, e portanto fora dos limites naturais do Friul, embora dependendo da jurisdição espiritual da diocese de Aquileia. Esse Toffolo "afirma ser *benandante* e que, pelo período de aproximadamente 28 anos, teve de ir nos Quatro Tempos, em companhia de outros *benandanti*, combater contra os feiticeiros e bruxas (deixando o corpo na cama), em espírito, mas vestido com as mesmas roupas que costuma usar durante o dia". Toffolo também, portanto, participa dos encontros noturnos "em espírito", e para ele o ato de "sair" é também uma espécie de morte: "quando ele deve partir para o combate, cai num sono profundo, dorme com a barriga para cima e, ao sair o espírito, solta três gemidos, como frequentemente fazem os que morrem". O espírito sai à meia-noite, "e fica fora do corpo durante três horas, entre a ida, o combate e o retorno à casa"; se não sai a tempo, Toffolo é espancado rudemente. "Os citados *benandanti*, as bruxas e os bruxos são em número de mais de 3 mil e vêm de Capo d'Istria, Muggia, Trieste, do território de Monfalcone e de outros lugares do Carso." Os *benandanti* ("alguns a pé, outros a cavalo") armam-se com "vergônteas de erva-doce",[1] enquanto os feiticeiros "levam consigo para o combate aqueles pedaços de madeira com que se costuma limpar os fornos antes de assar o pão; as bruxas lutam com caniços aquáticos, e algumas delas cavalgam galos, outras gatas, outras ainda cães e bodes [...]", e, "durante a batalha, dão fortes pancadas nos *benandanti* com as hastes que carregam". Aqui também os *benandanti* estão dispostos militarmente: "parece que se vê um exército, havendo tambor, trombeta e capitães". O trombeteiro é de Trieste, o tocador de tambor de Capodistria; quanto ao capitão, Toffolo (que é alferes do exército dos *benandanti*) "não quer dizer de que lugar é, porque teme ser espancado". Ainda uma vez, essas batalhas estão relacionadas com a fertilidade dos campos: "os *benandanti* tinham vencido três vezes, em três Quatro Tempos seguidos, e [...] se vencessem também nos Quatro Tempos da Quaresma, os feiticeiros e as bruxas teriam (como diz ele) de tirar-lhes o chapéu", já que "quando os *benandanti* vencem, há abundância durante o ano; e, quando são os adversários que vencem, reinam as tempestades, que dão origem à penúria".[2] Além disso, os *benandanti* lutam contra as bruxas "que, com arte diabólica, comem a carne das crianças pequenas", fazendo com que morram lentamente, "ficando reduzidas a pele e ossos". Assim, Toffolo, tendo percebido a presença de uma mulher "que tinha preparado um fogo para queimar uma pequena criatura, recém-nascida", gritara: "Ah, o que pretendes fazer?", e ela, abandonando a vítima imediatamente, transformou-se em gata e escapuliu".[3]

Até aqui, o acordo com os elementos surgidos nas confissões dos *benandanti* de Cividale é absoluto. Mas um mito popular, não vinculado a nenhuma tradição erudita e, portanto, não influenciado por fatores de unificação e homogeneidade como eram, nesse período, sermões, textos impressos, representações teatrais, acabava finalmente por atrair contribuições individuais e locais de todo gênero, testemunhos eloquentes da sua vitalidade e atualidade. Uma variação desse tipo encontra-se também na denúncia contra Toffolo. Ele afirmara, com efeito, que "também os turcos, os hebreus e os heréticos, em número infinito, aparecem e combatem, como se faz nos exércitos, mas separadamente das seitas citadas anteriormente", isto é, *benandanti*, feiticeiros e bruxas. É um elemento singularíssimo, talvez difundido no território de Monfalcone, mas do qual não conhecemos outros testemunhos. De qualquer forma, ele mostra bem como os *benandanti* encaravam os seus encontros como heterodoxos, já que imaginavam os turcos, os hebreus e os heréticos dedicados a confrontos análogos; e essa consciência podia determinar em suas mentes fortes angústias, como a que foi confessada por Toffolo (que, por sua vez, lembra o desespero da mulher desconhecida de Pasiano que se dirigira, chorando, à feiticeira de Udine, Aquilina, pedindo para ser libertada da imposição de "ver os mortos"): "ele deseja imensamente libertar-se do cargo de alferes [...] e diz que ficaria feliz se conseguisse obter essa liberação". Por que razão sente esse desejo? Toffolo percebe que as suas atividades de *benandante* são contrárias à doutrina da Igreja e se atormenta com isso: "ele se confessa e comunga e acredita no que ensina a Santa Igreja Romana mas não pode deixar de ir, como está dito acima; e parece-me", continua o autor anônimo da denúncia, "que disse algo sobre um certo pelico no qual alguns têm a sorte de nascer".[4]

A 18 de março, os representantes do Santo Ofício de Udine se reúnem para tomar uma decisão sobre o caso de Toffolo e, no mesmo dia, enviam uma carta a Antonio Zorzi, *podestà* de Monfalcone, convidando-o a deter o *benandante* e conduzi-lo a Udine, "ut eius constitutum haberi possit, et ex eo iudicari quid in hoc casu agendum sit".[5]* A prisão é efetuada mas (como observa o *podestà* de Monfalcone numa carta de 20 de março), com relação ao envio do prisioneiro a Udine, as coisas são mais complicadas; faltam homens para conduzi-lo. Mas, em Udine, ninguém se move. Após ter esperado inutilmente que o Santo Ofício ou o patriarca se decidam a enviar a Monfalcone os soldados necessários, o *podestà* liberta o prisioneiro.[6] O caso de

---

* Para fazê-lo comparecer e decidir o seu caso. (N. T.)

104

Toffolo é esquecido. Só três anos depois (novembro de 1586) a denúncia é exumada do arquivo do Santo Ofício, e o inquisidor de Aquileia decide ir a Monfalcone para investigar o caso. No entanto, a citação que convoca Toffolo a apresentar-se ao Santo Ofício para responder às acusações que o fazem "de fide [...] suspectum"* permanece sem resposta. Um notário do Santo Ofício, enviado a Pieris, fica sabendo que o *benandante* se afastou da aldeia há mais de um ano e ninguém sabe onde se encontra atualmente.[7]

Mais uma vez aparece, nessas investigações preguiçosamente arrastadas durante anos, a substancial indiferença dos inquisidores. É sintomático que, num arco de quase cinquenta anos (1575-1619), nenhum processo contra *benandanti* tenha sido levado até o fim, com exceção do primeiro que conhecemos, o de Gasparutto e Moduco, condenados como feiticeiros. Em outros casos, considerados evidentemente mais urgentes — a repressão ao luteranismo, por exemplo —, a ação do Santo Ofício de Aquileia foi, como é sabido, bem mais eficaz.

Em geral, devia fazer-se sentir, numa matéria tão controvertida como a questão das superstições, a tradicional vigilância exercida por Veneza nos confrontos com os inquisidores, "que sempre tentam [...] dilatar as fímbrias e ampliar a sua jurisdição", como escreviam, em 1609, os magistrados da República aos governantes de Udine, exortando-os a oporem-se aos abusos do Santo Ofício.[8] Os inquisidores tendiam, com efeito, a alargar a sua competência, chegando até a processar "certas pobres mulheres que, sob o pretexto de tratar de doentes e ganhar dinheiro, entregavam-se a superstições bem distanciadas de qualquer suspeita de heresia", lamentava Paolo Bisanzio, vigário do patriarca, numa carta de 2 de dezembro, endereçada a este último; e pedia instruções sobre como proceder, declarando por sua parte acreditar firmemente que o inquisidor não deve imiscuir-se "in superstitionibus, che manifestam non sapiunt

---

* Suspeito em matéria de fé. (N. T.)

heresim".[9]* Esses conflitos de poder deveriam contribuir, em definitivo, para proteger os *benandanti* das perseguições do Santo Ofício; entre outras coisas, porque os inquisidores se viam obrigados a encontrar nas confissões dos *benandanti* proposições de caráter herético (vejam-se as sentenças, já citadas, contra Gasparutto e Moduco) — coisa nada fácil, não obstante todas as induções e pressões feitas nos interrogatórios.

Essas pressões, diversas vezes sublinhadas, não estão em contradição com o pouco empenho dos inquisidores friulanos no sentido de perseguir e condenar os *benandanti*. Uma vez fracassadas as tentativas de fazer encaixar pela força as confissões dos *benandanti* nos esquemas e nas divisões dos tratados de demonologia, apossava-se dos juízes um sentimento de indiferença. Isso é confirmado pelo fato de que, quando, por volta do segundo decênio do século XVII, os *benandanti* começaram a assumir os traços conhecidos, codificados, dos feiticeiros que participavam do sabá, o comportamento dos inquisidores também mudou, tornou-se mais duro (embora apenas relativamente), e vários processos se concluíram com uma condenação leve.[10]

Essa atitude descuidada dos juízes parece transparecer em algumas das cartas que o vigário Paolo Bisanzio escreveu ao patriarca, residente em Veneza, para informá-lo da situação friulana. A 4 de julho de 1580 — pouco depois dos interrogatórios de Gasparutto e Moduco — ele anunciava que haviam sido localizados quatro indivíduos (na realidade dois) que exerciam "a profissão de *benandanti*"; "contra os quais" — assegurava — "proceder-se-á com os meios da justiça, para dar um exemplo definitivo a muitos outros, que agem ou estão escondidos nesta pátria". Diligência ostentatória, desmentida dois meses após por uma distraída referência do próprio Bisanzio a "dois pequenos processos contra *benandanti* e feiticeiros", bem como pela pena leve, bem longe de "exemplar", e aliás imediatamente perdoada,

---

* Em superstições que não constituam uma heresia manifesta. (N. T.)

imposta aos dois *benandanti* de Cividale.[11] Poucos anos depois, retoma-se o mesmo tom: "Tendo estado em Gemona há poucos dias [...], foi-me denunciada uma mulher que fala com os mortos e que tem péssima fama; não deixaremos de processá-la", escrevia Bisanzio ao patriarca a 12 de fevereiro de 1582, fazendo alusão à *benandante* Anna, a Ruiva; e prosseguia, com ironia simplória: "e ver também se se trata de uma nova sibila, como a que fez Samuel comparecer diante de Saul [...]".[12] Não é de admirar que os interrogatórios da "nova sibila", depois de se arrastarem, sofrerem adiamentos e passarem por sonoras e ineficazes ameaças de excomunhão, tenham terminado com o reconhecimento da escassa importância do caso, confiado ao inquisidor para que o levasse a termo quando julgasse oportuno, ou seja, nunca. Em suma, faltava para *benandanti* e inquisidores um terreno de encontro real, mesmo que feito de hostilidade e repressão. Enquanto foi possível, os *benandanti* foram ignorados. As suas "fantasmagorias" permaneciam fechadas num mundo de necessidades materiais e emocionais que os inquisidores não compreendiam nem tentavam compreender.

2. Ainda de Monfalcone chega-nos, poucos anos depois da denúncia contra Toffolo di Buri, um pormenor inédito sobre os *benandanti*. A 1º de outubro de 1587, *don* Vicenzo Amorosi da Cesena, cônego de Monfalcone, denuncia ao inquisidor de Aquileia e Concordia, frei Giovambattista da Perugia, Caterina Domenatta, "parteira de crianças".[13] "Tendo uma mulher dado à luz uma criança que nascera em posição invertida, com os pés para a frente, essa perversa feiticeira", assim está escrito na denúncia, "sugeriu à mulher que, se não queria que o menino fosse *benandante* ou feiticeiro, amarrasse o garoto num espeto e o girasse diante do fogo não sei quantas vezes". O pároco propõe mandar prender Caterina, que é "mulher de má vida, acostumada a fazer encantamentos, feitiçarias [...]", antes que possa escapar ao Santo Ofício. Neste caso, o novo inquisidor se mostra mais diligente do que seus predecessores e, a 22 de janeiro de 1588, segue para Monfalcone para reunir depoimentos sobre

Domenatta. As testemunhas confirmam a acusação do pároco, e até a própria parteira admite, sem hesitação, ter praticado o ato supersticioso de que é acusada, afirmando, no entanto, ter sido autorizada pelos genitores do menino ("as velhas comadres sempre tiveram o costume de amarrar num espeto as criaturas que nascem com os pés para a frente e girá-las três vezes perto do fogo, para que não se tornem adeptas da feitiçaria; assim, autorizada pelo pai e pela mãe, eu o fiz girar, com as mãos, em torno do espeto [...]").[14] Ela é condenada, portanto, a uma penitência pública[15] e uma retratação ("explicet populo alta voce causam quare ei imposita fuerit haec penitentia [...]"*).

Mas o que torna interessante esse processo não é apenas o testemunho de uma crença paralela à do nascimento com o pelico, que predestina o menino a sair à noite com os *benandanti* — destino cercado, aqui também, por um halo de medo. Uma das testemunhas, Pasqua, mulher de Battista Furiano, mãe do garoto "espetado", declara não saber da existência, em Monfalcone, "de nenhum *benandante* nem de feitiçarias feitas por eles"; mas seu pai era *benandante*, "porque nascera empelicado e conservava o pelico". E também era *benandante* o marido, já morto, de Domenatta, "porque", diz ela, "nascera empelicado e me dizia muitas coisas sobre os *benandanti* e, como eu não quisesse acreditar, disse-me que se eu o seguisse veria com os meus próprios olhos". Mas, às perguntas do inquisidor sobre esse assunto ("acreditas que esses *benandanti* vão às suas reuniões em espírito? [...] Essas obras de *benandanti* são obras boas, de Deus, ou más?"), Caterina Domenatta responde evasiva e reticentemente: "Eu mesma não sei. Ele é que dizia que ia [...]. Eu não sei".

3. Nesses processos da zona de Monfalcone o tema dos *benandanti* defensores da fé contra bruxas e feiticeiros está ausente. Ele reaparece no depoimento de um boieiro de Latisana, Menichino della Nota, dado em outubro de 1591 diante de frei

---

* Explicar em alta voz ao povo a razão da penitência imposta. (N. T.)

Vincenzo Arrigoni da Brescia, comissário-geral da Inquisição de Veneza, que se encontrava em Latisana por essa época para julgar algumas mulheres acusadas de sortilégios e malefícios.[16] Menichino fora denunciado como *benandante* pelo capelão da igreja de San Giovanni Battista di Latisana; o conteúdo da acusação foi confirmado pelo patrão do próprio Menichino, o senhor Machor Maroschino. Este relata que o jovem, a ele e a quem quer que pergunte, costuma contar "que vai à assembleia, isto é, que tem a sensação de perder-se num sonho e, depois, encontrar-se num prado florido, onde mesmo no inverno há flores e rosas; e diz que aí combate pela fé contra os feiticeiros que se opõem à religião cristã; e diz: 'às vezes nós é que vencemos'; e, além disso, diz que não pode deixar de ir".

Chamado a depor, Menichino procura todavia, num primeiro momento, escapar às perguntas do inquisidor. "Eu sonho muitas vezes", diz ele, "mas não sei contar nenhum sonho em particular." E, à peremptória questão: "Ele é vagante? Vai à assembleia?" — pergunta que propõe uma identificação que animará visivelmente todo o interrogatório —, Menichino responde: "Um tio meu, chamado Olivo della Notta, já falecido, disse-me que eu nascera com o pelico; mas, como não o conservei comigo, tenho ido, em sonhos, apenas a bosques, prados, pastagens e moitas". O inquisidor o interrompe bruscamente: "Não faça circunlóquios; decida-se a dizer a verdade". E Menichino, obediente: "Senhor, eu direi a verdade. Estive em três estações, isto é, três vezes por ano, num prado, [...] o qual, segundo os meus companheiros, que não conheço (porque ninguém se conhece, já que é o espírito que vai, ficando o corpo imóvel no leito), chama-se prado de Josafá; é assim que os companheiros o chamam".[17] Ele esteve nesse prado "no tempo de São João, do Corpo de Nosso Senhor e de São Matias, à noite".[18] E, pressionado sempre pelas perguntas precisas do inquisidor, prossegue:

> Eu fui nesses três dias porque outras pessoas me haviam dito. [...] O primeiro que me disse que nesses três dias é que se vai foi Giambattista Tamburlino. [...] Dizia-me que ele e eu éra-

mos *benandanti* e que eu devia ir com ele; e eu dizia que não iria, e ele dizia: "Tu virás quando for preciso"; e eu dizia: "Tu não me farás ir", e ele dizia: "É preciso ir a qualquer preço, é como uma fumaça, não se vai em pessoa", e que era preciso ir para combater pela fé, e eu, no entanto, dizia que não queria ir. Um ano após esse diálogo, sonhei que ia ao referido campo de Josafá; e a primeira vez foi na noite de São Matias, durante os Tempos; e eu tinha medo, e parecia que eu andava num prado largo, grande, belo; e era perfumado, cheirava bem, dava a impressão de conter muitas flores e rosas.

E acrescenta:

Eu não via essas rosas porque havia uma espécie de nimbo e de fumaça, só sentia o odor dessas flores. [...] Parecia-me que eram muitos os que se reuniam em forma de fumaça, mas nós não nos conhecíamos e, pelo ar, andávamos como fumaça e atravessávamos os rios também como fumaça;[19] e, ao entrar, o campo me pareceu amplo; e, lá dentro, não conheci ninguém, porque lá ninguém conhece ninguém.

Lá, prossegue Menichino, "batalhávamos, puxávamos os cabelos uns aos outros, dávamos socos, caíamos ao chão e combatíamos com ramos de erva-doce". "Por que causa combatiam?", pergunta o inquisidor; e o *benandante*: "Para manter a fé, mas não se dizia de que fé se tratava". Frei Vincenzo se torna mais insidioso nas suas perguntas: "[...] naquele prado, faziam-se outras coisas?". "Não, senhor", replica Menichino, "eles apenas diziam que combatiam pela fé contra as bruxas." E o inquisidor, cada vez mais insistente: "[...] naquele prado dançava-se, tocava-se, cantava-se, comia-se [...], havia leitos, árvores ou outras coisas?".

Se os *benandanti* são prisioneiros do mito que os obriga a viajar em sonho nas noites dos Quatro Tempos para combater contra os feiticeiros, os inquisidores, naturalmente num sentido muito diferente, estão sujeitos a uma reação que, nos confrontos com os *benandanti*, surge infalivelmente — em Udine como em Latisana, tanto para frei Felice da Montefalco como para frei Vincenzo da Brescia —, quase predeterminando o seu comportamento. Assim, é previsível o aparecimento da imagem do sabá diabólico, proposto por frei Vincenzo, composto de orgias, banquetes, danças, sob a nogueira legendária. Mas Menichino recusa categoricamente a insinuação do inquisidor:

> Não se fazia nada além do combate, que durava cerca de uma hora; quando terminava, nós, os *benandanti*, devíamos retornar e estar em casa na altura do primeiro canto do galo, senão morreríamos, como me dizia Giambattista Tamburlino; e todos voltavam para casa em forma de fumaça [...]. Dizia-me também o referido Tamburlino que, se alguém virasse os nossos corpos enquanto estávamos fora, permaneceríamos mortos.

Portanto, os combates entre essas almas separadas dos corpos exânimes, "como fumaça" (uma vez, a mulher de Menichino pensara que o marido "estivesse morto na cama porque não se movia mais"), e os feiticeiros-fantasmas ocorriam, segundo os *benandanti*, no grande prado onde todos os mortos, no fim dos tempos, viriam a se reunir — o vale de Josafá.

A uma provocação posterior do inquisidor ("quando saía sob forma de fumaça, conforme diz, untava-se com algum unguento ou óleo, dizia certas palavras? [...]"), Menichino, como já antecipamos,[20] após uma desdenhosa resposta negativa, admite ter-se untado "com óleo da lamparina" por sugestão de Tamburlino. Mas, depois dessa primeira concessão, Menichino nega ter feito a Tamburlino "qualquer promessa ou juramento", como lhe sugeria o inquisidor. Não, diz o *benandante*, "eu lhe respondi que, se a minha estrela me impusesse, eu iria; senão, não iria". Isso se passara quinze ou dezesseis anos antes, numa noite em que Menichino e Tamburlino caminhavam sozinhos, "em direção a Tisanotta, para divertir-se, após o jantar, durante o inverno". Nunca foi convidado por outra pessoa para sair à noite mas sabe que Menico Rodaro é *benandante* e falou sobre isso com ele ("uma noite, durante um passeio, perguntei-lhe se era *benandante*, porque Tamburlino me havia dito, e ele me respondeu: 'Sim, eu sou *benandante*'"); ele também lhe confessou participar dos combates pela fé. De outros *benandanti* sabe apenas os nomes. Falou dessas coisas com muita gente, "durante o habitual passeio da noite". Finalmente, respondendo a uma pergunta do frade, conclui: "Eu disse ao meu patrão que a vitória dos *benandanti* era sinal de boas colheitas e lhe disse também que, nesse ano, haveria uma boa colheita, sem tempestade, porque havíamos vencido".

Assim, o inquisidor não conseguiu arranhar a segurança de Menichino. O seu último ataque, pouco resoluto ("nesse tempo em que foi *benandante*, foi-lhe proibido confessar-se, comungar e ir à missa?"), é repelido com decisão, até com um pouco de espanto: "Não, senhor, nunca me foi proibido nem confessar, nem comungar, nem ir à missa; aliás, Tamburlino me dizia que era preciso estar bem com Deus". O *benandante* é então posto em liberdade, depois de o seu patrão, o senhor Machor Maroschino, ter prometido uma fiança de cem ducados.

Dois dias mais tarde (18 de novembro de 1591), é interrogado um dos que Menichino definiu como *benandanti*: Domenico Rodaro. Mas do seu depoimento não se extrai quase nada de novo. Ele se limita a declarar: "Tudo o que sei é que nasci empelicado e me foi dito que todos os que nascem empelicados são *benandanti*; sei disso porque minha mãe me contou". O inquisidor tenta inutilmente romper o seu mutismo, perguntando quem lhe disse que "os que nascem empelicados são *benandanti* e o que entende por ser *benandante*". "Eu não sei quem me disse", replica Domenico Rodaro, "porque ouvi dizer em toda parte, por muitos, que os que nascem empelicados são *benandanti*. E penso que os *benandanti* são cristãos como quaisquer outros."

Além dessa resposta frustrante, o inquisidor não consegue obter nada. Rodaro também é libertado. Não foi possível aprofundar o elemento mais importante que surgiu no depoimento de Menichino: a iniciação feita não por um anjo (como afirmava Gasparutto) ou por um *benandante* aparecido "em espírito"

112

(como afirmava Moduco), mas sim por um homem em carne e osso, como Tamburlino, e numa ocasião banalíssima — indo, numa noite de inverno, divertir-se na aldeia vizinha. Essa iniciação era imaginária ou real? E, mais genericamente, até que ponto esses ritos eram limitados aos indivíduos, e até que ponto, pelo contrário, havia entre os vários *benandanti* confidências, encontros, reuniões reais de tipo sectário? É um problema que permanece em aberto, na medida em que, até agora (exceção feita a esse caso), temos encontrado unicamente confissões de *benandanti* sem relação entre si.

4. Alguns dentre os *benandanti* encontrados até aqui — Gasparutto, Basili, Toffolo di Buri — declaravam lutar contra bruxas e feiticeiros para afastar das crianças os seus feitiços. Essa capacidade de repelir os influxos malignos e curar as crianças enfeitiçadas explicava-se unicamente à luz dos poderes extraordinários dos *benandanti*; antes de tudo, o de "sair" à noite para combater contra bruxas e feiticeiros. Mas, na realidade, a luta contra os feiticeiros como rito propiciatório de fertilidade, que constitui para nós o elemento mais interessante, até mesmo o núcleo central dessas crenças, nunca conseguiu impor-se efetivamente além do círculo restrito dos próprios *benandanti*. Ela permaneceu, no fundo, como uma finalidade esotérica. Já nos primeiros anos do século XVII, dois elementos caracterizavam os *benandanti* aos olhos dos camponeses e artesãos que constituíam a sua clientela: a capacidade de curar as vítimas dos encantamentos e a de reconhecer as bruxas. O primeiro dado era, na verdade, pouco específico. Nessa época, os campos da Itália, da Europa enfim, fervilhavam de curandeiros, feiticeiras, encantadoras que, com a ajuda de unguentos e emplastros temperados com sortilégios e orações supersticiosas, curavam qualquer espécie de doença; e os *benandanti* se confundiam, sem dúvida, nessas fileiras heterogêneas e variegadas. Mas tratava-se de uma assimilação perigosa, que os expunha ao risco das perseguições do Santo Ofício. A faculdade de curar indivíduos enfeitiçados, em particular, era considerada indício

113

provável de feitiçaria. "Qui scit sanare scit destruere",* afirmava categoricamente uma mulher chamada a depor num processo instaurado em 1499 pela Inquisição de Modena.[21] Como para confirmar esse axioma, a maior parte das bruxas confessas afirmava enfeitiçar as crianças para depois curá-las em troca de pequenas somas ou de recompensas *in natura*.[22] Era forte, portanto, a tentação de ver nos *benandanti* — curandeiros, feiticeiros "bons" mas, de qualquer forma, sempre feiticeiros — como os definia o pároco de Brazzano, rememorando os colóquios mantidos com Paolo Gasparutto (como se vê, desde aquele momento, o mito estava marcado por uma fraqueza intrínseca). O segundo elemento — a faculdade de reconhecer as bruxas — agia, pelo contrário, obviamente em sentido oposto à assimilação referida, sobretudo porque determinava uma hostilidade clamorosa e *real* (paralela à hostilidade *sonhada* pelos *benandanti*) entre os *benandanti* e as bruxas, ou pretensas bruxas, individualmente. Mas não antecipemos. Por ora, basta notar que são essas duas pressões contraditórias, juntamente com a exercida pelos inquisidores no sentido da identificação dos *benandanti* com os feiticeiros, que modelam, nesses decênios, o desenvolvimento das crenças que estamos examinando.

5. Um primeiro indício da emergência do elemento da "cura dos enfeitiçados" como característica dos *benandanti*, com o consequente perigo de perseguições por parte do Santo Ofício, transparece em dois depoimentos feitos em 1600 diante de frei Francesco Cummo da Vicenza, comissário da Inquisição nas dioceses de Aquileia e Concordia, pela "magnifica domina"** Maddalena Busetto di Valvasone.[23] Ela declara, "pro exoneratione sue conscientie",*** que, quando esteve na aldeia de Moruzzo, procurara descobrir, movida pela curiosidade, o autor de

---

* Quem sabe curar sabe destruir. (N. T.)
** Ilustre senhora. (N. T.)
*** Para ter a consciência tranquila. (N. T.)

um malefício feito contra o filho de uma de suas amigas. Com esse objetivo, havia iniciado uma conversa com a suposta culpada, uma velha chamada Pascutta Agrigolante, que lhe tinha confessado ser *benandante* e ser capaz de reconhecer as bruxas. "E eu", diz Maddalena Busetto, "não entendendo o que queria dizer *benandante*" — a fratura cultural e social a que fizemos referência manifesta-se antes de tudo, o que é significativo, ao nível do léxico —, "procurei saber; e ela me disse que todas as que nasciam empelicadas eram *benandanti* mas não eram bruxas, apenas saíam quando as bruxas tentavam fazer o mal; e que poucos dias antes esses *benandanti* tinham combatido contra as bruxas e haviam vencido, razão pela qual haveria sorgo em abundância" (aqui a lembrança é manifestamente imprecisa). Pascutta citou vários outros *benandanti*, entre os quais o pároco de Moruzzo e uma certa Narda Peresut. Então, Maddalena Busetto, mais curiosa ainda, foi à casa de Narda Peresut, que confirmou ser *benandante*, acrescentando: "vossa filha, que está enfeitiçada, [...] terá uma doença gravíssima nos Quatro Tempos da Santíssima Trindade, e, se quiserdes que eu a cure, eu a curarei, mas é preciso que me prometais não contar a ninguém, nem mesmo ao vosso confessor; especialmente em Udine e Pordenone, para onde ides, por causa do modo como eles destruíram Cappona de Cervignan em Udine".[24] Portanto, Narda Peresut teme ser perseguida pelo Santo Ofício por sua atividade de curandeira; por isso, "ia exercer a sua arte de *benandante* em Grao,[25] o que não fazia por aqui, porque sabia que lá não seria castigada, mas aqui sim". Finalmente, contou a Maddalena Busetto que os *benandanti* "partem invisíveis, só com o espírito, e que o corpo ficava como se estivesse morto; e, se por acaso o corpo fosse virado com o rosto para baixo, ela morreria; e que, por ser mulher enferma, havia sido escolhido um lugar [de reunião] mais próximo para ela...". Ela seguia para as assembleias montada numa lebre: "quando devia partir para exercer o seu ofício de *benandante*, ela vinha à sua porta, batia com os pés na porta até que fosse aberta e ia aonde fosse necessário". Mas, exclama Maddalena, concluindo o primeiro dos seus depoimentos, "eu não acredito nisso".

Esses depoimentos têm, na realidade, um pano de fundo, como revela uma carta do marido da testemunha, Antonio Busetto, incluída no dossiê que estamos examinando. A 17 de janeiro de 1600, Busetto escrevia ao cunhado: "Tendo estado durante o mês de abril em Morucis, minha mulher, por brincadeira, circulou entre mulheres do povo, investigando quem era bruxa e quem era *benandante*; só por brincadeira, conforme ela diz". (Busetto, obviamente, procura minimizar o erro da mulher; mas o desprezo pelas "mulheres do povo" e as suas tolas crenças é genuíno.) Por esse motivo, o confessor não quis absolver a mulher sem o consentimento do padre-inquisidor. Busetto pede portanto ao cunhado para falar sobre o caso com o inquisidor, a fim de poupar a mulher de uma viagem a Udine. Uma semana depois, com efeito, frei Francesco Cummo chegava à casa dos Busetto, perto de Valvasone, para tomar os depoimentos a que fizemos referência.

Diante das acusações contra as duas *benandanti*, Pascutta Agrigolante e Narda Peresut, frei Francesco Cummo decidiu aprofundar o caso (congregação de 19 de abril de 1600). Faltam, todavia, referências posteriores às duas mulheres. O projeto do inquisidor deveria, mais uma vez, ficar no papel.

6. Ao conteúdo dos depoimentos de Maddalena Busetto podemos aproximar o grupo de denúncias apresentadas em 1600 contra Bastian Petricci di Percoto,[26] que, num grupo que discutia sobre bruxas e feiticeiros, dissera: "Eu também sou *benandante*" (mas a testemunha que narrou o fato comenta: "Eu não acredito porque nunca soube que existissem esses *benandanti*; mas", acrescenta prudentemente, "eu confio na Santa Igreja"). A uma mulher de Percoto, Bastian havia dito que três bruxas sugavam o sangue do seu filho, que estava doente, e tinha pedido uma recompensa para revelar os seus nomes. Poucos anos depois, em 1609, era denunciado ao Santo Ofício um camponês de Santa Maria la Longa, Bernardo,[27] que, afirmando ser *benandante*, "obrigado a ir três vezes por semana ao sabá", havia declarado reconhecer feiticeiros e bruxas, especialmente as que "comem as crianças", e ser capaz de mantê-los todos "afastados". Mas, alguns anos mais tarde, começa a delinear-se a assimilação lexical dos *benandanti* aos feiticeiros. Em 1614, Franceschina "de villa Frattuzze" comparece ao convento de San Francesco di Portogruaro para denunciar uma certa Marietta Trevisana, que, segundo diz, "a atingiu e enfeitiçou".[28] Ela declara ter ido à casa de uma certa Lucia, chamada "a bruxa de Ghiai", para fazer-se curar. Os juízes a repreendem: por que foi à casa de Lucia de Ghiai, "sabendo que é proibido e é pecado visitar essas pessoas?". A resposta da mulher é sintomática: "Não creio que seja bruxa mas sim que castigue bruxas; e também fui porque vão também muitas pessoas para receber o sinal; há os que vêm até das montanhas". "Não creio que seja bruxa mas sim que castigue bruxas"; é provável que a "bruxa" de Ghiai, se fosse interrogada, viesse a defender-se afirmando não ser bruxa, e sim *benandante*. Mas, para a sua clientela, para mulheres como Franceschina, que iam à sua casa a fim de serem curadas, ela era a "bruxa de Ghiai", e esse é um indício eloquente do processo de nivelamento a que fizemos alusão. Teriam os *benandanti*, na tentativa mais ou menos consciente de subtrair-se à assimilação com os feiticeiros que sempre pesava sobre eles, acentuado as motivações cristãs da sua "profissão"? De qualquer forma, até a "bruxa" de Ghiai procura dar um colorido ortodoxo às suas práticas e, depois de ter dito a Franceschina "eu não posso te dizer o nome [de quem te enfeitiçou] porque o bispo me deu licença para que eu benza ricos e pobres sem revelar o nome; mas, já que eu não posso dizer-te o nome, dar-te-ei alguns traços de reconhecimento: tu brigaste com uma mulher e foi ela quem te enfeitiçou", faz o sinal da cruz sobre ela, "com dois rosários e dois crucifixos que ela guarda numa caixinha, e também com um coral que lhe mandou o papa". Da mesma forma, Donato della Mora di Sant'Avvocato, perto de Pordenone, denunciado vários anos depois (1630)[29] (considerado por todos "bruxo que reconhece os enfeitiçados" e revela o nome das bruxas em troca de algum dinheiro), não apenas diz possuir "um livro no qual aprendia tudo isso", mas também afirma não ter medo, "pois recebeu toda liberdade de ação do *monsignor* vigário de Porto Gruaro". Esse Donato também parece ter as características do *benandante*; e devia ser um *benandante* aquele Piero "feiticeiro" a que faz referência uma camponesa acusada de feitiçaria pelo Santo Ofício em 1616:[30] "Eu fui, é verdade", diz ela, "encontrar esse Piero [...] porque diziam que ele reconhecia as bruxas, e, tendo sido eu acusada de ser bruxa, fui até ele para que verificasse se sou bruxa; e ele me disse que não era verdade que eu fosse bruxa; e, como quisesse ser pago, dei-lhe um lenço de linho de meio côvado".* Era tal a confiança no poder atribuído aos *benandanti* de reconhecer as bruxas que um julgamento negativo de Piero "feiticeiro" podia ser utilizado diante da comunidade para afastar suspeitas, maledicências e acusações.

7. O tema do "reconhecer as bruxas" tem, pelo contrário, um papel ainda claramente de segundo plano num processo um pouco anterior, instaurado em Palmanova em 1606.[31] Nele reaparecem os temas centrais desse complexo de crenças, revividas com uma grande imediaticidade.

Um artesão de Palmanova, Giambattista Valento, vai à casa de Andrea Garzoni, provedor-geral da Pátria do Friul, para informar que sua mulher Marta "sofre já há muito tempo de males insólitos, havendo suspeita de que tenha sido enfeitiçada com meios diabólicos, proibidos pela Santa Madre Igreja". A denúncia não cai no vazio; o provedor dá ordem de avisar imediatamente o patriarca de Aquileia, caso o suposto crime diga respeito ao Santo Ofício, e, no mesmo dia (17 de março), o inquisidor-geral, frei Gerolamo Asteo,[32] vai a Palmanova para investigar o caso. Evidentemente, uma suspeita de feitiçaria preocupava as autoridades civis e eclesiásticas do Friul bem mais profundamente do que os ritos praticados em sonho pelos *benandanti*. Na realidade, também neste caso está implicado um *benandante*, um rapaz de dezoito anos, de nome Gasparo, que andou dizendo que, "se estivesse

---

* Aproximadamente trinta centímetros. (N. T.)

seguro de não ser assassinado pelos feiticeiros, [...] revelaria muitos deles". Em Palmanova todos estão convencidos de que a mulher de Valento foi vítima de um sortilégio — e, mais do que todos, a própria enferma, que, aconselhada por uma amiga, revirou a sua cama em busca de eventuais feitiços escondidos, tendo encontrado "coisas estranhas, como pregos, agulhas com pedaços de seda de damasco, lenços, ossos, unhas e cabelos estranhamente trançados".[33] Murmura-se que a feiticeira, a "curandeira",* é uma comadre da mulher de Valento, Agnabella di San Lorenzo; mas as suspeitas relacionadas com ela revelam-se tão inconsistentes que o inquisidor nem chega a pensar em interrogá-la. A sua atenção é logo atraída pelos *benandanti*: Gasparo e Tin, um menino de oito anos, filho do patrão de Gasparo, que, embora tendo nascido empelicado (as mulheres da casa conservam-lhe escrupulosamente o pelico), afirma "não ter ainda começado a sair como fazem os *benandanti*"; "mas talvez", comenta uma testemunha, "não tenha ido ainda por ser muito criança". Chamado a depor, o menino declara que um dia Gasparo lhe disse ("não sei bem se brincava ou se falava a sério, porque é brincalhão"): "Tin, vim chamar-te e não quiseste vir; como recusaste da primeira vez, não poderás vir mais". Então o inquisidor se dirige ao menino e lhe ensina a verdadeira doutrina católica: "sunt mere fabule et mendatie quod homines cogantur ire noctu ad preliandum vel ad huiusmodi alias actiones, que solent refferi de benandantibus et strigonibus, quia demon nemo potest cogere".** Depois manda chamar Gasparo e inicia o interrogatório pela pergunta ritual: isto é, se conhece ou supõe qual seja o motivo da citação em juízo. "Direi em poucas palavras", começa Gasparo; e prossegue: "Todos dizem, senhor, que eu sou *benandante*, mas eu não conheço bruxas e não

---

* "Medisinaria" no original. (N. T.)

** São meras fábulas e mentiras as afirmações de que os homens sejam obrigados a partir à noite para combater ou realizar outras ações, como dizem habitualmente os benandanti e os feiticeiros, porque o demônio não pode forçar ninguém. (N. T.)

saio à noite". Mas disse ou não ser *benandante*? Gasparo nega. "O que quer dizer *benandante*?", insiste o inquisidor. E o jovem, embaraçado: "Dizem que eu saio". O frade exorta-o a dizer toda a verdade; e Gasparo, agora tranquilizado:

> Eu disse por diversas vezes a várias pessoas ser *benandante* mas, na verdade, não sou *benandante*. É certo que eu ouvi dizer que os *benandanti* saem de noite a caminho de certos campos, uns para um campo, outros para outro, e que vão combater pela verdadeira fé; isto é, que os bruxos costumam armar-se com atiçadores, esses pedaços de madeira ou de ferro utilizados para remexer nos fornos, mas nós, *benandanti*

— "et sic dicens posuit manus ad pectus":* o pueril fingimento inicial foi logo arrastado no ímpeto da narrativa —, "carregamos ramos de erva-doce; e diz-se que os bruxos nos dão pancadas; e é também verdade que tive a impressão de partir em sonho como um *benandante*, mas nós não sabemos para onde vamos; parece que atravessamos os campos com esses ramos de erva-doce". O inquisidor se mostra incrédulo e pergunta estupidamente "an ipse revera habeat has virgas feniculi".** Gasparo nega e fornece outros pormenores sobre os seus sonhos: "Parece que saímos para combater na noite da quarta para a quinta-feira, jamais nas outras noites. [...] Nós não nos conhecemos". Nesse ponto surge a previsível insídia do inquisidor: parece que "saem com mulheres ou se reúnem com mulheres para comer e beber?". "Não, senhor", replica tranquilamente Gasparo, "nós não fazemos outra coisa senão combater." Quase não acreditando nos seus ouvidos, frei Gerolamo repete a questão: "Tivestes a impressão de combater?". "Sim, temos a impressão de combater", confirma Gasparo, imperturbável. E acrescenta: "vamos todos juntos lutar contra os feiticeiros e temos os nossos capi-

---

* E, dizendo isso, levou a mão ao peito. (N. T.)
** Se ele realmente tem esses ramos de erva-doce. (N. T.)

120

tães; e quando nos mostramos valentes os feiticeiros nos dão boas vassouradas"; mas não sentem dor ("não sentimos nada, nenhuma dor depois"). Quanto ao capitão dos *benandanti*, diz Gasparo, "não o conheço, mas quando estamos juntos ouvimos dizer 'este é o capitão' e, como num sonho, vemos um homem mais alto que os outros". Esse capitão usa como insígnia "um grande ramo de erva-doce e, substituindo a bandeira, ramos de erva-doce; estamos todos sempre em mangas de camisa e nunca vemos os feiticeiros, mas eles podem nos ver bem". Como se percebe, as variações sobre o tema da luta entre *benandanti* e feiticeiros são inumeráveis. Não estamos diante, é preciso lembrar, de uma superstição fossilizada, de uma herança morta e incompreensível de um passado muito longínquo, mas de um culto bem vivo. Essa vitalidade exprime-se não apenas no pulular de detalhes pitorescos como o leão (um eco do leão de são Marcos?) reproduzido, segundo Moduco, na bandeira dos *benandanti*, aqui substituído pelo emblema, talvez mais antigo e mais próximo das remotas origens desse culto de fertilidade, da erva--doce; até o espírito com o qual é vivido o culto varia de indivíduo para indivíduo. Paolo Gasparutto ia aos encontros "por amor às colheitas"; Menichino da Latisana, pelo contrário, impelido por uma obscura fatalidade ("se a minha estrela determinar eu irei; senão, não irei"). Qual é a atitude de Gasparo? Ao inquisidor que lhe pergunta "se combatem com ódio, para matar os feiticeiros", ele replica impetuosamente, quase com desdém: "Oh, não, senhor, oxalá se pudesse matá-los!". E, ao frade que insiste em saber "com que ânimo vão", responde: "Dizem, quando estamos juntos, que nós *benandanti* combatemos pela verdadeira fé, porque os feiticeiros combatem pela fé do diabo". Mas "pela fé de qual Deus combatem?", insiste o inquisidor, entre insinuante e indeciso. E o *benandante*, de forma solene: "Pelo Deus que nos mantém vivos e que é o verdadeiro Deus que conhecemos todos nós cristãos: o Pai, o Filho e o Espírito Santo".

O inquisidor não consegue orientar-se e continua a perguntar-se, não obstante as afirmações do *benandante*, se de fato as batalhas e as assembleias noturnas descritas por ele são meros sonhos. Teimosamente indaga "se lhe acontece ter essas visões em sonhos, nas noites das quartas para as quintas-feiras, e se veem sempre a mesma coisa". Não, explica Gasparo: "não tenho a impressão de partir toda quarta-feira à noite e de ver as coisas que disse, mas isso só acontece a nós *benandanti* uma vez a cada cinco anos, ao que me parece". Ele tem a impressão de ter ido apenas duas vezes, "e a última foi neste ano, na noite de quarta-feira dos Quatro Tempos de Natal, que passou recentemente, e exatamente cinco anos antes, na mesma noite de quarta-feira, parece-me que fui". E acrescenta: "Quando a colheita é boa, abundante e de boa qualidade, é porque os *benandanti* venceram naquele ano; mas quando os feiticeiros vencem a colheita é má; mas o nosso capitão só nos dá notícias das colheitas vinte anos depois, e o capitão não me disse nada ainda, embora tenha ido duas vezes". Retorna o motivo central da luta pela fertilidade, aqui com uma variante: os *benandanti* não saem mais quatro vezes por ano mas só uma vez (sempre, porém, num dia dos Tempos) a cada cinco anos; talvez por isso devam esperar vinte anos, isto é, quatro batalhas, para saber o resultado dos seus esforços.

Chegando agora ao fim do interrogatório, o inquisidor pergunta: "Tu sabias que era naquela quarta-feira dos Quatro Tempos que citaste que devias partir à noite? Esperaste por aquela noite?". Gasparo responde afirmativamente: "Todos diziam que, naquela noite, devíamos partir". "Quem eram essas pessoas que diziam isso?" Trata-se, explica o jovem, de dois habitantes de San Lorenzo ("eles são também *benandanti* mas não querem confessar; dizem, no entanto, que têm o pelico"), os quais "diziam que, naquela noite, deviam partir os *benandanti*". Mas, quanto às bruxas, não quer dizer os seus nomes porque tem medo ("dizem que batem e ferem"). O frade o tranquiliza: nada deve temer, já que os indivíduos interrogados pelo Santo Ofício não podem ser atingidos "ab huiusmodi, sive strigonibus, sive benandantibus".* Acalmado, Gasparo revela os nomes de várias bruxas das cerca-

---

* Dessa maneira, nem pelos feiticeiros nem pelos *benandanti*. (N. T.)

nias, entre as quais Agnabella, sobre a qual, todavia, não sabe nada de preciso. Mas evidentemente frei Gerolamo não dá muito valor às acusações de Gasparo: os interrogatórios terminam aqui.

8. No caso de Gasparo também vimos o inquisidor forçar o interrogatório, na tentativa de adequar as confissões do jovem ao esquema tradicional da feitiçaria. Essa tentativa de coação, embora manifestando-se de modo muito diverso, é comparável à atitude, que começava a delinear-se espontaneamente no ambiente, sobretudo camponês, que estava mais diretamente em contato com os *benandanti*. Dessa maneira, estes últimos estavam praticamente presos entre dois fogos.

Mas a pressão da cultura dominante não se limitava ao círculo dos inquisidores. Isso aparece de forma bem clara numa espécie de memória compilada em 1621 por um habitante de Udine, com certeza de condição abastada, Alessandro Marchetto, e depois enviada ao tribunal do Santo Ofício.[34] Nela é denunciado, em primeiro lugar, um garoto de catorze anos, criado de uma família de Udine, como *benandante*. Mas essa denúncia vem inserida numa série de fatos mirabolantes — encantamentos, feitiços, mulheres transformadas em gatas, "provas" extraordinárias de *benandanti* — relatados em tom exaltado: "Toda a cidade está cheia de bruxas e pessoas más que fazem mil males e mil prejuízos ao próximo; essas pessoas malnascidas existem em quantidade; e são muitos os que falam de fatos sobre esse rapaz e de muitas outras coisas nesse sentido [...]".

Esse rapaz, conhecido como *benandante*, havia inicialmente curado com sucesso o filho de um compadre de Marchetto, Giovan Francesco Girardi. Após ter desfeito miraculosamente o feitiço, ele tinha, com efeito, sugerido colocar sob o travesseiro ou a cabeceira do enfermo "alho e erva-doce, para que naquela noite as bruxas não viessem molestar aquela criatura" (aqui também, portanto, a erva-doce é usada como arma contra as bruxas). Após muitos dias de sofrimento, o menino havia passado uma noite tranquila. Na manhã seguinte, Girardi tinha conversado com o *benandante*, perguntando-lhe sobre os seus poderes miraculosos, as bruxas e outras coisas. De repente, "viu que esse rapaz abaixou a cabeça e deixou sair sangue da boca". De onde vem aquele sangue? O rapaz afirma "ter levado um soco no rosto". "Como pode ser possível", pergunta admirado Girardi, "se estamos só nós dois aqui?" "O rapaz respondeu que tinha sido uma bruxa mas que ele não tinha podido vê-la."

O rapaz está, portanto, circundado por uma fama de mago e possuidor de um poder misterioso quando Marchetto manda chamá-lo para que venha curar um primo seu, Giovanni Mantovano, gravemente doente, ao que parece por culpa de um feitiço. Inutilmente se recorreu ao pároco de Paderno; a sua intervenção só fez piorar o estado do paciente.

Mas o rapaz não é encontrado; então Marchetto se dirige a um outro *benandante*, um pastor de nome Giovanni, que vive numa aldeia vizinha a Udine. Este vem a Udine de má vontade, queixando-se durante o trajeto a quem veio chamá-lo. Chegando à casa de Marchetto, recusa-se até mesmo a subir. A fama de curandeiros dos *benandanti* se difundiu, o seu trabalho é procurado e recompensado, e eles o fazem agora com uma espécie de autossuficiência, conscientes da sua importância. É preciso que Marchetto desça até a rua e, com "boas palavras", vença a resistência do pastor.

Começa assim um diálogo entre os dois. Com a atitude de desdenhosa superioridade do homem instruído em relação às superstições do povo, Marchetto pergunta: "É verdade, bravo homem, que tu és *benandante*?". O pastor aquiesce. O outro se informa logo sobre o que mais lhe interessa, isto é, "se ele tinha conhecimento das bruxas e dos seus encantamentos e feitiçarias" — elementos nos quais, mais uma vez, tende a resumir-se o poder dos *benandanti*. O pastor aquiesce mais uma vez, e Marchetto, incitado pela curiosidade, lhe faz algumas perguntas sobre os encontros noturnos: aonde vão, quantos são, o que fazem etc. As respostas do *benandante* reproduzem, substancialmente, os esquemas já conhecidos. Ele vai de noite ao prado da igreja de San Canziano, na companhia de outros *benandanti*, entre os quais um velho "que via os mortos, isto é, que os via mergulhados nos so-

124

frimentos aos quais estavam sujeitos".[35] A essas assembleias, "alguns vão cavalgando lebres, outros um cão ou um porquinho ou ainda um porco de pelos longos, retorcidos, ou outros animais [...]". Chegando ao prado, "tanto os homens como as mulheres saltavam e às vezes comiam, e [...] também, com velas acesas, entravam e saíam daquela igreja"; durante esse tempo (explica o pastor), "um anjo mantinha a mão sobre o seu rosto e [...] às vezes deixava-o ver, às vezes não". As bruxas provêm das aldeias vizinhas: em Grazzano há doze, em Aquileia quatro, em Ronco dezoito, e assim por diante (antes havia afirmado ignorar quantas havia em Gorizia porque "eles não iam muitas vezes lá"). Nesse ponto Marchetto se cansa e passa à questão que verdadeiramente lhe interessa: Mantovano está enfeitiçado ou não? O pastor se cala. Interrogado novamente, afirma não poder dizer, caso contrário "as bruxas o espancariam".

"Eu lhe disse", escreve Marchetto, "que não acreditava em coisa alguma, que ele era vítima de uma ilusão diabólica e que não sabia. E ele dizia que sabia muito bem mas que não podia dizer". Marchetto passa às súplicas, às promessas, afirmando que, "se sabia, devia dizê-lo para não deixar morrer um jovem tão bom e virtuoso". Mas o pastor não se deixa comover e repete obstinadamente temer as pancadas das bruxas. Então Marchetto chega às ameaças: "dirigi-me a ele dizendo que seria capaz de espancá-lo mais do que teriam feito as bruxas e que queria a qualquer preço que dissesse o que sabia a esse respeito, se era mesmo verdade que sabia alguma coisa". Depois, com sarcasmo, pergunta-lhe "como havia principiado a ser *benandante*, como surgira essa sua profissão e quando tinha começado a exercê-la". O pastor responde que "fazia um ano, e que tinha sido chamado numa noite pelo nome, tendo respondido: 'O que queres tu?', e que, daquela noite em diante, passara a ser obrigado a ir; mas que, se tivesse pensado em responder somente: 'bem', não teria sido forçado a partir".[36] Nesse ponto, Marchetto não se controla mais e, com uma indignação à qual se mistura talvez o propósito de assustar o pastor para arrancar-lhe a resposta desejada, grita que "nisso ele mentia, que tínhamos sido criados por Deus com o livre-arbítrio, que ninguém pode forçá-lo se ele não quisesse e que, por isso, ele devia deixar de ir e dizer logo, livremente, se o bravo Mantovano tinha sido enfeitiçado". Com precisão involuntária, Marchetto expressa a fratura que separa a cultura dominante da cultura irreflexiva, espontânea dos *benandanti*. O que pode significar o livre-arbítrio para os *benandanti*? Como podem eles contrapô--lo vitoriosamente à exigência misteriosa, obscura para eles próprios mas igualmente incoercível, que os leva, nas noites dos Quatro Tempos, a sonhar com o abandono do corpo para seguir em direção ao prado de Josafá ou a um campo das vizinhanças de Udine, a fim de combater contra os feiticeiros? O furor de Marchetto ("tendo continuado a afirmar que não podia falar, eu disse que queria a todo custo que ele respondesse porque tinha despertado em mim forte curiosidade [...]"), que o leva a amarrar o pastor a uma coluna, a agarrá-lo pelos cabelos, exclamando "que era preciso raspá-los porque neles poderia haver algum feitiço",[37] parece quase simbólico. Ele põe a nu, brutalmente, a vontade de domínio, ora mais, ora menos violenta, que está na raiz da sua atitude, bem como na dos inquisidores, em relação aos *benandanti*. As crenças dos *benandanti* não têm direito de cidadania nos esquemas teológicos, doutrinais, demonológicos da cultura dominante; elas constituem uma excrescência irracional e, portanto, devem encaixar-se nesses esquemas ou desaparecer. No auge do desespero (um desespero que vibra ainda na memória endereçada ao Santo Ofício), Marchetto grita para o *benandante* que "o considerava um verdadeiro feiticeiro e não um *benandante*; que esse termo *benandante* nem mesmo existia e ele devia ser feiticeiro". Então o pastor começa a chorar, implora para ser libertado e, finalmente, revela que Mantovano é efetivamente vítima de um feitiço preparado por uma bruxa "de Udine, vizinha do ilustre Mantovano e que era rica, velha e gorda" e que se tinha aproximado do leito do enfermo em forma de gata. E, após ter enumerado os feitiços que deviam encontrar-se no colchão (e que, de fato, observa Marchetto, foram encontrados pela manhã), o *benandante* declara não poder revelar mais nada. Depois se vem a saber que, de volta a casa, disse ao patrão não ter contado "nem a metade do que sabia", porque Marchetto o havia "escandalizado".

9. Ao que parece, os *benandanti* se tornam cada vez mais ousados: não apenas tomam consciência da sua importância como curandeiros mas também, com insolente segurança, denunciam cada vez mais abertamente as bruxas e feiticeiros com os quais sonham combater à noite. Eles sabem que essas denúncias não podem voltar-se contra eles; eles não são feiticeiros, mas sim *benandanti*; não atacam as crianças, mas defendem-nas; não preparam feitiços, desfazem-nos.

No início de 1622, duas aldeias vizinhas de Cividale, Gagliano e Ruallis, são viradas de cabeça para baixo por um *benandante* de uns quinze anos, Lunardo Badau, ou Badavin, nativo de Gagliano, "pobrezinho e mendigo". É inicialmente o vice-pároco de Ruallis, *don* Giovanni Cancianis, quem dá informação sobre o caso ao inquisidor de Aquileia (que era então frei Domenico Vico da Osimo), numa carta de 18 de fevereiro de 1622.[38] Nela, o padre declara que Badau "falou e voltou a falar, e ainda continua a fazê-lo, tal como me tem sido relatado, em diversas casas e por diversas pessoas, coisas muito importantes sobre bruxaria e feitiçaria", afirmando que só na aldeia de Ruallis há "quatro ou cinco bruxas verdadeiras, as quais ele cita nominalmente, o que me dá muita preocupação". Aos que lhe perguntam como consegue saber essas coisas, Badau responde invariavelmente: "Eu sei porque ainda vou com elas a certos lugares, onde há uma grande multidão de homens e mulheres, entre os quais se encontram as que eu citei, e de tempos em tempos reunimo-nos em assembleias e combatemos [...]". O vice-vigário menciona as pessoas denunciadas por Badau e as miraculosamente curadas por ele em troca de pequenas recompensas e conclui convidando o inquisidor a interrogar o próprio Badau: "com habilidade e astúcia, tê-lo-eis nas vossas mãos, e com elogios e afagos (não com ameaças) ele deverá ser examinado, para que possais ouvir certas coisas que me levaram a notificar Vossa Senhoria do caso".

No dia seguinte, 19 de fevereiro, é a vez de *don* Giacomo Burlino, cura de San Pietro delli Volti di Cividale. Este escreve ao inquisidor informando que ouviu falar de "algumas coisas sobre os comentários que correm acerca de um certo garoto de Gagliano, que faz revelações sobre bruxas e diz ser *benandante*"; mas sabe que outros já lhe escreveram sobre esse assunto e não se alonga muito, mesmo porque dá pouco crédito às faculdades divinatórias dos *benandanti*. "Outras pessoas também são chamadas", afirma, com efeito, "de bruxas ou *benandanti*, tal como diz o povo insensato; posso revelar-lhes o nome quando quiserdes mas considero isso inútil e fonte de grande confusão". *Don* Burlino se mostra menos crédulo do que alguns inquisidores mas, pondo isso de lado, a sua atitude é análoga à deles. Ele parece escrever a palavra "benandante" com uma espécie de desprezo desdenhoso, como se, na sua barbárie lexical, ela exprimisse os piores defeitos do "vulgo insensato". Reaparece aqui o eco da secular tradição da sátira contra o "vilão", desonesto, sujo, astuto, trapalhão e igualmente supersticioso, como sublinhava um poema do século XVI:

> *O vilão não sabe a ave-maria*
> *e nenhuma outra oração;*
> *como sua devoção,*
> *ele faz encantamentos* [...]
> *O vilão não sabe fazer*
> *nenhuma ação honesta,*
> *não sabe lei nem texto*
> *nem nenhum dos mandamentos* [...]
> *Da noite até a manhã,*
> *Ele te rouba e vai ao sabá* [...].[39]

No mesmo dia, o vice-cura de Gagliano, *don* Leonardo Menis, escrevia ao inquisidor para manifestar a existência de um "inconveniente" que agitava a sua paróquia. Esse "inconveniente" é constituído pelas acusações propaladas pelo mesmo Badau, "não bruxo, mas *benandante*", que "afirma haver muitas bruxas nas vizinhanças. Trata-se de um rumor público que precisa ser remediado porque, segundo se diz, ele tem por ofício reconhecer todas

128

as bruxas, citá-las nominalmente e ainda saber quanto tempo elas dedicaram ao demônio; e, finalmente, onde estão os feitiços preparados por elas [...]". Ao que parece, Menis está mais preocupado com o escândalo suscitado pelas revelações de Badau do que pelo fato de haver tantas bruxas entre as próprias paroquianas.

Mas essa avalancha de denúncias não basta para fazer intervir o Santo Ofício. A 16 de junho, Menis se apresenta espontaneamente ao inquisidor para repetir as denúncias feitas na carta de quatro meses atrás. Badau, diz ele, revelou que Zannuto Bevilaqua di Fiumano é "o chefe e o capitão desses feiticeiros e bruxas", que várias mulheres de Gagliano são bruxas e enfeitiçaram crianças; em suma: continua criando desordens de todo tipo. "Para aliviar a minha consciência, pela minha honra e pela salvação das almas sob minha responsabilidade" (assim conclui ele), denunciou esses fatos ao inquisidor. No mesmo 16 de junho, apresenta-se ao Santo Ofício *don* Giovanni Cancianis, vice-cura de Ruallis, para renovar as suas acusações contra Badau;[40] e, finalmente, algo se move. De acordo com Cancianis (e o fato é confirmado pelas testemunhas interrogadas), Lunardo Badau tornou-se uma verdadeira ameaça para a tranquilidade da aldeia. Diversas vezes ele declarou publicamente que uma mulher de Ruallis, Menega Chianton, é uma bruxa e devorou onze crianças; como prova das suas acusações, afirmou, mostrando um braço coberto de escoriações, que ela "o maltrata e espanca" nas assembleias noturnas".[41] Um dia, encontrando-se em Cividale, na loja de uma certa Glemon, Badau deu de cara com Menega, que logo o interpelou: "É verdade que tu andas dizendo que eu sou bruxa?". De imediato, o rapaz replicou: "Sim, é verdade, tu e outras três. Esse ofício ou arte começaste a exercer há já três anos e tu vais até Udine para devorar as crianças nos cueiros [...]". Então Menega, "indignada com o citado Lunardo, quis avançar contra ele para surrá-lo" e teria conseguido, se Glemon não tivesse interferido, dizendo que não queria brigas na sua loja. Mas Badau — informa uma outra testemunha — quis ter a última palavra: "Se me bateres, eu te denunciarei à justiça e te farei queimar viva".[42]

Essas acusações criam em torno de Badau uma atmosfera de hostilidade; na noite de Natal, ele é obrigado a recorrer à hospitalidade de uma mulher, porque o seu hospedeiro o expulsara, dizendo que "não o queriam por ele ser *benandante*".[43] Por seu lado, o rapaz vive num verdadeiro terror dos feiticeiros; uma noite, encontrando-se em casa de amigos, na presença de um eslavo, começa a tremer e "não quis dizer, naquela noite, coisa alguma, tendo revelado, no dia seguinte, que não havia dito nada naquela noite por sentir medo daquele escravo,* que, segundo dizia, era um bruxo".[44] Esses são os testemunhos de um grupo de mulheres interrogadas pelo vigário do inquisidor, frei Bernardino da Genova. Quase todas escutaram as confidências de Badau, intercaladas de bazófias infantis. Ele diz ser *benandante*, partir "em espírito" na noite dos Quatro Tempos a fim de combater, em certos prados, contra bruxas, armado com "um ramo de erva-doce que põe na boca e através do qual sopra contra as bruxas", munidas, por sua vez, de "certos bastões utilizados nos fornos". "E como nós vencemos as bruxas" — acrescenta — "este ano haverá boa colheita." Diz seguir para as assembleias cavalgando uma lebre que corre tão depressa "que, sobre ela, ele poderia ir até Veneza no mesmo tempo em que uma pessoa tira os sapatos dos pés". Esses relatos são acolhidos com alguma incredulidade. Uma mulher pergunta: "Como é possível que um espírito maneje pedaços de madeira e combata?". Badau responde "que era verdade e que o faziam".[45] Mas, quanto às aldeãs acusadas de feitiçaria, todas as testemunhas concordam em retratá-las "como mulheres boas, devotas, que vão à igreja [...]".[46] Assim, as acusações públicas de Badau não vêm a ter continuidade. Ele mesmo não é sequer interrogado.

10. Que o comportamento de Badau não era fruto de extravagância ou de animosidade individual pode-se demonstrar por dois grupos de depoimentos, de 1623 e de 1628-9, relativos a um

---

* "Slavo" e, em seguida, "schiavo" no original. (N. T.)

outro *benandante*, um camponês de Percoto, chamado Gerolamo Cut (ou Cucchiul). A 19 de março de 1623, uma mulher de Borgo San Pietro, Elena di Vincenzo, faz um longo depoimento na presença do notário de Cividale, Francesco Maniaco, chanceler do Santo Ofício, e do vice-pároco *don* Giacomo Burlino, que já conhecemos pela carta escrita ao inquisidor de Aquileia a propósito de Lunardo Badau. O depoimento tem lugar na própria casa da testemunha, que está gravemente enferma "por retenção de urina".[47] Precisamente para curar-se dessa doença, ela, no passado, tinha recorrido ao *benandante* Gerolamo Cut. Fora uma amiga quem a aconselhara nesse sentido, assegurando-lhe que Cut iria desfazer o feitiço lançado contra ela e revelar o nome do autor do encantamento. Conseguiria isso não por ser feiticeiro, mas sim por ser *benandante*. Elena, que não ficara inteiramente convencida, havia objetado à amiga que o vigário não iria jamais absolvê-la desse pecado. A outra a exortara a pôr de lado os escrúpulos: "Se ele não quiser vos absolver, devereis ir procurar outros reverendos que vos darão a absolvição, porque eu mesma fui absolvida".[48] Então, mandou-se chamar o *benandante*: um homem de trinta anos, não muito alto, de cabelo ruivo, com pouca barba, o qual, após ter assistido missa com o marido da enferma, sentara-se junto à lareira, cruzando as mãos. "Deus a perdoe", havia exclamado,

> e também a Virgem do Monte: foi a mãe da vossa nora quem vos enfeitiçou para fazer-vos morrer, a fim de que a filha dela se torne a dona da casa, e isso porque a filha, no mercado de Cividale, se queixou para a mãe, Domenica Zamparia, declarando: "Mãe, vós pensais que me pusestes no Paraíso, no entanto, estou no Inferno"; e ela disse: "Fica quieta, minha filha, porque isso durará pouco tempo". [...]

E, antes mesmo que Elena explicasse como era o mal de que sofria, o *benandante* afirmara que Zamparia, com a ajuda de diabos, tinha posto a urina da enferma numa cabaça; era preciso chamar a feiticeira e repreendê-la. Elena hesita ("não queria porque ela poderia brigar comigo"), o *benandante* insiste ("então eu irei à casa dela com o vosso marido, porque não tenho medo, e a censurarei"), mas o marido o interrompe, dizendo não ter intenção de fazer nada enquanto a saúde da doente não melhorasse.[49] Após uma semana reaparece o *benandante*; Elena está melhor, mas, nesse meio-tempo, os feitiços foram renovados. É preciso falar com a autora do encantamento. Mas a nora da enferma se recusa a ir chamar a sua mãe, Domenica Zamparia, a suposta culpada. "Se ele era mesmo um feiticeiro, poderia fazê-la vir sem chamar", diz sarcasticamente, dirigindo-se ao *benandante*. Depois parte e retorna com os irmãos, que querem espancar Gerolamo Cut; começa uma rixa cujos ecos chegam até Domenica Zamparia, que decide intervir; furiosa com as acusações de feitiçaria feitas contra ela pelo *benandante*, investe contra ele, dizendo-lhe "diversas vilanias", chamando-o de "feiticeiro" e tentando atingi-lo. Então Cut intervém com autoridade, gritando: "Ide para o pátio. Devo dizer que tu, Domenica, fizeste feitiços contra esta pobre mulher para que tua filha se torne a patroa". Depois, jurando sobre os Evangelhos: "Tu destilaste a sua urina, conservada numa cabaça...". Nesse ponto, a acusada e os filhos abandonam a cena. A filha, pelo contrário, entra em casa com as mãos juntas: "Queres tu dizer", exclama, dirigindo-se ao *benandante*, "que eu também sei fazer feitiços?". "Claro que sabes", replica gravemente Cut, "porque tal mãe, tal filha;* e, embora não saibas tanto quanto ela, também sabes. [...]" E, depois de ter-se gabado de haver curado um filho do chanceler do patriarca e um menino do senhor Giambattista di Manzano, e ter tranquilizado os últimos escrúpulos de Elena, declarando sibilinamente que "tinha licença dos seus superiores", Gerolamo partira.[50]

Esse depoimento não teve continuidade, e *don* Giacomo Burlino, que, como já se disse, o havia presenciado, ao denunciar Cut novamente ao Santo Ofício, três anos mais tarde,

---

* "Chi di gatta nasce sorzi piglia, et tal ferro tal cortello", no original. (N. T.)

queixava-se amargamente disso. Com efeito, escrevia Burlino de Cividale a 17 de janeiro de 1626:[51]

> Há já dois [*sic*] anos aproximadamente, uma das minhas paroquianas, atingida por uma doença insólita, foi persuadida, por pessoas pouco ajuizadas, a chamar um malandro da aldeia de Percotto, o qual entrou na casa como se fosse o próprio diabo, difamando uns e outros, fazendo com que os filhos fossem expulsos pelo pai, separando o marido da mulher etc., quase exatamente o mesmo que já havia feito numa outra casa.

Mais uma vez, fica claro, para esses curas do campo, que a praga a ser extirpada é constituída não tanto pelas bruxas, que os *benandanti* denunciam tão apaixonadamente, mas pelos próprios *benandanti*. Nessas denúncias, eles aparecem despojados de qualquer atributo mágico ou mesmo extraordinário; pouco importa que afirmem participar "em espírito" dos encontros noturnos; os párocos não lhes dão crédito (por isso as denúncias contra as bruxas vistas nos encontros são inteiramente ignoradas), considerando-os não feiticeiros, mas sim "malandros", perturbadores da paz familiar, semeadores de discórdias e escândalos. Os que se declaram *benandanti* devem, por assim dizer, escolher: ou admitem serem feiticeiros e participar do sabá ou então reconhecem que as suas narrativas de encontros noturnos são pura fantasia e as suas denúncias contra bruxas, expedientes para ganhar dinheiro e provocar discórdias entre gente tranquila. De qualquer modo, as cizânias e as desordens provocadas pelos *benandanti* com suas acusações acabavam suscitando uma atitude contrária às que analisamos até aqui; ao invés de serem assimilados aos feiticeiros, os *benandanti* eram nitidamente contrapostos a eles.

"Desse fato", continua Burlino na sua carta, "fiz com que a enferma fornecesse um minucioso relato ao chanceler da Inquisição, que reside em Cividale, para que fosse castigado esse malandro que, sob a aparência de cordeiro, é na verdade um lobo furioso; mas não se fez coisa alguma, e, pelo contrário, ele continua com a sua maldita atividade." Poucos dias antes, Cut foi chamado ao burgo de Santa Justina pelo pai de uma garota doente; após tê-la declarado vítima de um feitiço, denunciou várias mulheres como culpadas, "pondo em grave risco a honra e a alma delas". A carta termina lembrando discretamente ao inquisidor os seus próprios deveres: "Como diz respeito a Vossa Reverendíssima opor-se a esses delitos, quis informá-lo a fim de que [...] encontre remédio da maneira que pareça conveniente à vossa prudência".

Não obstante o tom de repreensão da carta de *don* Burlino (ou talvez exatamente por isso), o inquisidor não se mexeu. Passaram-se dois anos. No princípio de 1628, chegou ao inquisidor de Aquileia uma nova acusação (que, todavia, repetia as já conhecidas) contra Gerolamo Cut, formulada pelo cura de Percoto, *don* Mattia Bergamasco. Ele escrevia:

> Denuncio ao Santo Ofício Gerolamo Cucchiul, meu paroquiano, que declara publicamente ser capaz de reconhecer os enfeitiçados e libertá-los, reconhecer as bruxas e saber os seus nomes sem jamais tê-las visto e ainda de revelá--los, o que traz o perigo de que os parentes dos enfermos cometam homicídio contra pessoa inocente. E tem feito isso várias vezes em lugares diversos.

Finalmente, a 21 de janeiro, o Santo Ofício decide indagar a respeito de Cut; a 4 de fevereiro, *don* Burlino é chamado a depor; ele confirma as suas acusações, recordando o caso de Elena de Borgo San Pietro (não obstante os esforços do *benandante*, a mulher veio a morrer). Não contente com o seu depoimento, dez dias mais tarde *don* Burlino toma da pena mais uma vez para comunicar ao inquisidor que Gerolamo Cut continua dizendo por toda parte que os *benandanti* "ajudavam" de noite e que, contra feitiços, "os sacerdotes não têm poder algum".[52] Além disso, acusou de feitiçaria uma mulher de Percoto, razão pela qual o "marido da mulher difamada o surrou [...] e o malandro o enfrentou, dizendo que era verdade que ela era bruxa e que, quando não podia enfeitiçar outras pessoas, sugava o sangue do próprio filho, que se encontrava muito depauperado". Mas, por razões ignoradas, as investigações a respeito de Cut se interrompem de novo por um ano. Alguns depoimentos feitos em janeiro de 1629 não acrescentam elementos novos. Cut, "camponês covarde e miserável, que não possui coisa alguma a não ser a fama de *benandante* e de saber reconhecer os encantamentos" (como escreve o já citado *don* Mattia Bergamasco), circula pelas aldeias vizinhas, curando os indivíduos enfeitiçados com superstições de vários tipos, em troca de algumas magras recompensas *in natura*. Mas o que quer dizer *benandante*?, pergunta, pela enésima vez, o inquisidor a um camponês de Trivignano, que comparecera para dar o seu testemunho sobre Gerolamo Cut. "Eu não sei", responde a testemunha, evasivamente. Depois, sob pressão: "Eu acho que é um feiticeiro, que tem pacto com o diabo; de outra forma, não conseguiria saber nada [...], porque ele diz que reconhece feitiçarias e coisas semelhantes, e eu penso que só consegue saber disso com a ajuda da arte do diabo, a menos que faça parte da companhia dos feiticeiros".

De todo lado, em conclusão, faz-se pressão para que os *benandanti* saiam da sua ambígua e contraditória condição. Ambiguidade e contradição devidas — nem é preciso sublinhar — à natureza popular, espontânea dessa extraordinária sobrevivência (mas será exato defini-la apenas como "sobrevivência"?) religiosa. Também nesses movimentos obscuros e mais ou menos inconscientes da sensibilidade parece agir, no fundo, uma tendência à simplificação. Ou "malandros" ou feiticeiros. Para os *benandanti* não há outro caminho a escolher.

11. Assim, no período de cinquenta anos, as crenças relacionadas aos *benandanti* se difundem, com as suas ambíguas conotações, um pouco por todo o Friul, chegando até além do Isonzo e à Ístria.[53] São crenças que os *benandanti* aprendem na primeira infância, geralmente das mães, depositárias dessa herança de tradições, de superstições; assim se explica que, no momento em que eles se afastam das aldeias, às vezes contra a sua vontade, essas crenças se transformem num vínculo muito forte, que liga

135

e reúne os migrantes. É o que mostra, de modo quase exemplar, um grupo de testemunhos de 1629.[54] A 20 de maio, Francesco Brandis, decano de Cividale, escreve ao inquisidor de Aquileia para adverti-lo de que no cárcere da cidade se encontra um jovem de vinte anos, condenado a dezoito meses de prisão por furto, prestes a ser enviado a Veneza. Ele (assim diz a carta) "revelou a certos amigos o nome de algumas bruxas, a natureza dos seus encantamentos, contra quem foram feitos, o momento e o processo utilizados e quem morreu em consequência desses atos. Ele mostrou diversos golpes recebidos de repente por ter revelado e desfeito vários feitiços". Brandis, que evidentemente acredita cegamente nessas revelações, exorta o inquisidor a intervir antes que o jovem seja conduzido a Veneza com os outros condenados às galés, "a fim de que Vossa Paternidade possa vir à cidade, instaurar um processo e remediar os inúmeros males que são citados aqui [...]". Mas Brandis não levara em conta a lentidão pertinaz do Santo Ofício de Aquileia nem o seu descaso particular por tudo o que dizia respeito aos *benandanti*. O jovem partiu em direção ao seu destino, e Brandis nada pôde fazer além de enviar a 26 de maio uma nova carta ao inquisidor, pedindo-lhe para dar notícia do caso ao inquisidor veneziano. À carta fora anexada uma folha contendo a descrição minuciosa dos feitos do prisioneiro. Este, Giacomo Tech de Cividale, havia "espontaneamente falado e confessado ser *benandante* e até capitão de feiticeiros [isso talvez fosse uma simples confusão] e, por isso, embora enviado às galés, com certeza retornaria, já que se dizia que o capitão morrera havia pouco e ele tinha sido escolhido como seu sucessor". Não importa, portanto, que Tech tenha sido encarcerado e enviado para o mar; ele deve seguir a sua "estrela" e assumir o papel de capitão dos *benandanti* que lhe foi confiado. Mas, para fazer isso, deverá retornar, "em espírito", à terra onde nasceu e viveu.

Em outros casos, esse peso das tradições da aldeia de origem é menos evidente mas igualmente significativo. Num processo de feitiçaria, instaurado em Parma em 1611, uma das duas acusadas, após ter sido submetida à tortura, confessa ter participado do sabá, ter-se entregado ao demônio etc. Mas, nas descrições que ela faz do sabá, insinua-se um elemento que nos é conhecido: "no citado prado, muitas mulheres e rapazes se encontravam; nós combatíamos com caniços, nós nos divertíamos e, depois, provocávamos tempestades [...]".[55] Essa luta com caniços — pormenor excepcional num processo de feitiçaria[56] — lembra imediatamente os combates dos *benandanti*. Mas a presença desse elemento em Parma não é difícil de explicar. Quem fala é uma friulana, Antonia da Nimis, que, ainda criança, tinha sido conduzida a Reggio para trabalhar como doméstica na casa de um boticário. Mais uma vez aparece o vigor dessas crenças, impressas como uma herança indestrutível na alma dos camponeses friulanos jovens.

IV. OS *BENANDANTI* NO SABÁ

1. Esse compacto tecido de crenças se desfia, pela primeira vez, durante um processo contra uma mulher de Latisana, Maria Panzona, esposa de um tanoeiro, presa no fim do ano de 1618 por ter roubado lenços, camisas e outros objetos conservados como *ex-voto* e esmolas na igreja de Santa Croce. Enquanto esteve encarcerada, Maria fizera algumas declarações que a tinham tornado suspeita de curar pessoas doentes com meios diabólicos. É uma suspeita que encontra imediata confirmação: as testemunhas interrogadas pelo juiz (que é o pároco de San Giovanni Battista de Latisana, em virtude da autoridade que lhe foi concedida pelo inquisidor de Veneza) declaram unanimemente que Maria Panzona trata com unguentos e encantamentos as vítimas dos feitiços das bruxas. E Maria, conduzida a 31 de dezembro diante do juiz, à pergunta ritual (se sabe por que foi chamada), responde sem hesitar: "Acho que fui chamada e trazida para falar das bruxas que há por aqui". Enumera então o nome dessas bruxas — uma quinzena —, entre as quais uma Aloysia, chamada "la Tabacca", que "costuma sugar o sangue das criaturas humanas, especialmente das crianças", como ela mesma a viu fazer, estando presente em "forma de gata negra, e a outra, de gata branca".[1] Portanto, Maria Panzona é uma bruxa. Mas, diante da imediata pergunta do juiz, que a convida a revelar os malefícios que cometeu, a mulher reage: "Não fiz nenhum feitiço, nem malefício, porque sou *benandante*, e os *benandanti* são todos contrários às bruxas e feiticeiros". E, como prova disso, lembra ter curado indivíduos enfeitiçados, com decocções de ervas e uma fórmula de esconjuro, repetida três vezes: "Eu te benzo contra bruxa, feiticeiro, *benandante*, *malandante*, para que eles não possam falar nem agir antes de terem contado os fios das meadas de linho, os espinhos dos espinheiros e as ondas do mar, para que não possam falar nem agir, nem contra ti nem contra qualquer cristão batizado".*

Surpreende de imediato que uma *benandante* introduza num esconjuro os *benandanti* entre os inimigos tradicionais — bruxas, feiticeiros e *malandanti* —, elemento contraditório que se acentua nas posteriores confissões de Maria. "Essas bruxas", diz ela, "costumam, a cada três meses aproximadamente, seguir para o prado de Josafá, assim como os *benandanti*, dos quais eu também faço parte; e essa partida tem lugar nas quintas-feiras à noite." Até aqui estamos nos movendo no âmbito de tradições já bem conhecidas, relacionadas particularmente com os *benandanti* de Latisana — recordemos que também o boieiro Menichino da Latisana, ao comparecer diante do Santo Ofício de Veneza 25 anos antes, havia afirmado encontrar-se à noite com os *benandanti*, no prado de Josafá. O mesmo pode ser dito da referência, um pouco posterior, à "mulher majestosamente sentada sobre a borda de um poço e chamada de abadessa", que se encontra no prado e à qual "todos fazem reverência, baixando a cabeça"; referência, única no Friul, à multiforme divindade feminina encontrada para além dos Alpes à frente do "exército furioso" e tão ligada ao mito dos *benandanti*.[2] Mas depois Maria declara que um animal conduz as pessoas ao prado; e esclarece, a pedido do juiz, que ela e as suas companheiras são transportadas por "seres metamorfoseados em galos e bodes, que sabemos", acrescenta ela, "serem diabos". E repete: "Aquela que está sentada sobre a borda do poço, como uma abadessa, é o diabo". Trata-se de uma identificação imediata, espontânea, não solicitada — como nos precedentes processos de *benandanti* — pelas sugestões astuciosas dos juízes. Parece, portanto, que a assimilação dos *benandanti* às bruxas e aos feiticeiros, esperada havia tanto tempo pelos juízes e inquisidores, realizou-se finalmente "de maneira espontânea". É uma *benandante* que reconhece, nos encontros noturnos de que participa, o sabá presidido pelo diabo.

---

* "Belandante" no original. (N. T.)

Mas o discurso de Maria logo se torna mais complicado. As bruxas, diz ela, entregam os próprios mênstruos ao diabo--abadessa, que os devolve, para que elas se sirvam deles "no sentido de prejudicar as pessoas, fazendo-as adoecer, sofrer e até morrer". Ela mesma recebeu do demônio "uma certa matéria vermelha", que escondeu no muro da própria casa e que imediatamente mandam trazer até ela. Maria a reconhece: "Este é o presente que me foi feito pelo diabo, do qual me valho para libertar as pessoas enfeitiçadas, isto é, as criancinhas cujo sangue é sugado; o diabo me disse que é bom para isso". Em outras palavras, embora admitindo ter prestado homenagem ao diabo, ela não renuncia às próprias virtudes de *benandante*; aliás, foi o próprio diabo quem lhe sugeriu a maneira de curar as vítimas das bruxas.

Os interrogatórios recomeçam a 2 de janeiro de 1619, com um dramático confronto entre Maria Panzona e uma das mulheres acusadas de feitiçaria por ela. Inutilmente, Panzona insiste: "Eu te vi há dois meses no vale de Josafá; um galo te conduziu em direção a um diabo, e empunhavas um caule de sorgo turco"; a outra nega tudo: "Não é verdade o que dizes".[3] A mesma cena se repete na presença de uma outra suposta bruxa. Interrogada novamente dois dias depois, Maria Panzona fornece novos pormenores sobre a iniciação das bruxas: "As que querem ser bruxas vão à noite ao sabá e lá dão três cambalhotas; mas antes invocam o diabo, ao qual todas se entregam, e renegam Deus três vezes; depois, cospem nas mãos e esfregam-nas três vezes; em seguida, são arrebatadas pelo diabo, em espírito pelo menos, porque o corpo fica exangue e como morto até que o diabo faça retornar o espírito a ele". Ela também fez tudo isso, chamou o diabo e renegou a fé há trinta anos (agora já tem mais de cinquenta), instigada pelo padrinho, Vincenzo dal Bosco del Merlo. A identidade entre bruxas e *benandanti* parece agora absoluta, mas Maria introduz, ainda uma vez, uma distinção: "Todas as feiticeiras costumam renegar a fé, como eu disse, a entregar-se ao diabo; porém, há muitas que fazem isso só por fazer e não para fazer mal aos outros; esse é o meu caso, porque eu obtive do diabo o poder e a graça de curar as pessoas que foram enfeitiçadas".[4] É sutil essa distinção entre bruxas autênticas e as que se entregam ao diabo "por prazer"; não surpreende que o pároco de Latisana, escrevendo a 17 de janeiro ao patriarca de Veneza, Francesco Vendramin, para informá-lo do caso, tenha apresentado Maria Panzona como bruxa, sem fornecer detalhes, e julgado as mulheres acusadas por ela como "quase certamente feiticeiras". O pároco declara estar à espera de instruções do patriarca e do inquisidor "para erradicar essa maldição diabólica". Mas, em Veneza, à vista do teor da carta, toma-se a decisão de mandar vir Maria Panzona e as duas mulheres denunciadas por ela como bruxas, Ursula Tazotta e Aloysia Tabacca, para serem julgadas pelo Santo Ofício.

Se dispuséssemos apenas dos interrogatórios feitos em Latisana, poderíamos, sem hesitação, considerar o processo de Maria Panzona como o início de uma nova fase do caso dos *benandanti*. É verdade que Panzona não faz uma descrição do sabá tradicional: os encontros de que ela participa contêm elementos arcaicos, por assim dizer — o prado de Josafá, a abadessa. Mas a identificação da "abadessa" com o demônio e a renúncia à fé são dados decisivos, bem mais importantes do que a fraca resistência apresentada por Panzona quando sublinha a sua atividade de curandeira dos enfeitiçados, atividade que a distingue das verdadeiras bruxas. Todavia, os interrogatórios que têm lugar em Veneza, diante do patriarca e do inquisidor Giandomenico Vignazio, apresentam uma direção bem diversa e inesperada.

2. Eles se iniciam a 28 de fevereiro, após uma sessão preliminar na qual Maria, a pedido dos juízes, declara ser verdade tudo o que confessou em Latisana. Logo lhe são solicitados mais detalhes sobre o ponto central da sua confissão: "Como e com que palavras renegou a sua fé quando foi conduzida ao sabá?". A mulher começa a contar: quem a conduziu pela primeira vez ao vale de Josafá foi o padrinho, embora tivesse recebido como presente do pai dela, Maria, dois alqueires de trigo e duas jarras de vinho para deixá-la em paz. "Mas ele", diz Maria, "me perseguiu tanto, dizendo-me 'se fosses, verias muitas coisas belas', que eu, que era muito jovem e um pouco fraca de espírito, acabei indo." Cavalgou sobre um galo, "isto é, um espírito que tinha a forma de galo" (observe-se: um espírito e não um diabo, como havia dito em Latisana), "e ia-se muito longe, ao vale de Josafá; só a alma partia, não o corpo, que ficava no leito como morto". E aqui aparece a primeira objeção dos juízes: com que olhos podia ver o galo carregar a sua alma se o corpo ficava na cama como morto? Trata-se de uma objeção que não é fortuita e na qual se reflete, como de costume, a impossibilidade, por parte dos juízes, de aceitar a angustiante experiência do desdobramento vivida pelos *benandanti* durante as suas letargias e expressa na separação física da alma que se afasta do corpo inanimado. Maria não compreende: "Eu não sei", responde. Não é desprezo, é simplesmente impossibilidade de compreender. Ela acreditou e crê — e também o diz — que a alma possa sair do corpo e depois retornar, mas não sabe "graças a quem".

No vale de Josafá, continua ela, "há bruxas e feiticeiros, os quais combatem em favor do diabo, e há os *benandanti*, que combatem pela verdadeira fé; e os *benandanti* se conhecem entre si e conhecem os outros, pela graça de Deus".[5] Todas essas coisas, inclusive a diferença existente entre *benandanti* e feiticeiros, ela as aprendeu com o padrinho, Vincenzo dal Bosco del Merlo, também *benandante*, assim como com o seu pai. Como se vê, Maria não responde à pergunta que lhe foi feita, não explica de que modo renegou a fé nas assembleias das bruxas e dos *benandanti*; ela sublinha, pelo contrário, que os *benandanti* combatem em favor da verdadeira fé e reconhecem as bruxas pela graça de Deus.

Nesse ponto, o interrogatório se interrompe por um motivo imprevisto. "[...] Maria não pôde prosseguir porque sentiu de repente uma mal-estar, desmaiou e caiu ao chão." Trata-se de uma das crises de epilepsia, às quais Maria, conforme ela mesma admitiu, está sujeita frequentemente. Após tê-la reanimado com um pouco de vinagre e deixado repousar por algum tempo, os juízes reiniciam o interrogatório. A partir de então, afloram nas palavras de Panzona todos os temas do mito dos *benandanti*, não contaminados pelas deformações diabólicas.

Da primeira vez que foi ao sabá, conduzida pelo padrinho, partiu com o corpo e a alma, como "uma mocinha". O padrinho, que tinha tomado a forma de uma borboleta, recomendou "que ela não falasse nada"; "e conduziu-me", conta Maria, "ao Paraíso, ao prado da Virgem e ao Inferno; e vi, no Paraíso, Deus, a Virgem e muitos anjinhos, e tudo estava cheio de rosas; e, no Inferno, vi os diabos e os diabinhos, mergulhados em água fervente, e vi também minha madrinha [...]". Em outras ocasiões, foi ao prado de Josafá somente com a alma. "Os feiticeiros vão até lá carregando consigo um caule de sorgo turco, as bruxas, o atiçador dos fornos,[6] e nós, *benandanti*, um ramo de erva-doce; os feiticeiros combatem a favor do diabo, e os *benandanti*, em defesa da fé [...]. Quando os bruxos ganham, há grande penúria; se são os *benandanti* que vencem, há abundância." Nesse contexto, reaparece também, um pouco à parte, a figura da abadessa. "[...] Costumamos ir visitar a abadessa e ver como está e perguntamos o que é preciso para fazer mal às pessoas. E eu", explica Panzona, "falei com aquela abadessa só uma vez, ou antes foi ela quem falou, perguntando-me o que eu escolhera: fazer o bem ou o mal; eu lhe respondi que queria fazer o bem e ela me disse que não queria me dar nada." Aqui não é a ambígua abadessa quem dá aos *benandanti* os meios para curar os enfeitiçados, mas sim, como já vimos antes, um anjo: "havia lá um anjo que me deu o pó [...]". Assim, desses interrogatórios venezianos, a "profissão" dos *benandanti* sai novamente desembaraçada de qualquer compromisso ou contaminação diabólica; não se fala mais de renegar a fé; ao contrário, são os próprios *benandanti* que defendem a fé contra bruxas e bruxos.

Como fizera em Latisana, Maria denuncia os delitos das bruxas. Daquelas que conhece, bem entendido: "nós nos conhecemos quando pertencemos à mesma escola, isto é, quando nascemos sob aquela estrela que faz com que a alma saia inicialmente em forma de borboleta [...], só reconhecemos os da mesma companhia [...] embora se possa ver enorme quantidade de borboletas naquele prado, porque todas as que fazem parte de uma companhia permanecem separadas das outras companhias".[7] Mas o Santo Ofício não leva em consideração as suas denúncias. As duas supostas bruxas, trazidas de Latisana, juntamente com Maria ("foi ela a causa da nossa desgraça", dizem[8]), são liberadas. E quando, a 11 de abril, após uma longa pausa, os interrogatórios de Maria Panzona recomeçam, os juízes exortam a acusada a pensar bem no que disse, já que muitas coisas afirmadas por ela são inverossímeis ou até mesmo impossíveis ("multa que non sunt verisimilia, ac etiam impossibilia"), como ter ido com as companheiras ao sabá sob forma de borboleta e ter travado batalhas lá. É uma declaração explícita de ceticismo: o debate secular sobre a realidade do sabá está resolvido para esses juízes venezianos. O que é perseguido e condenado é o crime teológico, o pacto com o demônio, e sobre esse ponto os juízes insistem ("diga se fez algum pacto explícito com o demônio, prometendo-lhe dar a sua alma, e se renegou a fé cristã").[9] E Maria Panzona, teimosamente: "Eu nunca fui bruxa, sou *benandante*, [...] não dei a minha alma ao diabo, nem reneguei a fé cristã". Em vão lhe são lançadas ao rosto as afirmações feitas durante os interrogatórios de Latisana: "Eles podem dizer o que quiserem e mesmo escrever; mas eu não disse". Nessa altura lhe é concedido um advogado, Jacopo Panfilo, e oito dias de prazo para preparar a sua própria defesa. Mas não é certamente do advogado que Panzona pode esperar compreensão. A 30 de abril, Panfilo se apresenta ao patriarca e ao inquisidor-geral para expor o caso. Diversas vezes ele foi encontrar-se com a sua cliente nos cárceres do Santo Ofício, procurando "fazê-la admitir os erros impressos na sua mente"; agora Maria (que lhe parece "mulher de espírito muito simples") promete "abandonar aquelas loucas ideias e fantasias que costuma alimentar, como, por exemplo, a sua ida ao sabá sob a forma de uma gata e todas as outras loucuras e coisas semelhantes nas quais acreditou até agora"; jura "viver, no futuro, sempre como boa cristã até a morte e só acreditar no que ensina a Santa Madre Igreja", pede perdão e renuncia a qualquer defesa.[10] E, de fato, ao reapresentar-se diante dos juízes para o último interrogatório (20 de junho), Maria Panzona parece querer seguir humildemente a linha de conduta imposta pelo advogado com a sua autoridade, a sua doutrina, o seu desdenhoso ceticismo. "Eu vos peço perdão", diz ela, "por tudo o que disse e fiz, pelas ofensas que cometi contra vós, porque sou pobre de espírito." Mas os juízes não se contentam com tão pouco. Eles querem saber de Maria Panzona se ela de fato renegou a fé cristã e adorou o diabo quando foi ao prado de Josafá, "porque, na primeira vez, disse de uma maneira e, na segunda, de outra". E Maria, desesperada: "Jamais reneguei a fé cristã e não tenho outra fé a não ser a de Jesus Cristo e da bem-aventurada Virgem Maria, e o que disse no passado não é verdade porque não tenho inteligência; se tivesse, não teria dito o que disse". É uma pobre enferma, uma epiléptica: "Como quereis que eu tenha inteligência se sofro frequentemente do grande mal, mal de que sofro há muitos anos e do qual sofri até nas vossas prisões, como vos poderá dizer o guarda que por diversas vezes me encontrou estendida por terra". E recomeça a negar, monotonamente: "Eu não posso dizer-vos nada nem sei o que vos disse, porque sou fraca de espírito. Se desejais condenar-me à morte, fazei-o. Não é verdade nada daquilo que eu vos disse e não é verdade que meu padrinho me tenha conduzido até lá [ao prado de Josafá]; eu disse essas coisas porque não tenho inteligência e o diabo me tentava". Não é verdade que tenha ido diversas vezes ao "sabá", que tenha saído sob a forma de gata, nada é verdade. Inutilmente os juízes insistem, protestam ("isso é uma fuga"), ameaçam torturá-la. Maria nega e nega que alguém a tenha aconselhado a retratar-se após já ter confessado. Somente quando os juízes, em vista das suas condições físicas, decidem não submetê-la à tortura, é que a mulher retorna às afirmações precedentes e admite ter estado no prado de Josafá. Neguei, diz, "porque aquele que me enviaram como advogado me disse para negar tudo, para dizer que não é verdade". Agora que desapareceu o terror da tortura, que foram esquecidas as sugestões do advogado, que se dissolveu a efêmera incrustação de elementos diabólicos, Maria confessa novamente a sua fé essencial de *benandante*, que ninguém — nem o advogado, nem os juízes — quer admitir. "Nunca neguei a fé cristã, apenas disse que as outras bruxas a negaram, [...] [as mulheres denunciadas] são bruxas, e eu o sei porque estive com elas em forma de gata, e elas também estavam sob forma de gata; elas para atacar, eu para defender."[11] São afirmações já antigas, remontando há alguns decênios antes, inscritas numa tradição tenaz, obscura — e não alucinações de uma pobre epiléptica; daí a obstinada insistência com que Maria as repete. Diante dessa incompreensível obstinação, só resta aos juízes encerrar o processo. Declarada levemente suspeita de heresia, Maria Panzona é condenada a três anos de cárcere e ao exílio definitivo (sob pena de prisão perpétua) de Latisana e do seu território. A 4 de julho de 1619, ela pronuncia a abjuração ritual.

À primeira vista é inexplicável (e deve ter permanecido inexplicável para os juízes) a discordância profunda entre as confissões de Latisana e as de Veneza; discordância acentuada pelo fato de que se tratava, em ambos os casos, de confissões não solicitadas pelos juízes. Não é possível supor uma falsificação dos interrogatórios de Latisana, declarados autênticos pela própria Panzona após a releitura feita pelos juízes venezianos e, sobretudo, repletos de pormenores que nenhum juiz poderia ter inventado, como o da "abadessa", que aliás reaparece nas confissões venezianas. A contradição entre os *benandanti*-feiticeiros que aparecem em Latisana e os *benandanti* tradicionais que reaparecem em Veneza — contradição escrupulosamente sublinhada pelos inquisidores numa folha inserida no dossiê processual — é real, e Maria Panzona a vive com uma imediaticidade inconsciente. Trata-se de uma contradição, na verdade, ainda efêmera; no curso do processo, a fenda desaparece e Panzona volta a ser uma *benandante* igual às encontradas várias vezes — insegura, no entanto, e incapaz de explicar aos juízes que a pressionam a razão das suas afirmações e desmentidos. Mas, a essa altura, a desagregação desse complexo de mitos já havia começado e não deveria mais interromper-se.

146

3. "Tendo ido a Cividale não sei mais por que razão", escrevia a 23 de abril de 1634 ao inquisidor de Aquileia um beneditino de Rosazzo, *don* Pietro Martire da Verona,

> foi conduzido a mim, por uma pessoa de bem, um *benandante* (assim é chamada essa espécie de gente) para que eu o confessasse e o recolocasse no bom caminho. Tendo-o então minuciosamente interrogado *extra confessionem*,[*12] descobri que era uma espécie de bruxo e que devia ser enviado a Vossa Reverendíssima para que, como inquisidor, tome as medidas necessárias.

Para evitar uma retratação, tinha feito o *benandante* (um jovem de Moimacco, criado da casa de um nobre de Cividale) assinar uma confissão minuciosa dos seus erros e uma abjuração (ambas anexadas à carta). Após ter sugerido o modo de trazer a Udine Giovanni Sion — este o nome do *benandante* — ("para escapar às garras do diabo, ele virá de boa vontade; ele quer confessar-se para o jubileu e viver como cristão"), o padre concluía, fazendo votos no sentido de que o inquisidor pudesse ter, com isso, uma boa oportunidade de "vir a conhecer essa canalha e livrar a região de tantos males".

Ao definir o *benandante* Giovanni Sion como "uma espécie de feiticeiro", *don* Pietro Martire não se estava entregando a uma dessas violências às quais os inquisidores nos habituaram. Redigida por ele enquanto Sion ditava e, depois, repetida, com poucas variações, por este último no dia 29 de abril em Cividale diante do vigário do inquisidor, a confissão inaugura, com efeito, definitivamente, uma nova fase dessas crenças. Dela emerge uma descrição completa e coerente do sabá tradicional, a primeira que conhecemos para todo o Friul. Desse sabá participam também os *benandanti*; mas o compromisso diabólico é atenuado, por assim dizer, pelo seu comportamento ambíguo e contraditório. Esta-

---

* Fora da confissão. (N. T.)

mos ainda numa fase de transição; mas agora a transformação decisiva já ocorreu. Declarando participar, ainda que com indecisões e oscilações de comportamento, do sabá, os *benandanti* saem, sob a pressão da alternativa forçada diante da qual foram colocados, da ambiguidade que fazia deles ao mesmo tempo o objeto das perseguições (mais teóricas do que efetivas) dos inquisidores e dos ódios das bruxas, para se tornarem, pouco a pouco, aquilo que lhes tinha sido sempre solicitado: serem feiticeiros. A assimilação dos *benandanti* aos feiticeiros, que o inquisidor frei Felice da Montefalco tinha conseguido arrancar de Moduco e Gasparutto com a ajuda de interrogatórios habilmente sugestivos e que, depois, reaparecera provisoriamente nas confissões de Maria Panzona, impôs-se finalmente, após cinquenta anos, aos camponeses do Friul. Mas a "espontânea" confissão de Sion, além de constituir o passo decisivo para essa assimilação, fornece ainda, como já se disse, pela primeira vez no Friul, um equivalente popular coerente da imagem do sabá diabólico, proposta em vão, durante decênios, pelos inquisidores.

Por motivos que ignoramos, Sion não foi trazido a Udine. Foi, pelo contrário, o vigário do inquisidor, frei Ludovico da Gualdo, quem, sem perder tempo, seguiu para Cividale. Ali, a 29 de abril, Giovanni Sion foi interrogado.

Ele inicia o seu depoimento afirmando ter sido exortado a participar do sabá por um feiticeiro — um jovem de 24 anos, Gerolamo di Villaita, que no passado trabalhara como doméstico em Moimacco. Este, três anos antes, na quinta-feira dos Quatro Tempos de Natal (um dos dias, portanto, consagrados aos encontros noturnos dos *benandanti*), tinha proposto a Sion conduzi-lo a um lugar onde teria "visto e admirado muitas coisas belas", acrescentando: "Farei com que te deem dinheiro e colares". "Vamos", respondera imediatamente Giovanni. Então Gerolamo havia pego "um vaso com um certo óleo", com o qual, após ter-se despido, untara o corpo; e, de imediato, "apareceu um leão e o citado Gerolamo pôs-se sobre o referido leão, enquanto Giovanni, que não se havia untado, montou nos ombros do companheiro. "Num piscar de olhos", diz Sion, "encontramo-nos em Modoletto, num certo lugar chamado Picenale,[13] e aí vimos muitas pessoas reunidas, que dançavam e saltavam, comiam e bebiam e, depois, jogavam-se sobre leitos e aí, em público, cometiam muitas desonestidades..." Mas, nessa representação do sabá, tantas vezes proposta pelos inquisidores no passado e sempre desdenhosamente recusada pelos *benandanti*, aparece, como já ocorrera nas confissões de Maria Panzona, um elemento que indica a resistência inconsciente oposta pelos *benandanti* à sua assimilação aos feiticeiros. Giovanni já afirmou não ter-se untado com o unguento diabólico de Gerolamo di Villalta; agora sublinha ter efetivamente assistido (mas sem participar) às orgias das bruxas e dos feiticeiros: "o meu companheiro vinha convidar-me a deitar naqueles leitos, mas eu, por temor, não ousei ir; continuei à parte, na companhia de outros seis, chamados *benandanti*".

Portanto, os *benandanti* (que Sion enumera um a um), embora participando do sabá, mantêm-se, exatamente por serem *benandanti*, à parte: "vendo tanto ouro, prata, colares e taças de ouro, nós debatíamos sobre qual seria a maneira de carregá-los conosco a fim de pôr fim à nossa pobreza; e, embora nos fossem oferecidos, nós não os queríamos porque não tínhamos confiança e duvidávamos da sua autenticidade". Os prazeres e as riquezas oferecidos pelo sabá atraem tanto os *benandanti* como as bruxas; mas o antigo ódio às bruxas, aos feiticeiros e à sua atividade age ainda no fundo da consciência de Giovanni Sion e o leva a recusar as uniões com as bruxas "por medo", e o ouro e as joias por duvidar "da sua autenticidade".

Obedecendo sempre à sua antiga vocação de *benandante*, Sion denuncia um grupo de bruxas e feiticeiros de Cividale, entre os quais duas mulheres, Lucia e Grisola, que ele acusa de vários homicídios. Mas, para convencer frei Ludovico da veracidade das suas denúncias, Sion não se refere às suas virtudes de *benendante*; ele viu, nos membros dos supostos cadáveres, restos do unguento diabólico usado pelas bruxas para os seus feitiços. Esse unguento ele conhece bem: "quando ia àquelas festas, eles me ensinavam como fazer para untar, enfeitiçar e matar as pessoas, mas isso eu jamais quis fazer; no entanto, reconhecia quem tinha sido untado e creio que as pessoas que não são dessa profissão não têm condições de perceber esse sinal". Agora, até a capacidade de curar dos *benandanti* tem uma origem diabólica: "para curar esses encantamentos, ensinavam-me que devia pegar raízes de amoreira, fervê-las bem e dar o caldo para o paciente beber; foi isso que fiz quando tratei do sobrinho do senhor Bartolamio, meu patrão, que fora enfeitiçado pela referida Lucia".

Aos encontros diabólicos Giovanni fora três vezes no curso de três anos; "aliás", acrescenta, "o meu capitão vinha tentar-me toda quinta-feira para que fosse com ele às citadas festas, mas eu não quis ir". Não revelou antes esses seus pecados porque o diabo e Gerolamo lhe haviam ordenado manter o segredo, ameaçando-o de morte. Agora se arrepende: "na sexta-feira santa, quando estava indo ouvir o sermão, Deus me inspirou no sentido de confessar-me bem porque, de outras vezes, não o tinha feito [...]".

Nessa altura, o inquisidor lhe pergunta se o diabo ou Gerolamo di Villalta lhe fizeram uma marca. "Sim, senhor", responde prontamente Sion, mostrando uma cicatriz redonda sobre a coxa direita, "isto me foi feito naquela festa com um ferro de três côvados, sem dor alguma, pelo diabo, que assumira a forma do meu companheiro." Aos olhos de Sion, aquela cicatriz deve documentar, de maneira irrefutável, a *realidade* dos encontros diabólicos dos quais participou; de maneira que, à pergunta do inquisidor "se considerou verdadeiras ou imaginárias essas coisas e se acreditou nelas", responde sem hesitação: "Senhor, creio que tudo o que contei seja verdadeiro e real e não apenas aparência". Não é necessário lembrar que todos os *benandanti* afirmavam ir aos encontros "em espírito", "em sonho"; agora o *benandante* Giovanni Sion se une de fato ao grupo dos teólogos e demonólogos defensores da realidade do sabá, afirmando que as "festas" de que participou eram verdadeiras e reais "e não apenas aparência".

Giovanni Sion termina a sua confissão com uma declaração de arrependimento: "Eu não quero mais participar dessas coisas", diz ele, "não creio e nem quero mais crer no diabo; aliás, quando ele tentou fazer-me renegar a Santíssima Trindade e a Virgem Maria, eu jamais obedeci; ele tem um livro perverso no qual os juramentos de fidelidade a ele prestados são escritos com sangue". Mas essa referência à apostasia recusada — que completa, num certo sentido, a descrição do sabá — não estimula a curiosidade do inquisidor, e o *benandante* é logo posto em liberdade.[14]

4. Até nas suas contradições, a descrição do sabá diabólico fornecida por Sion correspondia, em linhas gerais, à que aparece em todos os tratados demonológicos. Essa concordância era sublinhada, com espanto misturado a uma ingênua satisfação intelectual, por *don* Pietro Martire da Verona. No princípio de maio — poucos dias após o primeiro interrogatório, portanto — o vigário do inquisidor se dirigira a ele, pedindo-lhe para encaminhar Giovanni Sion a Udine. Não dispondo, no momento, de alguém que pudesse acompanhá-lo, *don* Pietro Martire havia alojado, por alguns dias, o *benandante* no seu convento. "Nós o temos testado aqui no convento todos estes dias", escrevia a frei Ludovico da Gualdo a 11 de maio, "e ele tem feito grandes esforços, de muito boa vontade; e cada vez maior é a minha admiração ao ouvi-lo contar o que fez porque percebo que narra de acordo com os livros; nunca se esquiva; o que disse uma vez, repete a seguir, sempre." Para obter essa conformidade com os "livros", haviam sido necessários, como sabemos, mais de cinquenta anos de esforços por parte dos inquisidores, confessores, pregadores (para nos limitarmos ao clero, que naturalmente, nessa obra de adequação das crenças populares às formulações cultas paralelas, tinha desempenhado o papel mais importante); agora esse objetivo estava quase alcançado.

Evidentemente a declaração de Sion no sentido de ter ido ao sabá não em sonho mas realmente, com o seu corpo, punha novos problemas aos inquisidores. A 10 de maio tinham começado os interrogatórios daqueles que Sion denunciara como *benandanti* que costumavam participar do sabá com ele. Todos, no entanto, haviam desmentido categoricamente as acusações de Sion, que, por sua vez, também não fez a mínima retratação. O confronto tivera momentos dramáticos: dirigindo-se a Giuseppe di Moimacco, que continuava a negar a sua participação no sabá, Giovanni Sion exclamara: "Gerolamo di Villalta não te ensinou o pai-nosso ao contrário como fez comigo? Não adianta negar, porque infelizmente é verdade, e seria melhor que não fosse!".[15] Mas nem as perorações de Giovanni nem as ameaças do inquisidor conseguem arrancar dos acusados a admissão de terem participado do sabá. Mesmo a descoberta de duas cicatrizes — ou, como afirma Sion, de dois estigmas diabólicos — no corpo de dois dos três camponeses chamados para o confronto não dá qualquer resultado. Os dois são jogados na prisão, enquanto Sion é recolocado em liberdade com o compromisso de manter-se à disposição da Inquisição.

Desse momento em diante o processo vai tomar um outro caminho. Frei Ludovico da Gualdo começa a indagar sobre uma das bruxas que Sion acusara de homicídio — Grisola. Muitos a suspeitavam de malefícios e de feitiços, mas nada além disso. Num certo momento, todavia, os interrogatórios se interrompem, e o inquisidor, diante das numerosas lacunas e defeitos do inquérito, resultados da maneira como vinha sendo conduzido até então, decide, com a autorização do patriarca, dirigir-se a Cividale para refazer o exame das testemunhas e tomar pessoalmente a direção do processo.

5. A 24 de agosto comparece novamente para depor na cúria de Cividale o *benandante* Giovanni Sion. Ele confirma tudo o que havia narrado no decorrer do interrogatório precedente, acrescentando uma série de pormenores que refletem uma idêntica mescla de traços novos e antigos.

"Lá cheguei", conta ele,

> num palácio belíssimo e fui conduzido pelo referido Gerolamo a uma certa sala em cujo assento principal estava o diabo sentado, vestido de capitão, com um chapéu preto, ornado por um penacho vermelho; usava uma barba negra fendida

como dois cornos e, sobre a sua cabeça, apareciam dois chifres como os de uma cabra; tinha patas de asno e empunhava um forcado. Imediatamente, fui orientado por Gerolamo no sentido de lhe fazer uma reverência; assim o fiz, movendo só os pés como se faz diante do Santíssimo Sacramento.

O diabo lhe havia perguntado: "Distinto jovem, tu vieste para servir-me?". "Sim, senhor", respondera Giovanni. Mas, respondendo às questões precisas do inquisidor, exclama: "Não fiz voto, nem promessa, nem juramento. [...] Não me fez renegar nem a Santíssima Trindade, nem Jesus Cristo, nem a Virgem Santíssima, nem qualquer outro santo; apenas me fez pisar sobre uma cruz que havia lá".

O inquisidor recorda a Sion que, no depoimento precedente, ele havia descrito a maneira pela qual fora marcado pelo diabo. O *benandante* aquiesce, acrescentando outros pormenores: "Fui chamado por esse demônio, que me aconselhou a renegar a Santíssima Trindade; mas eu não o quis fazer naquele momento, e ele declarou: 'Quero marcar-te', e, pegando o forcado que empunhava, enfiou-o no fogo que ardia no chão, próximo ao seu trono, e me marcou na parte traseira da coxa direita". Mas, por que motivo foi marcado? Aqui Sion se contradiz: na sua mente, as conotações diabólicas da feitiçaria e as lembranças ligadas ao mito dos *benandanti* se chocam, excluindo-se mutuamente. Havia dito que o diabo o marcara para fazê-lo pagar pela recusa de renegar a Trindade; agora, ao contrário, declara que ele lhe imprimiu esse sinal "para que [...] ele viesse, no futuro, a ser seu vassalo e lhe obedecesse". Arrastado por essa resposta, afirma (contradizendo-se novamente) ter-se submetido por toda a vida. Mas, diante dessas afirmações, o inquisidor não reage; como não reage quando, no interrogatório do dia seguinte, Giovanni Sion introduz na sua descrição do sabá o elemento, até aqui quase ausente, da paródia insultuosa das cerimônias eclesiásticas. O demônio, diz ele, "urinava e, depois, jogava a urina como se faz com a água benta; toda vez exigia que eu fizesse o juramento"; além disso, pedia às bruxas "que, ao comungar, roubassem o

Santíssimo Sacramento e também o óleo santo para fritar a hóstia e fazer feitiços [...]".[16]

Pela terceira vez o inquisidor recoloca em liberdade o *benandante*, talvez com o propósito de retomar o interrogatório. Na verdade, essa indulgência para com um indivíduo que havia confessado ter participado do sabá, prestando homenagem ao diabo, submetendo-se-lhe por toda a vida e pisoteando a cruz, não pode deixar de surpreender. Dezesseis anos antes, os juízes venezianos de Maria Panzona, não obstante o seu evidente ceticismo em relação à realidade das assembleias noturnas, haviam-se comportado com muito mais severidade. Talvez influíssem sobre essa atitude dos juízes de Sion as declarações de arrependimento feitas pelo acusado no início do processo ou a colaboração cheia de boa vontade prestada por ele ao Santo Ofício. De qualquer forma, todas as tentativas de interpretação da singular benevolência do Santo Ofício para com Sion devem limitar-se a conjecturas mais ou menos estéreis. A 29 de agosto de 1634, com efeito, após uma série de investigações acerca de Grisola e outras mulheres suspeitas de fazerem malefícios, o processo passou das mãos do Santo Ofício para as da justiça secular. O que acontecera? Renunciando formalmente a dar prosseguimento ao processo, o inquisidor declarava que Antonio Diedo, provedor de Cividale, interviera, pedindo-lhe para "cessare a prosecutione ipsius processus, eo quod per ipsum consideratis meritis et qualitatibus ipsius processus non pertineret ultimationem ipsius ad Tribunal Sanctae Inquisitionis, iuxta leges et decreta Serenissime Reipublice Venete, et specialiter secundum particularem ordinem ipsi datum a Serenissimo Principe novissime per suas litteras ducales".* Tinha havido portanto

---

* Deixar de ocupar-se desse processo porque, após exame dos méritos e das qualidades da causa, verificou-se que não era da competência do Tribunal da Santa Inquisição levá-lo a termo, de acordo com as leis e os decretos da Sereníssima República de Veneza e especialmente de acordo com a ordem particular que lhe havia dado recentemente o Sereníssimo Príncipe, nas suas cartas ducais. (N. T.)

uma intervenção decisiva por parte do doge no sentido de que a autoridade secular avocasse a si a função de concluir o processo. O inquisidor obedeceu, provavelmente porque não lhe restava outra alternativa, à imposição e confiou ao provedor, a seu pedido, a cópia dos autos do processo "contra quasdam mulieres pretensas strighas et maleficas".* Do *benandante* Giovanni Sion não se dizia uma única palavra.

Com base em que argumentos o provedor de Cividale havia levado o Santo Ofício a renunciar à sua competência em matéria de processos de feitiçaria? É o próprio inquisidor quem declara: "Videns quod in dicto processu non sint neque hereses neque hereticalia, apostasia, nec res apostatice, neque abusus sacramentorum et sacramentalium [...] dedit et tradidit predicta inditia [isto é: os autos do processo] ipsi domino illustrissimo provisori".**[17] Essa era exatamente a regra na matéria; mas, deixando de lado o fato de que era muito raramente respeitada, a sua aplicação ao caso parecia mais do que duvidosa. Por acaso nas confissões de Sion não se fazia alusão a crimes de apostasia e de abuso dos sacramentos (para não falar da heresia "strigatus",*** sobre a qual não havia acordo entre os próprios canonistas)?[18] Se a cautela de Veneza em matéria de processos de feitiçaria e a tendência a subtraí-los, sempre que possível, à autoridade inquisitorial eram — como já dissemos — tradicionais e refletiam a tendência da Sereníssima de salvaguardar, a todo custo, a própria autonomia judiciária de qualquer interferência exterior,[19] a renúncia (embora forçada) do Santo Ofício a este caso não deixa de surpreender, já que se trata do primeiro caso de sabá verdadeiro submetido ao tribunal inquisitorial nas dioceses de Aquileia e Concordia. Teria o inquisidor considerado as confissões de Giovanni Sion como extravagâncias que não

---

* Contra as mulheres consideradas feiticeiras e maléficas. (N. T.)

** Vendo que, no referido processo, não há nem heresias nem coisas heréticas, nem apostasia nem coisas apostáticas, nem abuso dos sacramentos [...], ele deu e transferiu as cópias ao ilustríssimo provedor. (N. T.)

*** Referente à bruxaria. (N. T.)

mereciam condenação? Alguém deve ter manifestado essa opinião, pois *don* Pietro Martire, ao enviar o *benandante* a Cividale, sentiu a necessidade de escrever ao vigário do inquisidor: "Vossa Reverendíssima esteja certo de que não está louco; quem diz o contrário, mente". Essa hipótese, que poderia eventualmente explicar também a decisão, tomada num certo momento pelo inquisidor, de retirar o processo das mãos do vigário para recomeçar do início o interrogatório das testemunhas, é todavia contrariada pelas longas investigações feitas a respeito das mulheres que Sion dizia ter visto em carne e osso no sabá. Estamos, em resumo, diante de uma série de contradições, devidas ao fato de ignorarmos o motivo da renúncia do inquisidor em favor da autoridade secular. Um processo posterior lança talvez um pouco de luz sobre esse problema.

6. A 15 de abril de 1642, uma mulher de Basaldella se apresenta espontaneamente a frei Ludovico da Gualdo para denunciar como *benandante* um camponês de Santa Maria la Longa, chamado Michele Soppe. Poucos dias antes o havia chamado "para que viesse ver sua filha de oito meses, que se encontrava doente; ele veio, olhou-a apenas e disse: 'Antes da Páscoa não posso curá-la'; e foi embora". Essa é a primeira de uma longuíssima série de denúncias contra Michele Soppe. A 2 de junho do mesmo ano, um camponês de Cussignacco declara ao inquisidor que Soppe "circula continuamente pelas aldeias, benzendo os enfermos, dando-lhes remédios para curá-los e, além disso, revelando quem foi enfeitiçado, de que maneira e quem foi o autor do malefício". Um dos camponeses tratados por Michele costuma dizer que, "se não fosse o *benandante*, estaria morto". Por seu lado, Michele declara publicamente: "Se não fosse eu, mais de quarenta pessoas que mediquei estariam mortas". O camponês conclui o seu testemunho, declarando ter acusado Soppe "porque, depois que foi aprisionado um homem de Udine que era *benandante*, julguei oportuno denunciá-lo para que esses astutos impostores sejam castigados".

Assim como os demais *benandanti*, Michele Soppe atrai muita hostilidade com as suas acusações. "Vai delatando", lamenta um padre de Cussignacco, *don* Giambattista Giuliano, que comparecera a 22 de agosto de 1642 diante do inquisidor, "ora uma, ora outra pobre mulher, chamando-as de bruxas e provocando grande escândalo e prejuízo às acusadas e, mais ainda, a perdição das que creem nele." Para eliminar essa praga, Giuliano e o pároco de Cussignacco foram até a casa de Michele "para saber dele, em primeiro lugar, como as bruxas fazem feitiçarias e como ele as cura". O *benandante* havia respondido, "mas com palavras confusas e embrulhadas"; então o pároco lhe proibira continuar com essa atividade, ameaçando mandar castigá-lo. Sem se perturbar, Michele dissera ter sido examinado por um frade "que lhe havia dado autorização para exercer aquele ofício" e acrescentara que "ele iria, se fosse chamado; de outra forma, não".[20]

Não obstante essas denúncias, o Santo Ofício não interfere. Passam-se cinco anos. A 19 de janeiro de 1647, apresenta-se ao novo inquisidor, frei Giulio Missini da Orvieto, um camponês de Tissano, chamado Giambattista Biat. Este tem um filho, Giacomo, gravemente enfermo, vítima — sustenta ele — de um feitiço. Michele Soppe, a quem se dirigira pedindo ajuda, aceitara curar o rapaz em troca de quatro ducados. "Não tendo eu os quatro ducados para dar ao citado Michele", diz Biat, "ofereci-me para trabalhar ou fazer meu filho trabalhar, quando estivesse recuperado, na casa ou nas terras de Giovanni Terencano, da referida aldeia [Tissano], porque Giovanni se comprometera a pagar a Michele quatro ducados pelo nosso trabalho, desde que este lhe concedesse um prazo até a colheita." Mas Michele não quis aceitar o acordo: "queria a metade em dinheiro imediatamente; quanto ao resto, esperaria até a colheita". Não houve meio de convencê-lo, e Biat teve de recorrer, em desespero de causa, a um exorcista, o pároco da igreja de San Giacomo di Udine, o qual declarou que o rapaz ficara enfermo não por causas naturais, mas por ter sido enfeitiçado. Obviamente, a testemunha está cheia de rancor contra Soppe:

"eu o considero um desgraçado, um infeliz, um *benandante*", e explica, respondendo ao inquisidor: "pelo que ouvi dizer, *benandanti* são os que andam com as bruxas".[21]

No processo de Giovanni Sion nós tínhamos visto progredir (ainda que com algumas resistências) no espírito dos *benandanti* a consciência da sua semelhança com os feiticeiros; mas, para aqueles que se dirigiam aos *benandanti* com o objetivo de conseguir cura para si ou para os seus familiares, a assimilação das duas noções já estava em grande parte concluída. O comportamento desumano — fruto, com certeza, do rigor de uma vida miserável — de homens como Michele Soppe só podia apressar a identificação dos *benandanti* com os feiticeiros.

Mas, na sua obra de curandeiros, os *benandanti* acabavam inevitavelmente por chocar-se, por motivos quase de concorrência, com os exorcistas, cuja atividade, sobretudo nessa primeira metade do século XVII, é muito intensa (a extraordinária difusão de manuais como os de Menghi é um indício eloquente).[22] Uma referência a esse paralelismo de funções entre *benandanti* e exorcistas (com uma preferência explícita em favor dos primeiros) já estava presente no depoimento precedente de Giambattista Biat. O mesmo tema reaparece num depoimento de 15 de agosto de 1648. Na véspera, o inquisidor frei Giulio Missini, assistido pelo patriarca Marco Gradenigo e por outros personagens, havia finalmente decidido instaurar um processo informativo sobre Michele Soppe. O primeiro a ser interrogado é um pároco de Udine, *don* Francesco Centrino, o qual conta que, tendo ido com o falecido pároco de Santa Maria la Longa exorcizar mulheres e homens enfeitiçados, encontrara muita gente que "tinha fé e acreditava" em Michele Soppe. "Tendo constatado isso", diz ele, "dei ordem a esse homem que não viesse mais exercer as suas práticas na minha jurisdição, e, depois disso, nunca mais foi visto, que eu saiba; e exortei meu povo a não lhe dar crédito porque é um fanfarrão."[23]

Esse depoimento, acompanhado de vários testemunhos de camponeses residentes em Tissano e nas aldeias vizinhas, os quais confirmam que Michele Soppe é considerado por todos um "feiticeiro" (não detesto Michele, diz um deles, mas sim "as suas ações perversas, quando faz feitiçarias que nos põem todos em perigo; na aldeia todos estão descontentes"), leva o Santo Ofício a decidir interromper a chuva de denúncias e de queixas que já dura anos. A 21 de maio de 1649 (como se vê, nem mesmo nessa circunstância a Inquisição desmentiu a sua tradicional lentidão ao tratar com tais assuntos), Michele Soppe é detido e encarcerado, mantido às custas do Santo Ofício "propter ipsius paupertatem".* Enquanto isso, os interrogatórios a seu respeito prosseguem, iluminando com nitidez cada vez maior sua figura e sua atividade. Entre outros, um camponês de Tissano que era seu amigo conta: "Quando nós vínhamos a Udine com as carroças de sal para ir ao Ofício do Sal de Poscolle, Michele nos deixava lá e circulava por Udine, segundo nos dizia, para ganhar dinheiro; quando retornava para casa, o que fazia conosco, dizia ter ganho algumas libras, às vezes uma, às vezes duas, ou quatro ou três, mais ou menos, e afirmava tê-las obtido graças à virtude da sua palavra; não sei como as ganhava; eu só via o dinheiro que mostrava, o resto não sei".[24]

Poucos dias após a sua prisão, Michele faz uma série de confidências sobre feitiçaria ao capitão dos guardas dos cárceres, para que ele as relate ao inquisidor; a 2 de junho, finalmente, pede para comparecer diante do próprio inquisidor. Mas o dia seguinte é dia de feira em Udine, e frei Giulio Missini, certamente para evitar uma explosão de indignação popular contra o *benandante* durante a viagem dos cárceres ao tribunal do Santo Ofício ("ut evitaret tumultus et pericula possibilia ratione dictarum nundinarum si dictus Michael conduceretur ex Castro Utinensi in aedes Sancti Officii"**) ordena que a transferência seja feita às escondidas.[25] É um pormenor muito revelador sobre os traços que a figura do *benandante* assumiu, pouco a pouco, na mentalidade popular.

---

* Por causa da sua pobreza. (N. T.)

** Para evitar o tumulto e os perigos possíveis em razão do mercado, se Miguel fosse conduzido do castelo de Udine à sede do Santo Ofício. (N. T.)

7. Após um brevíssimo preâmbulo no qual declara a sua suspeita de ter sido detido em virtude da acusação (falsa) de ter enfeitiçado e morto o filho do seu atual patrão, Michele Soppe traça, de forma espontânea e sem hesitação alguma, um amplo quadro da atividade das bruxas:

> [...] As bruxas podem ser encontradas pelo mundo todo; elas fazem feitiços e comem as criaturas. [...] Circulam por toda parte e vão a todas as casas, conforme o seu desejo, sem serem vistas por ninguém; fazem encantamentos com os quais consomem as criaturas pouco a pouco, até fazê-las morrer. [...] São muitas as bruxas do Friul, são mais de cem, mas eu não posso citá-las nominalmente porque não sei os nomes delas. É verdade que eu as vejo todas as quintas-feiras à noite na congregação das bruxas [...] à qual vou também com os outros homens que são *benandanti* como eu; nós vamos ao prado circular dos pântanos de Malizana, onde, juntamente com as bruxas e os feiticeiros, encontra-se o demônio sob a forma de um asno, ou melhor, de um burro com chifres, mas sem as cruzes sobre as espáduas que os asnos têm. Durante a congregação, dança-se e come-se, ou melhor, tem-se a impressão de dançar e de comer; as bruxas reunidas em assembleia vão todas [...] beijar o cu do diabo e, a seguir, o diabo lhes dá poder para fazer o mal, isto é, fazer encantamentos, fazer definhar as pessoas e provocar tempestades. Elas devem fazer o mal que o demônio lhes autorizou fazer; dessa forma, na assembleia seguinte, prestam contas ao diabo do mal que fizeram, e, se deixaram de fazê-lo, o diabo as espanca com golpes de chicotes, feitos de madeira e correias.

E, após uma hesitação, acrescenta gravemente: "Quando eu tiver dito toda a verdade, vós me condenareis imediatamente à morte". Frei Giulio Missini exorta-o a dizer a verdade, para aliviar a consciência e não incorrer na ira divina; mas o *benandante* o interrompe: "Sim, padre, direi a verdade, mas não entendo a vossa fala porque não falais friulano [...]".[26]

É preciso então que Missini (que é nativo de Orvieto), "ut satisfaceret dicto constituto rustico et loquenti in lingua materna",* encontre imediatamente "interpretem aliquem foroiuliensem religiosum bone fame boneque conditionis",** na pessoa de um membro da ordem dos menores. Portanto, às barreiras sociais, culturais, mentais que se interpunham entre inquisidores e *benandanti* podia-se juntar, como nesse caso, uma barreira linguística. É preciso levar isso em conta ao se avaliar a ação pastoral dos inquisidores e pregadores (provenientes, na maioria dos casos, de regiões longínquas), desenvolvida em prol de um rebanho de fiéis composto em grande parte por camponeses incapazes, como Soppe, de entender, em pleno século XVII, uma língua que não fosse a "língua materna", isto é, o friulano.[27]

O discurso de Michele Soppe delineia, como vimos, um quadro do sabá diabólico, no qual estão incrustados, como fósseis, elementos que remontam a crenças que só tardiamente confluíram para o sabá; assim, por exemplo, "o demônio em forma de um asno, ou seja, de um burro [...], mas sem as cruzes sobre as espáduas como têm os asnos", lembra a afirmação de uma seguidora confessa da sociedade de Diana, processada em Milão no fim do século XIV: "de omni spetie animalium, preter quam assini quia portant crucem, vadunt ad ipsam sotietatem [...]".***[28] Mas que função têm, nesse quadro, os *benandanti*? A sua assimilação aos feiticeiros já está completa?

Na realidade, o complexo de crenças que gravitavam em torno dos *benandanti* estava muito enraizado na mentalidade popular para dissolver-se no decorrer de poucos anos. Como Maria Panzona, como Giovanni Sion, também Michele Soppe tenta, ainda que sem consciência disso, salvar a sua autonomia de

---

* Para dar satisfação ao dito camponês que comparecera e falava na língua materna. (N. T.)

** Um intérprete friulano, um religioso de boa reputação e de boa condição. (N. T.)

*** Elas se encontram na assembleia com todas as espécies de animais, especialmente asnos que carregam a cruz. (N. T.)

benandante, dissociando-a da atividade diabólica das bruxas: no sabá, diz ele, elas se dirigem ao diabo, "uma a uma, para beijar-lhe o cu; mas não os feiticeiros, que vão com as bruxas, nem os *benandanti*, que estão separados delas". Mas como se justifica a capacidade dos *benandanti* — a única agora a individualizá-los com alguma nitidez — de curar os enfeitiçados? Michele procura confusamente dar uma explicação para isso: "[...] As bruxas e os feiticeiros podem fazer e desfazer feitiços, se quiserem; quanto aos *benandanti*, se podem anular um encantamento, fazem-no; se não, devem ter paciência. Quando os *benandanti* querem efetuar uma cura, vão procurar a feiticeira que fez o malefício, suplicando-lhe que o desfaça, e elas atendem o pedido"; isso ele mesmo fez diversas vezes. E, prosseguindo nessa tentativa de diferenciar os *benandanti* dos feiticeiros, reinterpreta as velhas crenças: "Além disso, as bruxas se conhecem entre si e são conhecidas dos *benandanti* porque têm um sinal sob o nariz, isto é, uma cruz, a qual não pode ser vista pelos outros. Mais ainda, as bruxas e os feiticeiros adoram o demônio no baile, mas os *benandanti* não o adoram".[29] Como se vê, a antiga oposição entre feiticeiros e *benandanti*, os primeiros defensores da fé do diabo, os segundos da fé cristã, atua ainda fracamente, sem que os próprios *benandanti* tenham consciência disso.

Após uma narração minuciosa das curas efetuadas graças à anulação dos feitiços preparados pelas bruxas, que ele conhece bem por tê-las visto na "congregação", Michele, em vista do adiantado da hora, é reconduzido à prisão.

8. Até agora, temos tentado delinear a lenta e progressiva transformação que tende a fazer coincidir os traços dos *benandanti* com os dos feiticeiros, sem levar em conta a evolução da própria feitiçaria, ou melhor (já que de uma evolução da feitiçaria posterior à fase cristalizada e institucionalizada do sabá não é possível falar), da atitude geral em relação a ela. Entre o final do século XVI e meados do XVII, esta mudou profundamente. Uma posição como a de Wier não foi caso isolado; protestantes como Godelmann, católicos como Von Spee rivalizaram no combate à crença na realidade do sabá e do voo das bruxas. O progresso da medicina levou sempre, cada vez mais, a ver nas bruxas e nos endemoniados nada mais que mulheres fracas, vítimas de alucinações, e indivíduos melancólicos.[30] Naturalmente, a velha atitude em relação à feitiçaria não desapareceu de repente; pelo contrário, em quase toda a Europa (e particularmente na Alemanha), os primeiros decênios do século XVII viram desencadear-se mais do que nunca as perseguições às bruxas — perseguições que, não raro, em virtude do seu caráter desenfreado, acabavam por engrossar as fileiras dos céticos e dar origem a novas polêmicas. Em todo caso, mesmo sem considerar os habitantes dos campos, que permaneceram por longo tempo estranhos a essa mudança de atitude, a resistência dos representantes da velha mentalidade foi tenaz. Um exemplo nos é oferecido pelo depoimento do dominicano Pio Porta, exorcista e prior do convento de San Pietro Martire di Udine. O inquisidor frei Giulio Missini fá-lo chamar a 4 de junho para ouvir dele uma opinião sobre o caráter, diabólico ou não, da doença de Giacomo Biat, o jovem que Michele Soppe havia recusado curar. O frade se aproveita da pergunta que lhe fora feita para lançar-se num requisitório violento e patético contra os costumes do tempo: "São tais e tantas", diz,

> as minhas obrigações cotidianas no que diz respeito a bruxas e feiticeiros que, na realidade, nem chego a me lembrar dos pormenores que são relatados a mim, na qualidade de exorcista representante do Ilustríssimo e Reverendíssimo Monsenhor Patriarca, junto aos pobres enfeitiçados desta cidade e diocese; os quais são tão numerosos que nem dois exorcistas e nem mesmo 21 seriam suficientes para atender às necessidades.

Ele mesmo, com efeito, está absorvido pelas obrigações do priorado, enquanto o outro exorcista, o pároco de San Giacomo, velho e sobrecarregado de funções, dificilmente pode "dar conta das necessidades de tantos míseros enfeitiçados que se encontram nessa aldeia". Mas essas não são as únicas nem as maiores causas de angústia para Porta. "E, para dizer a verdade, com toda a sinceridade e respeito", acrescenta ele,

> não deixo de ficar admirado que não se ponha freio a tais excessos, que trazem grande prejuízo a esta Pátria; talvez não se busque remédio imediato porque muitos não acreditam nesse mal. Quanto a mim, embora me considerando muito menos apto do que qualquer outro confrade, confiando na ajuda de Deus, eu me disponho a fornecer muitas provas na presença dos senhores médicos e de qualquer outra pessoa que deseje estar presente. Eu demonstrarei que não são leviandades de mulheres nem caprichos de frades, mas enfermidades reais, causadas exclusivamente por feitiçarias e que levam muitas criaturas a definhar na cama, vítimas de moléstias incuráveis; muitos ainda, por obra de pura feitiçaria, são possuídos e atormentados pelo Demônio. Tudo isso, repito, eu me disponho a demonstrar a qualquer pessoa católica [...].[31]

Só após esse longo preâmbulo o exorcista responde ao que lhe foi perguntado. Ele afirma que o jovem Biat foi enfeitiçado, e o autor do malefício deve ser o *benandante* atualmente prisioneiro do Santo Ofício, isto é, Michele.

Todas essas testemunhas nos retrataram Michele como um bruxo insolente e desumano. O seu último patrão, pelo contrário, Domenico Tobia, interrogado a 16 de junho de 1649, declara considerar Michele "jovem honrado, bom e devoto". É verdade, acrescenta Tobia, dizem que é *benandante* (o que, "no nosso dialeto friulano, quer dizer aquele que sai à noite com as bruxas"); mas "eu não acho que seja. [...] Não creio que tenha condições de tratar de ninguém, é ingênuo e brincalhão. [...] É um homem tolo, e, aos que o chamavam para curar enfermos, eu dizia que não o considerava capaz de fazer essas coisas e que não se devia acreditar nele, ainda que todos dissessem que era *benandante*". E, a seguir, esboça um retrato do homem piedoso e tímido que, segundo ele, é Michele Soppe:

164

durante o inverno ou quando estava chovendo e, portanto, não estava fora, ele ia sempre à missa; quando se encontrava no pasto, fazia o sinal da cruz ao soar a ave-maria; após o sinal da cruz, detinha os bois e interrompia o trabalho por um instante; benzia o pão e agradecia a Deus depois de comer; quando saía para ir à missa, carregava o terço consigo; na igreja, ficava sério, rezando o terço devotamente, e fazia tudo o que fazem os bons cristãos [...].[32]

9. Mas o depoimento de Tobia é o único favorável a Michele. Há um verdadeiro coro de vozes contra ele: um diz que "podia fazer muito mal, e também milagres, que podia fazer trovejar quando desejasse, mesmo em dia de sol forte e de bom tempo"; outro ouviu-o gabar-se de poder "prejudicar a quem quisesse por meio de artes diabólicas e, com feitiços, levar as pessoas a adoecer, definhar e morrer", não havendo "sacerdote algum que pudesse livrá-las da doença contra a vontade dele".[33] Outros ainda sublinham a dureza mostrada por Soppe ao recusar-se a curar o filho de Biat; às mulheres que imploravam, dizendo-lhe "cuidado com a tua alma", ele respondera: "Diabo! Eu não me preocupo com a alma", e, à mãe do enfermo, dissera brutalmente: "Tu não podes dar-me quatro ducados para que eu cure o teu filho mas vais ter de comprar quatro tábuas para fazer um caixão para enterrá-lo!".[34] Agora, a metamorfose dos *benandanti* em feiticeiros está quase concluída; eles não se apresentam mais como defensores das crianças e das colheitas mas preocupam-se exclusivamente em tirar proveito do seu duplo poder de fazer e desfazer feitiços. Alguns forasteiros tinham ido à casa de Michele pedir-lhe para ir a uma outra aldeia, a fim de curar certas pessoas enfeitiçadas, mas inutilmente. "Cáspite!", havia exclamado quando eles partiram desiludidos, "quem me fez uma não me faz outra. Esses forasteiros querem que eu vá curar gente enfeitiçada na sua aldeia, mas eu não quero ir porque nesse lugar livrei uma criatura de um feitiço e não me quiseram pagar; não quero mais ir lá; aliás, posso fazer voltar ao estado anterior aquela pessoa que curei". Resumindo eficazmente a opinião geral relativa a Michele, uma camponesa de Tissano declara que "todos dizem que é feiticeiro, e mais que feiticeiro, porque não só pode fazer malefícios como também desfazê-los".[35]

10. O primeiro interrogatório de Michele Soppe havia deixado alguns pontos obscuros, resíduos da contradição existente entre a crença nos *benandanti* e a feitiçaria. Não fica claro, sobretudo, o fato de os *benandanti*, através da simples participação do sabá, terem o poder, certamente de origem diabólica, de curar os enfeitiçados. No interrogatório de 24 de julho, o inquisidor procura novamente resolver essa contradição remanescente. Michele reapresenta a explicação já fornecida anteriormente: "Eu ia procurar a bruxa que havia preparado o feitiço contra aquela criatura, pedia-lhe que o desfizesse e ela, por amor a mim, o anulava; dessa forma, a criatura sarava". O inquisidor manifesta a sua incredulidade. "Sim, padre", insiste Michele, "todas as bruxas, por amor a mim, desfaziam os malefícios feitos às pessoas que eu queria que sarassem; nenhuma bruxa jamais me contrariou." Mas como e por quê, insiste o frade, as bruxas lhe obedeciam? Nesse ponto Michele começa a chorar e, em desespero, repete ao implacável inquisidor a substância das suas crenças:

> Eu não tenho escolha. [...] Sou *benandante*, e todos os *benandanti* conseguem das bruxas que elas anulem os feitiços preparados contra pessoas que eles querem salvar. Quando estão no seu baile, as bruxas adoram o diabo, mas os *benandanti* adoram a Deus. As bruxas e os *benandanti* vão ao baile com o diabo, porém só as bruxas fazem feitiços, não os *benandanti*; se os *benandanti* conseguem que as bruxas eliminem os seus malefícios, muito bem; se não, é preciso que tenham paciência. As bruxas beijam o cu do diabo no baile e falam bastante com o diabo, mas os *benandanti* não beijam o cu do diabo e falam pouco com ele.

Michele não sabe mais do que isso. As contradições do seu discurso — imediatamente observadas, uma por uma, pelo inquisidor — vão, na realidade, muito além da sua pessoa, para caracterizar toda a laboriosa passagem do mito dos *benandanti* à feitiçaria. O que devem pensar os *benandanti*? Como devem interpretar os elementos contraditórios das suas assembleias noturnas? São seguidores do diabo, já que participam em sonho do sabá, ou homens benéficos, ocupados apenas em desfazer os feitiços preparados por bruxas e feiticeiros? Nas suas respostas, solicitadas pelo insistente interrogatório do inquisidor, Michele Soppe, tateando, procura responder a essas questões: O que é um *benandante*? Como alguém se torna *benandante*? De que forma os *benandanti* curam os enfeitiçados?

"Quando fazem um malefício e a vítima começa a definhar, as bruxas logo me contam. [...]" Onde lhe dizem? Por que lhe dizem?, dispara o inquisidor. "É o diabo quem quer que todas as bruxas revelem a mim e a todos os *benandanti* os feitiços que fazem", tenta replicar Michele. Mas por que o diabo quer isso? "Não imagino outra causa a não ser que isso deve agradar ao diabo", é a embaraçada resposta de Michele. E o interrogatório se dispersa em discussões de menor importância.

À noite, o frade reapresenta implacavelmente a sua questão: sabe desfazer feitiços? Teimosamente, Michele envereda (com uma ligeira variante) pelo caminho que já percorreu, embora sabendo que é sem saída: "Eu não sei desfazer feitiços, nunca os desfiz, e, se curei os enfeitiçados, é porque as próprias bruxas que haviam preparado os feitiços desfizeram-nos por amor a mim". Mas por que as bruxas lhe obedecem? Michele tem uma iluminação: "Obedecem-me as bruxas porque têm medo de que eu as denuncie e, uma vez descobertas, a justiça as leve à fogueira". Mas o frade lhe barra o caminho de maneira fulminante: é permitido aos bons cristãos "conversare cum lamiis presertim in conventu, et obediri a lamiis?"* (logo, os *benandanti* não são bons cristãos). Agora, da memória de Michele Soppe emerge uma justificação

---

* Conversar com bruxas, sobretudo em assembleias, e obedecer a elas. (N. T.)

mais antiga: "Eu nasci sob essa estrela; é preciso que eu vá com as bruxas e não posso agir de outra forma". De que estrela se trata?, pergunta o inquisidor. E Michele: "Não sei qual é essa estrela, porém minha mãe dizia que havia nascido com o pelico". Nem mesmo Michele se lembra bem; são sobretudo recordações mecânicas que não se ligam a nada de vivo. E o frade interrompe: essas coisas não têm nenhum peso ("non faciunt ad rem"*) e de forma alguma podem constranger a vontade do homem.

Subitamente, frei Giulio pergunta ao *benandante* se ele pensa que os que em vida "habent conversationem cum lamiis et cum demone"** podem esperar pela salvação de sua alma. "Eu penso", diz Michele, "que, se eles não fizerem penitência e não se confessarem, não poderão ir para o Paraíso, devem ir para o Inferno." Mas ele, Michele, objeta o frade, está precisamente nessa condição: não se livrou dos seus erros por meio da confissão, não fez penitência; o que acredita que o espera? O *benandante* replica: "Eu penso que Deus terá misericórdia de mim porque sofreu na cruz por todos nós". Mas Deus dá aos bons e aos maus o que eles merecem; espera então salvar-se vivendo em familiaridade com o demônio? "Não, senhor", responde Michele, confuso.

Nesse momento o frade vibra o golpe decisivo; mas para Michele é quase uma luz, um caminho de saída do labirinto no qual errou por tanto tempo. Por acaso fez um pacto com o demônio?, pergunta frei Giulio. Tudo para ele está claro há tempo mas, agora, tornou-se claro igualmente para Michele. "Sim, padre, fiz um pacto com o diabo e lhe prometi a minha alma." Onde, como, quando, quais eram as testemunhas?, dispara o juiz. E Michele, como se se libertasse:

O lugar foi o campo de Malizana, durante o baile e a assembleia das bruxas, naquele prado onde elas se reúnem, cerca de dois anos após ter eu começado a frequentar o baile, na

---

* Não dizem respeito ao caso. (N. T.)
** Conversam com bruxas e com o demônio. (N. T.)

presença de todas as bruxas e feiticeiros que se haviam reunido lá. A maneira foi a seguinte: o diabo me perguntou se eu queria lhe dar a minha alma; em troca me concederia todas as graças que eu desejasse; e, à pergunta do diabo, respondi que lhe dava a minha alma, o que, com efeito, prometi voluntariamente. [...] Não foi a única vez, [...] uma outra vez, no mesmo lugar, na presença de todas as bruxas e feiticeiros, um mês após o primeiro juramento, ratifiquei ao diabo a promessa que lhe fizera sobre minha alma, prometendo-a novamente a ele. Além disso, a pedido do diabo, por duas vezes reneguei Jesus Cristo e a Sua santa fé; todas as vezes que fui ao baile das bruxas, beijei o cu do diabo como faziam todas as bruxas e os feiticeiros e fiz todas as outras coisas que eles faziam. Além disso, adorei o diabo todas as vezes em que era adorado pelos outros, isto é, no baile, uma quinta-feira sim, outra não, ou melhor, duas sim, duas não. Todos nós nos ajoelhávamos diante do diabo em forma de asno, o qual virava para nós o seu cu, e nós adorávamos o cu e o rabo do diabo durante cerca de um quarto de hora com as mãos postas. Além disso, quando o demônio me fez renegar Jesus Cristo e a Sua fé, fez-me também pisar sobre uma cruz, no mesmo baile, na presença de todas as bruxas e de todos os feiticeiros, que fizeram igualmente a mesma coisa; a cruz tinha um palmo de comprimento, sem crucifixo, da madeira do viburno, da qual se fazem as cruzes no dia da Ascensão, que são carregadas em procissão e depois postas nos campos contra as tempestades [...].[36]

Com essa confissão, resolvem-se as contradições observadas anteriormente: os poderes dos *benandanti* são de origem diabólica, e os *benandanti* são autênticos feiticeiros. Dos combates dos antigos *benandanti* em defesa da fé cristã, chegamos à apostasia daquela mesma fé, confessada pelo *benandante* Michele Soppe. Mas, na cruz pisoteada, renegou-se simbolicamente também o antigo mito, já que ela é feita de ramos de viburno, imitando as cruzes que, durante as procissões das Rogações, eram plantadas

nos campos para afastar as tempestades[37] — emblema de fertilidade do qual, no passado, haviam-se apropriado os *benandanti*
como Gasparutto, para utilizar como arma nas batalhas oníricas travadas contra as bruxas.

11. Sem ter havido necessidade de solicitações posteriores da
parte de frei Giulio, após ter confessado a sua apostasia, Michele
Soppe declara ter matado pelo menos três crianças, inclusive um
sobrinho seu, por ordem do diabo. Com minúcia macabra, descreve os seus delitos: introduzia-se nas casas metamorfoseado em
gato "por obra do diabo", aproximava-se das crianças e chupava
o seu sangue. "Pus na boca os dedos das mãos do meu sobrinho,
abri com os dentes as suas extremidades e, a partir daí, chupei o
sangue que tinha nas veias, cuspindo-o fora, ao sair da casa, para
que isso não fosse percebido; além disso, abri as veias do lado do
coração, sob o braço esquerdo, e chupei-lhe o sangue com arte
diabólica [...]." Depois confessa que até mesmo as curas realizadas
por ele foram obtidas graças à intervenção direta do diabo:
"Curei alguns enfeitiçados", afirma ele,

> fazendo com que as bruxas anulassem o feitiço que haviam
> preparado; mas, mais frequentemente, curei as pessoas da
> maneira que disse: chamei o diabo, que, quase todas as
> vezes que eu o chamo, vem imediatamente, embora não
> tenha vindo muitas vezes; de qualquer forma, costumeira-
> mente ele vem, e eu às vezes ordenei, às vezes supliquei que
> fizesse o que eu queria, e o diabo sempre me obedeceu, fez
> tudo o que eu quis e, assim, a meu pedido, o diabo anulou
> os feitiços preparados contra as pessoas que eu queria que
> se curassem, e elas sararam.

Mas, ainda uma vez, as velhas crenças aparecem de repente,
ainda que alteradas de forma a tornar-se ininteligíveis: "Eu
chamava Satanás", diz Michele, "segurando um ramo de erva-
-doce e, também, às vezes, sem empunhá-lo [...]".[38] Assim, o
símbolo da fertilidade que os *benandanti* haviam representado

nas suas bandeiras tornara-se um vínculo entre os próprios *benandanti* e o demônio.

12. Os interrogatórios de Michele Soppe se arrastam por todo o verão, sem grande novidade; finalmente, a 18 de outubro de 1649, o inquisidor indica um advogado oficioso para o acusado (Michele é pobre demais para poder pagar um advogado particular), que, a 12 de novembro, redige um pedido, implorando para o *benandante*, réu confesso, uma condenação que não seja a pena capital. A 4 de dezembro, uma cópia do processo chega a Roma, à Congregação do Santo Ofício. Tudo está pronto, portanto, para a sentença. Mas de Roma chega, inesperadamente, a ordem de retomar as investigações. "Reverendo pai", escrevia, com efeito, o cardeal Francesco Barberini ao inquisidor de Aquileia, a 11 de dezembro de 1649, "são gravíssimos os delitos de Michele Soppe, mas não é possível aplicar-lhe a condenação máxima sem o corpo de delito dos infanticídios que confessou." Portanto, ordenava ao inquisidor que esperasse ulteriores instruções de Roma. Elas não tardaram. Poucos dias depois (18 de dezembro), o mesmo cardeal Barberini especificava os motivos da insatisfação da Congregação com o modo pelo qual fora conduzido o processo contra Soppe:

> Vossa Reverendíssima deverá fazer diligências judiciais minuciosas a fim de provar [os delitos de infanticídio], consultando os médicos que cuidaram das crianças quando estavam enfermas; interrogando-os diligentemente sobre a qualidade da doença, para saber se a arte da medicina lhes permite dizer se a moléstia era ou podia ser natural; finalmente, interrogando-os sobre toda a série de males e acidentes, do início até o fim da enfermidade. Será preciso transcrever, por extenso, todos os exames nos autos do processo para que, se por imperícia os médicos tenham julgado que a morte ocorreu não por mal natural mas por malefício, outros médicos mais experientes, tendo tomado conhecimento de todos os acidentes da mesma doença, pos-

sam saber, sem ter visto os pacientes, se ela decorreu de mal natural ou sobrenatural.[39]

Esses critérios — tão cristalinos e igualmente tão distanciados dos que haviam guiado frei Giulio Missini no curso do processo contra Soppe — inspiravam já havia algum tempo a atitude da Inquisição Romana frente aos processos de feitiçaria. A carta, há pouco citada, do cardeal Barberini não é, com efeito, nada mais do que uma tradução literal (a partir das palavras: "deverá fazer diligências judiciais minuciosas [...]") de uma passagem da célebre *Instructio pro formandis processibus in causis strigum maleficiorum et sortilegiorum* [Instrução para instaurar processos em questões relacionadas com feitiçaria, malefícios e sortilégios]. Esse texto breve, composto por volta de 1620, teve uma larga circulação sob forma manuscrita antes de ser publicado, em 1655, pelo teólogo de Cremona, Cesare Carena.[40] Mesmo antes dessa data, ele já inspirava as diretivas sobre esse assunto, enviadas de Roma aos inquisidores, como testemunha a carta do cardeal Barberini a frei Giulio Missini.[41] Pode-se supor (ainda que não tenhamos nenhum documento que o comprove) que no processo, precedentemente analisado, contra o *benandante* Giovanni Sion, a decisão de recomeçar do início os interrogatórios das testemunhas e, depois, de abandonar a causa ao tribunal secular tenha sido determinada por pressões análogas exercidas por Roma. Mas trata-se, como já se disse, de uma mera hipótese.

O caráter de ruptura da *Instructio* com relação à prática tradicional da Inquisição em matéria de processos de feitiçaria salta aos olhos desde as primeiras frases: "Experientia rerum magistra aperte docet gravissimos quotidie committi errores a diversis Ordinariis, Vicariis, et Inquisitoribus in formandis processibus contra Striges, sive Lamias, Maleficas in notabile praeiudicium, tam Iustitiae, quam huiusmodi mulierum Inquisitarum, ita ut in Sac. Sanctae Romanae, ac Universalis Inquisition. adversus haereticam pravitatem Generali Congregatione longo tempore observatum est, vix unquam repertum fuisse aliquem processum similem, recte, ac Iuridice formatum [...]".*

Escrita no ambiente da Congregação Romana do Santo Ofício, a *Instructio* fazia eco às recentes polêmicas de origem tanto católica quanto protestante, bem como à atitude mais do que moderada adotada, nos casos de feitiçaria, pela Inquisição espanhola.[42] Sem discutir, de uma maneira geral, a existência ou não da feitiçaria nas suas várias formas — como era, de resto, óbvio, dado o seu caráter de advertência prática — o escrito, ao recomendar aos juízes extrema cautela nesse tipo de ação judicial, exerceu uma influência notabilíssima na Itália. Foi sobretudo em seguida à ação moderadora exercida por Roma que as condenações por bruxaria desapareceram quase por completo da península italiana durante a segunda metade do século XVII; de maneira que, por volta do fim do século, o franciscano Sinistrari d'Ameno podia escrever que na Itália, ao contrário do que ocorria além dos Alpes, "rarissime traduntur hujusmodi Malefici ab Inquisitoribus Curiae saeculari".**[43]

A 12 de março de 1650, o cardeal Barberini tomava outra vez da pena para escrever ao inquisidor de Aquileia. O processo contra Michele Soppe havia sido examinado novamente na presença dos cardeais membros da Congregação do Santo Ofício e do próprio papa Inocêncio X. A conclusão fora unânime, e Barberini a sublinhava com dureza: "pareceu muito defeituoso porque quase nenhuma das suas confissões passou por uma verificação".[44] Exortava, portanto, mais uma vez, a interrogar

---

* A experiência das coisas mostra claramente que erros muito graves são cotidianamente cometidos por diversos Ordinários, Vigários e Inquisidores na instrução dos processos contra os bruxos, as bruxas e os autores de malefícios, com grande prejuízo tanto para a Justiça quanto para as mulheres examinadas; a ponto de a Congregação Geral da Inquisição Universal, Sacra, Santa e Romana contra o mal herético ter observado, há longo tempo, que ela quase nunca encontrou um processo desse gênero correto e judiciariamente instruído [...]. (N. T.)

** Os malefícios dessa espécie são muito raramente confiados aos inquisidores da Cúria Secular. (N. T.)

médicos, familiares das crianças que Soppe afirmava ter morto, indivíduos curados por ele, para verificar a veracidade dos fatos surgidos no curso do processo. Mas já a partir de 4 de março frei Giulio Missini havia retomado, após longa interrupção, os interrogatórios das testemunhas, conformando-se às diretivas prescritas por Roma.

São inicialmente interrogados, a respeito de Giacomo Biat, o jovem que Michele Soppe não quisera curar, embora afirmas-se ter capacidade para isso, os dois exorcistas em atividade na cidade de Udine (um dos quais era aquele frade Pio Porta que vimos defender a causa da realidade da possessão diabólica contra os médicos e os céticos); há acordo de opiniões: o jovem foi vítima de um malefício. Quanto aos pareceres médicos, todavia, são discordantes. O septuagenário Pietro Diana, "vir valde eruditus et doctus", declara, recorrendo à autoridade de Galeno e de Avicena, que o jovem foi atingido por "marasmo, sive tabe".* Não exclui todavia a possibilidade de que o mal se deva a uma causa demoníaca e encaminha o problema para os exorcistas ("Haec mihi scribenda fuerunt de huius morbi natura quoad medico licuit. Sed quoniam non desunt qui censeant eundem morbum a recondita causa, nimirum demoniaca, pendere, de hoc aliorum, qui venerandam artem exorcisticam profitentur, esto iudicium"**), afirmando que o demônio, "Deo permitten-te",*** tem condições de provocar tais efeitos. O outro médico interrogado, Francesco Casciano, de 36 anos, "publicus phisicus Utinensis",**** diagnostica um caso de "depauperação generalizada"; ao inquisidor que lhe pergunta se a enfermidade se deve a causas naturais ou não, responde secamente: "O médico só dá

* Homem muito erudito e sábio; marasmo ou esgotamento. (N. T.)
** Sobre a natureza da doença, só escrevi o que pareceu claro ao médico. Mas, como não faltam pessoas que pensam que essa doença decorre de uma causa oculta, certamente demoníaca, eu entrego a questão ao julgamento dos que exercem a venerável arte do exorcista. (N. T.)
*** Se Deus o permitir. (N. T.)
**** Médico público de Udine. (N. T.)

atenção aos acidentes naturais no corpo humano, patológicos ou saudáveis, dependendo sempre de causas naturais; ele não conhece nenhum mal sobrenatural ou decorrente de causa sobrenatural; dessa forma, eu também não posso encontrar no citado jovem outro mal que não seja natural e decorrente de causa natural, como já disse".[45] Duas respostas com acentos bem diferentes; e a origem de tanta diversidade talvez se possa encontrar nos 34 anos que separam os respectivos autores.

Mas nós não seguiremos minuciosamente o desenrolar do processo. O exame das testemunhas revela que os genitores das crianças, que Michele afirmara ter matado, não tinham tido qualquer suspeita de feitiços preparados contra os seus filhos; além disso, próximo aos pântanos de Malizana não existia nenhum prado parecido com aquele no qual, segundo Michele, transcorria o sabá; e o próprio Michele, finalmente, cai em contínuas contradições ao narrar novamente, após certo tempo, seus delitos.

Finalmente, a 12 de julho de 1650, os interrogatórios se encerram. O inquisidor pergunta a Michele Soppe (que agora já está há mais de um ano nos cárceres de Udine) se ele quer que o advogado que lhe fora designado, Giovan Giacomo Pontenuto, proceda, no sentido da sua defesa, a um novo exame das testemunhas. "Que defesa quereis que eu adote", exclama desconsoladamente Michele, "se não tenho ninguém que faça alguma coisa por mim."[46] Assim, dois dias depois, Pontenuto apresentava uma súplica ao Santo Ofício, na qual "Michele de Santa Maria la Longa, *benandante* confesso", declarava-se arrependido das "enormidades" cometidas e implorava aos juízes para ser enviado "a uma das galés da Sereníssima República, como remador, com ferros nos pés até o fim da sua vida". Mas essa súplica não foi atendida. Michele Soppe permaneceu ainda quatro meses nos cárceres de Udine, aguardando a sentença. Esperavam-se, evidentemente, novas instruções de Roma, as quais chegaram a 29 de outubro de 1650. O caso de Soppe tinha sido mais uma vez discutido na presença do pontífice e dos cardeais membros da congregação do Santo Ofício; e eis as conclusões comunicadas por Barberini ao inquisidor de Aquileia.

[...] Que o citado Michele seja visitado por peritos para que verifiquem se ele é fraco de espírito, pelo menos no que diz respeito às supostas feitiçarias. Se for julgado equilibrado, deve ser submetido a uma leve tortura para descobrir-se a sua intenção. Quaisquer que sejam as suas declarações, antes da abjuração, ele deve ser energicamente condenado à prisão, que será escolhida de acordo com o vosso critério. Dessa forma se porá fim a esse caso.[47]

Mas os juízes de Udine não tiveram tempo de chegar ao veredicto. O desfecho do caso, que aos olhos de Barberini e seus colegas romanos tinha certamente durado até demais, chegou por outro caminho. Nesse período, as condições físicas de Michele Soppe deviam ser más; em fevereiro de 1650 já se havia lamentado junto ao inquisidor por sua pensão cotidiana haver sido reduzida a dezoito soldos. "Não é possível", mandara escrever nessa circunstância, "poder viver nesses tempos de penúria com um subsídio tão magro"; por isso pedia para ter, além de pão e vinho, "também um pouco de sopa." Talvez o seu fim, ocorrido na prisão a 20 de novembro de 1650, tenha sido determinado pelos sofrimentos por que passou durante o período de encarceramento. Dois dias antes de morrer havia feito um testamento, pedindo para que as suas roupas (um "casaco de tecido verde", uma "camisa", "calças de algodão" etc.) fossem distribuídas entre os prisioneiros mais pobres e que, com o pouco dinheiro que lhe restara, mandassem celebrar algumas missas.

No fundo, o destino dos *benandanti* foi singular. Ignorados (ou quase) enquanto *benandanti*, eles se transformaram em feiticeiros tarde demais para serem perseguidos; a atmosfera mental já havia mudado profundamente. Dessa transformação — que podemos seguir passo a passo, no seu processo quase inelutável, vivida por indivíduos diferentes de maneiras diferentes — Michele Soppe foi uma vítima inconsciente.

13. Nesse ponto é preciso dar um passo para trás. A 8 de janeiro de 1647 — isto é, dois anos antes do processo de Michele

176

Soppe — um jovem camponês de Zuiano, Bastiano Menos, se apresentara espontaneamente a *don* Pietro Martire da Verona na igreja da Virgem do Socorro, declarando ser um *benandante* e partir, havia um ano, "em espírito para o encontro".[48] Não tinha conhecimento de sê-lo até que Michele di Santa Maria la Longa, que reside em Tissano, o chamou. Esse Michele é Michele Soppe. Bastiano é um *benandante*, por assim dizer, de estilo antigo. A *don* Pietro Martire, que, como de costume, lhe perguntava o significado da palavra "benandante", ele responde de forma sintomática: "Nós devemos manter a verdadeira fé", acrescentando ter "nascido sob aquela estrela porque nasceu empelicado". Conhece as bruxas do seu "território", que é o de Santa Caterina perto do Cormor, e fornece os seus nomes. Diversas vezes ele as ameaçou de morte, primeiramente "com o espírito" e, depois, "também com o espírito e com o corpo", "e é por isso que as bruxas desfazem feitiços para ele". Dessa forma, ele curou muita gente, "ganhou mais de cem ducados ajudando o seu capitão [isto é, Michele Soppe] e costuma ser chamado quase toda semana para esse fim".

Dessa confissão surgem algumas similitudes de caráter *externo*, real e não fantástico, com os relatos de Michele Soppe. Bastiano Menos chega a afirmar que age como subordinado de Michele, ajudando-o na sua atividade de curandeiro. Todavia, há entre os dois uma profunda diferença: enquanto Menos declara combater contra as bruxas e defender "a verdadeira fé", Michele, desde o seu primeiro comparecimento diante do Santo Ofício, afirma participar do baile das bruxas na presença do diabo.

A 16 de fevereiro de 1647, Menos era convocado pelo inquisidor, oportunamente advertido por *don* Pietro Martire da Verona. Desta vez a narrativa do jovem é muito mais prolixa:

> Eu sou *benandante* e saí com os outros *benandanti* convocado pelo nosso capitão, que se chama Michele di Santa Maria della Lunga [...], e parti com ele e com os outros *benandanti* duas vezes por semana, sempre nas noites de quarta e de quinta-feira, durante todo um ano, para um lugar chamado

prado de Santa Chaterina, perto de Cormor, distante uma milha e meia de Udine, do outro lado do rio; lá ficávamos por uma hora ou uma hora e meia, aproximadamente. De um lado ficavam os *benandanti*, do outro, as bruxas; as bruxas seguravam um atiçador de forno, e nós, *benandanti*, empunhávamos um ramo de erva-doce ou de sabugueiro. Nosso capitão avançava e ficava um instante com as bruxas; não sei o que falava nem o que fazia com elas; depois, retornava ao nosso grupo e, muitas vezes, iniciava-se um combate entre *benandanti* e bruxas, mas nem sempre; depois, cada um retornava à sua casa.

Bastiano afirma conhecer somente duas pessoas do grupo dos *benandanti*: Michele, que é o capitão, e Domenico Miol di Basaldella, chamado Totolo, destinado a suceder ao primeiro, quando da morte deste, nas funções de capitão. Pelo contrário, muitas das bruxas contra as quais combate lhe são conhecidas e declara saber reconhecê-las porque elas têm uma pequena cruz sob o nariz, invisível a todos, exceto aos *benandanti* (como já se viu, a mesma afirmação foi feita por Michele Soppe).

Nesse ponto, o interrogatório de Menos é interrompido; o jovem é mandado embora, com o compromisso de reapresentar-se no dia seguinte. Mas passam-se mais de dois anos antes que ele reapareça; finalmente, a 10 de julho de 1649, ele comparece, implorando perdão por não ter cumprido a promessa feita; "diversas vezes", diz, após ter obtido um intérprete para traduzir as suas confissões, "monsenhor o cônego Mierlo me recomendou que eu obedecesse, fazendo-o por ordem de Vossa Reverendíssima; e eu, sempre muito atemorizado e assustado, tive medo porque sou um camponês ignorante". Agora, "para não viver nessa confusão", decidiu-se finalmente a apresentar-se ao Santo Ofício. Confirma o relato feito no depoimento precedente, acrescentando alguns pormenores sobre a cerimônia de iniciação: "o citado Michele chamou-me uma noite pelo nome, dizendo-me: 'Bastiano, é preciso que tu venhas comigo';

e eu", acrescenta, "que era um menino ignorante, lhe disse sim; ele montou sobre um galo e me fez montar numa lebre, dois animais que estavam esperando lá fora [...] e, cavalgando ambos, os quais corriam tão depressa que era como se voassem, fomos conduzidos ao prado de Santa Chaterina [...]". Mas, desta vez, o inquisidor não mais acolhe passivamente os relatos de Menos; nesse meio-tempo, iniciou-se o processo contra Soppe e ele suspeita que Bastiano também seja uma espécie de *benandante--feiticeiro*. Eis por que pergunta "utrum in conventu viderit crucem, immagines sanctorum, infantes oppressos, vel aliquid aliud".* "Eu não vi nada", declara Menos; e igualmente nega ter cometido, durante as reuniões noturnas, ações "in contemptum Dei vel legis divine".** E explica: "quando ia ao referido prado com as bruxas, não sabia que era pecado mas, depois, fiquei sabendo, porque as pessoas me disseram". Então o inquisidor, após tê-lo advertido "de malo perpetrato et de periculo anime sue cum offensa maxima Dei", decide usar para com ele da máxima misericórdia "propter ruditatem, ignorantiam et timo-rem".*** absolve-o, portanto, da excomunhão, impondo-lhe uma série de penitências para a sua salvação.

No mesmo dia em que é pronunciada essa sentença (19 de julho de 1649), Menos é chamado para testemunhar sobre Michele, encarcerado já havia vários meses. O depoimento não traz novos elementos; Bastiano declara somente que, na primeira noite após o seu depoimento diante do Santo Ofício, Michele Soppe, como de costume, viera chamá-lo. Bastiano, agora já convencido do próprio erro, não quisera ir, e Michele replicara: "Se tu não queres vir, não te chamarei mais; podes ficar".[49]

---

* Se viu na assembleia uma cruz, imagens de santos, crianças maltratadas ou outras coisas. (N. T.)

** No sentido de desprezar a Deus ou a lei divina. (N. T.)

*** Do mal perpetrado e do perigo que a sua alma corria em virtude da grande ofensa feita a Deus; por causa da sua simplicidade, ignorância e temor. (N. T.)

Alguns dias depois, a 26 de julho, durante um extenuante interrogatório ("estou todo suado", diz em certo momento, "suo muito por causa do grande esforço da mente"), Michele Soppe revela os nomes dos *benandanti* que foram com ele ao baile das bruxas. Entre eles relaciona (sem que tenha havido qualquer indução, nem mesmo implícita, por parte do inquisidor) Bastiano Menos e Domenico Miol di Basaldella, chamado Totolo. A concordância com a confissão de Menos é, desse ponto de vista, absoluta, e não é possível supor que seja fruto de confidências recentes trocadas entre os dois *benandanti*, já que, como sabemos, Michele está, há bom tempo, no cárcere. É preciso, portanto, supor uma série de relações anteriores à prisão.

Michele confirma ter iniciado Bastiano Menos nos encontros noturnos e conta:

> Esse Bastiano vinha comigo ao pasto para fazer pastar os animais do patrão; fizemos amizade e eu lhe perguntei se queria ir comigo e com as bruxas ao baile; ele me disse que sim, que iria. Eu lhe perguntei outra vez, no pasto, a mesma coisa; disse-me que iria e, então, acrescentei: "irei chamar-te à noite; não tenhas medo porque iremos juntos". Assim procedi: na quinta-feira seguinte montei na minha cabra e fui encontrar Bastiano no seu leito; chamei-o pelo nome, dizendo: "Bastiano, queres vir comigo ao baile das bruxas?". E ele disse: "Sim, quero ir". Eu havia levado uma outra cabra, sobre a qual montou Bastiano, e nós dois fomos juntos ao baile das bruxas no prado de Santa Catarina, além do Cormor, pela estrada que vai de Udine a Codroipo.

Até aqui as similitudes entre o relato de Soppe e o de Menos são muitas e notáveis: o aparecimento de Michele, as exortações ao amigo, a viagem na garupa de animais (é verdade que Menos não fala de cabras mas de uma lebre e de um galo), o lugar da assembleia. Nesse ponto, todavia, as duas confissões divergem: Michele, com efeito, atravessou a fronteira que separava os *benandanti* dos feiticeiros, e as velhas tradições tornaram-se-lhe estranhas. Ele diz que Menos, convencido por ele a participar do baile das bruxas, "adorava o diabo, beijava o cu do diabo; não sei se fazia outras coisas além de combater contra as bruxas". E, ao inquisidor que não compreende o que é esse combate, explica: "as bruxas combatem com caniços que crescem na água, e os feiticeiros com pequenos ramos de erva-doce; mas não se fazem muito mal uns aos outros".[50] Como se vê, Michele Soppe não chega nem mesmo a reconhecer como *benandanti* aqueles que combatem as bruxas armados com ramos de erva-doce, chamando-os genericamente de "feiticeiros". É um indício eloquente da dissolução que se operou no interior do mito.

Menos havia denunciado como *benandante*, aliás como sucessor de Michele Soppe nas funções de capitão, Domenico Miol, chamado Totolo. Este também, desde 1657, tinha sido diversas vezes denunciado como *benandante*, pois que nascera empelicado, sabia reconhecer bruxas e curava os enfeitiçados em troca de um pouco de dinheiro.[51] Mas é somente no verão de 1649 que o inquisidor, visivelmente impressionado com as concordâncias e conexões indicadas nas confissões de Michele Soppe e de Bastiano Menos (cujo interrogatório manda transcrever e inserir nos autos do processo contra Miol), decide enfrentar decididamente o caso de Domenico Miol. A 2 de agosto, numa congregação especial do Santo Ofício, decide-se por unanimidade, mas após uma longa discussão (agora que a ambiguidade que circundava os *benandanti* se dissolveu, a atitude dos inquisidores de Aquileia é bem mais sagaz e preocupada), mandar prender Miol. Este admite ter curado os enfeitiçados com orações, nada mais, mas nega obstinadamente ter participado das reuniões noturnas; a 24 de novembro é assim declarado levemente suspeito de heresia e apostasia por ter adotado a profissão de *benandante* ("o que, em linguagem correta", esclarece afetadamente a sentença, "quer dizer companheiro de feiticeiros e bruxas") e condenado a uma abjuração solene; em caso de reincidência, deverá passar três anos como remador nas galés da República. Não obstante as reticências de Miol, fica claro que as denúncias recíprocas de cumplicidade, feitas por esses *benan-*

danti, as relações que, segundo eles, ligam-nos, não são murmúrios sem fundamento. Trata-se de relações objetivas, reais, de tipo sectário, ao que parece, que não excluem, como se viu pelo confronto entre as confissões de Michele e as de Bastiano Menos, a possibilidade de que cada *benandante* reviva de maneira diferente, certamente durante os misteriosos desfalecimentos, as crenças tradicionais, agora em vias de dissolução. Reapresenta-se assim o problema, que parecia resolvido negativamente, da *realidade* de alguns, pelo menos, dentre os encontros dos *benandanti* — uma realidade que nos relatos dos participantes aparece certamente misturada inextricavelmente a detalhes puramente fantásticos. Mas como provar que, em alguns casos, essas reuniões ocorreram de fato? Assim como para o problema análogo da realidade das assembleias (não todas, evidentemente) das bruxas, nenhum testemunho é satisfatório. Num certo sentido, pode-se compreender que alguns demonólogos, diante do número extraordinário de testemunhas "oculares", tenham considerado perfeitamente demonstrada a realidade do sabá. Mas esses testemunhos não valem nada aos nossos olhos, na medida em que se moviam todos no interior de uma esfera de crenças e de expectativas que inevitavelmente condicionavam suas atitudes e até suas percepções. Onde encontrar um testemunho que se localize fora dessa esfera, um espectador que contemple esses eventos com um olhar límpido, não ofuscado por preconceitos?

Um testemunho desse gênero nos é oferecido, talvez, por um depoimento feito diante do Santo Ofício de Aquileia por uma mulher de Gradisca.[52] A data muito tardia — 1668 — não é, como veremos logo, fortuita. Essa mulher, Caterina Sochietti, havia hospedado "por ato de caridade, para preservá-la de todo perigo", uma sua cunhada, uma menina de oito anos, chamada Angiola, que lhe parecia "muito licenciosa". Conduzida de Udine (onde habitava) a Gradisca, a menina, após quatro dias, contara a uma das criadas da casa uma estranha história. "Queres vir", dissera, "comigo a um banquete, onde comerás doces, onde há homens belíssimos, senhoras que dançam e um violinista que toca tão docemente a ponto de fazer as pessoas adormecerem e que me prometeu um belo anel?" Após ser informada desse convite, Caterina chamara a menina e lhe pedira explicações. E Angiola contara que sua mãe costumava untar-lhe os pulsos e, depois, conduzi-la ao "domínio de um senhor, onde havia muitos outros senhores e senhoras que dançavam e onde havia também mocinhas", que ela conhecia. "Aquele grande senhor", explicara, "toca violino para os convidados; lá se dança mais do que se come"; nesse lugar, ela "ficava na parte de baixo, com o seu irmãozinho, comendo doces", enquanto a mãe "ficava mais acima, com o grande senhor". Um dia, nessa reunião, a menina encontrara um passamaneiro chamado Valentino Cao, que lhe dissera: "Tu também estás aqui!? Onde está a tua mãe?". E Angiola: "Lá em cima, conversando com o senhor"; e Valentino acrescentara: "Eu também vou encontrá-la agora", e, logo depois, retornara com a mãe. Uma outra vez (são sempre histórias de Angiola relatadas por Caterina Sochietti ao inquisidor), viera ao seu encontro e a tomara pela mão um belo jovem, igualmente membro da companhia, que a conduzira "até aquele grande senhor, o qual dissera: 'De quem é essa menina?'. 'É a filha de Pacciotta', respondera o jovem. O grande senhor perguntou: 'Que queres tu com ela?'. Ele respondeu: 'Eu a quero por namorada, se me permitires'. O grande senhor respondeu: 'Eu a quero para mim'". Então o jovem levou-a até um quarto e, continua a menina, "beijou-me, tocou-me, diante de minha mãe que ria, e, depois, saímos e fomos ao baile".

A menina não diz, como os seus contemporâneos, ter ido ao sabá; não diz que o "grande senhor" é o diabo; no entanto, todos os ingredientes do sabá estão presentes. A única coisa que falta nessa descrição despojada, objetiva, quase fotográfica na sua impassibilidade, são exatamente os lugares-comuns, as crenças que adornam usualmente as descrições dos encontros das bruxas. Essas crenças estão morrendo, e a menina manifestamente as ignora; limita-se a registrar, com um olhar distante, um *fato*, ou melhor, uma série de gestos desvinculados entre si, que ela não sabe relacionar nem interpretar.[53] Uma vez dissolvidos os mitos e os enfeites fantásticos das bruxas, descobrimos quase com desilusão uma realidade mesquinha, até banal — um encontro de pessoas, acompanhado de danças e de promiscuidade sexual. Em algumas ocasiões o sabá deve ter sido realmente isso, ou melhor, isso também.[54] E, embora não seja possível estender exclusivamente por analogia essa conclusão aos *benandanti*, não há dúvida de que ela torna mais plausível a hipótese de que, entre estes últimos, se desenrolassem encontros de tipo sectário, semelhantes ou pouco diferentes dos que foram descritos.

14. Nós vimos como, nesses decênios, a crença na feitiçaria diabólica se afirmou finalmente no Friul, amalgamando-se e sobrepondo-se às tradições preexistentes, em primeiro lugar à dos *benandanti*. Desse ponto de vista, a feitiçaria no sentido preciso nos apareceu como fenômeno estranho aos mitos populares até aqui considerados: estranho não só porque era difundida por inquisidores, pregadores e exorcistas, mas também porque se encontrava bem mais distante da mentalidade dos camponeses friulanos do que os *benandanti* protetores das colheitas, defensores das messes, dos vinhos, inimigos das bruxas que preparavam feitiços. Mas seria apressado concluir, a partir daí, que a feitiçaria diabólica tenha sido, sempre e por toda parte, vivida mecanicamente como um mito imposto a partir de fora, sem vínculos com os desejos, temores e esperanças dos seus adeptos.[55] A jovem bruxa de Modena que, depois de ter declarado aos inquisidores (1532) haver participado do sabá, urina sobre as relíquias de santos trazidas, após a abjuração, pelos frades de San Domenico e, indicando um crucifixo, declara: "Eu não quero crer nesse, [...] quero acreditar no meu, que se veste de ouro e usa um cetro de ouro" — o "seu senhor", a quem ela "fazia orações" —, revela uma atitude religiosa rudimentar mas nem por isso menos viva.[56] É pouco importante o fato de que o demônio ricamente vestido seja de origem culta e não popular. As riquezas e os prazeres prometidos pelo sabá eram uma realidade muito atraente para camponeses miseráveis; sabia disso

184

bastante bem aquela outra bruxa processada pela Inquisição de Modena em 1539, Orsolina, a Ruiva, a qual, ao juiz que lhe perguntou por que tantos homens e mulheres costumavam ir às assembleias diabólicas e não conseguiam desistir desse vício, respondeu "quod hoc est propter delectationem carnalem quam habent cum demone, masculi et femine, et non propter aliud".*[57] Uma compensação análoga à melancolia de uma morna existência é o que havia procurado Sestilia Torsi, que pertencia a uma das melhores famílias de Udine, quando (como ela declarou em 1639 ao inquisidor frei Ludovico da Gualdo), desesperada "porque não podia casar-se", invocara o demônio "para satisfazer-se desonestamente com ele", o que voltou a fazer, depois, durante trinta anos, sem interrupção, "chamando-o de deus e meu senhor, poderoso, grande, feliz, e também por nomes carinhosos"; ela se deixava conduzir "às recreações das bruxas, no campo, ao ar livre, onde dançava, comia e se entregava a atos de luxúria com elas".[58] Mas, às vezes, os motivos interiores da adesão à feitiçaria eram mais complexos, como revela um processo friulano desse período.

A 30 de janeiro de 1648, apresenta-se ao inquisidor frei Giulio Missini uma jovem mulher, vestida pobremente, Menega, filha de Camillo di Minons. O frade que a confessou descreveu-a anteriormente ao inquisidor como bruxa e possessa desde a idade dos sete anos. Eis a sua história:

> O meu padrasto não me quer em casa, embora minha mãe me queira; é por isso que eu vivo de esmolas, mendigando. É verdade que uma vez eu encontrei patrão [...], mas, por causa do tédio provocado pelo demônio, o patrão não quis me conservar e, assim, eu continuo mendigando e não posso trabalhar.

---

* É por causa do prazer carnal que os homens e as mulheres têm com o demônio e não por qualquer outra razão. (N. T.)

No passado, Menega fizera amizade com duas mulheres de Faedis, Giacoma e Sabbata — duas bruxas, diz ela, que levaram-na
a entregar-se ao demônio:

dona Giacoma e dona Sabbata me instruíram e me educa-
ram na feitiçaria; elas me aconselharam a não obedecer ao
meu pai e à minha mãe e a maldizer quem me gerou e quem
me educou; elas me disseram que, se eu ficasse com elas,
seria tratada da melhor forma possível, como se fosse uma
filha; e que devia maldizer a fé cristã. Ameaçaram-me — se
não o fizesse — de levar-me à morte; elas me diziam que eu
jamais conheceria a majestade de Deus, que devia maldizer
a água criada por Deus e o próprio Deus, seu criador, e
também o fogo eu amaldiçoei para que ele não possa mais
queimar. [...] Além disso [confessa a jovem no curso de um
dos interrogatórios], a citada Sabbata me fez pegar uma das
minhas irmãs, por parte de mãe e não de pai, a qual ainda
estava sendo aleitada, e me fez sufocá-la e esmagá-la sob os
pés; além disso, a referida dona Sabbata vinha à minha casa
toda vez que minha mãe ia ao bosque e me persuadia a picar
fortemente aquela criatura e a sugar, com os meus lábios, os
lábios daquela criaturinha; depois, dava-lhe para beber um
certo líquido negro que se chama urina do diabo e também
me fazia encher a boca daquela criatura de cinzas por causa
do grande ódio que eu tinha dela. No fim me fez matá-la
mas, depois de morta a criatura, quando minha mãe voltou
para casa, eu lhe confessei a verdade; para proteger-me
do meu padrasto, que poderia me assassinar, minha mãe
explicou que as outras crianças tinham revirado o berço e,
dessa forma, aquela criatura morrera; então meu padrasto
expulsou-me de casa e eu vivo errante, pedindo esmolas.[59]

Fica bastante claro que, nas duas bruxas, Menega projetou
e encontrou o conforto materno, a proteção que não havia
achado na própria família, na mãe ocupada com os novos filhos,
no padrasto que a odeia ou simplesmente não se ocupa dela. As

duas bruxas substituíram, para ela, a família e legitimaram os seus sentimentos de indignação e revolta em relação à verdadeira família, sentimentos inconfessáveis que ela atribui às ficções providenciais que têm por nome dona Sabbata e dona Giacoma. A aversão blasfema contra um mundo no qual é tão infeliz, contra Deus que criou um mundo belo e acolhedor para os outros e não para ela, Menega transfere para as duas bruxas que, contra a sua vontade, exortam-na a amaldiçoar Deus, a água e o fogo. Assim, é uma das duas bruxas que a leva a dar vazão ao ódio reprimido da meia-irmã que lhe roubou a exclusividade do afeto da mãe — ódio que, por um momento, ingenuamente, transparece através das suas próprias palavras: "fazia-me encher a boca daquela criatura de cinzas por causa do grande ódio que *eu* lhe tinha". Esse é um caso excepcional, dada a sua clareza. Mas quem poderá dizer quantas vezes a crença na feitiçaria contribuiu para aliviar sofrimentos e dilacerações interiores como os de Menega?[60]

15. Mas voltemos aos *benandanti*, que de resto aparecem pálida e rapidamente também nas confissões de Menega (a jovem conta ter ido aos bailes das bruxas, onde profanou os sacramentos em companhia das suas duas protetoras e de cinco *benandanti*). Da sua assimilação aos feiticeiros surge, com efeito, um problema novo, o qual, em relação aos antigos *benandanti*, obviamente não se punha: o da sinceridade dos seus relatos. Eles divergiam substancialmente, como vimos, dos esquemas dos inquisidores e até os antecipavam; isso permitia excluir a hipótese de que fossem determinados pelo medo da tortura ou da fogueira. A arma do interrogatório indutivo era empregada pelos inquisidores não tanto para solicitar esses relatos, mas sim no sentido do tentar modificá-los na direção desejada. Excetuando-se este último caso, facilmente identificável, os relatos dos *benandanti* podiam ser acolhidos como expressão imediata da sua mentalidade e das suas crenças. Mas, com a transformação dos *benandanti* em feiticeiros, os dados do problema mudam. Tal transformação é, sem dúvida, "espontânea", no sentido de determinada por um impulso profundo (neste caso não percebido nem mesmo pelos indivíduos que são objeto dele) e não por um cálculo individual e consciente; mas trata-se, com frequência, de uma "espontaneidade" canalizada e desviada numa direção precisa pelas intervenções oportunas dos inquisidores. Surge assim, pela primeira vez, o problema da *sinceridade* dos *benandanti*. Talvez Michele Soppe tenha sido sincero quando, no fim do interrogatório conduzido com tanta habilidade por frei Giulio Missini, confessou ter renegado a fé, na presença do demônio; todavia, sem o estímulo das perguntas do frade, aquela confissão — lógica e teologicamente deduzível das confissões anteriores, por sua vez também elas parcialmente influenciadas no sentido que dissemos — provavelmente não teria ocorrido jamais. Assim, o conteúdo das confissões dos *benandanti* passa a depender cada vez mais da intervenção dos inquisidores, e o peso dessa intervenção torna-se claro no momento em que, inesperadamente, vem a faltar. Isso é demonstrado, com grande nitidez, pelo desenrolar de um processo instaurado, nesses mesmos anos, em Portogruaro.[61]

A 23 de dezembro de 1644 é detido, por ordem do arcebispo Benedetto Cappello, bispo e senhor da cidade de Concordia, um camponês de Ligugnana, Olivo Caldo, que benze os enfermos e tem fama de ser *benandante*. Da sua primeira confissão surge o quadro já típico desse período: um emaranhado em que se entrelaçam a herança dos antigos mitos com elementos da feitiçaria diabólica. Diz Olivo: "A sorte quis que eu nascesse *benandante*,[62] enrolado num pelico; a sorte quer que eu circule pelos arredores; a alma parte, enquanto o corpo fica. [...] Os *benandanti* são convocados entre os trinta e os quarenta anos". São as bruxas que os chamam; todas as quintas-feiras, eles seguem "para o centro do mundo, no vale de Josafá", onde se encontram "diversos homens, mulheres, comandantes, e a reunião dura uma hora ou meia hora". Viaja-se "sobre um bode que é trazido até a casa e sobre o qual a alma cavalga, deixando o corpo onde se encontra". Nesses encontros faz-se "todo tipo de barulho possível". Nesse ponto, o arcebispo interrompe Olivo para perguntar "se se dá ordem para fazer mal às pessoas". É a primeira das induções das quais o processo está pontilhado. Olivo se acomoda rapidamente a ela: "Sim, senhor, eles ordenam que se faça todo o mal que se possa às pessoas; toda quinta-feira, deve-se prestar contas do mal que foi feito às criaturas designadas".

Durante o interrogatório seguinte (31 de dezembro), surge uma viva altercação entre o juiz e o acusado. Ela diz respeito, sintomaticamente, à questão da saída da alma do corpo. O arcebispo pergunta a Olivo "como é possível, segundo ele, que a alma parta e o corpo fique". O *benandante* não parece compreender a dificuldade: "A alma que está no interior do corpo parte e o corpo fica; depois, ela retorna ao corpo". "É sobre isso que deves dizer a verdade", rebate o juiz, "sobre essa separação da alma e do corpo, a qual não pode acontecer e é uma mentira." Ainda por sua vez, Olivo se ajusta à vontade do seu interlocutor, limitando-se a dizer genericamente: "Foi um bode que me conduziu". Mas quem conduziu o bode? A resposta desejada chega pontualmente: "O diabo".

Olivo descreve o diabo, que lhe apareceu sob o aspecto de "um belo homem rico", que mostrava "todo tipo de coisa, inclusive dinheiro de verdade". Sempre seguindo o caminho traçado pelo juiz, o *benandante* conta que o diabo lhe pedira sua alma como presente, mas ele recusara. O juiz o aconselha a pensar melhor no que diz. Olivo então se corrige: "Sonhei que lhe prometia". O que sonhou prometer? "A minha alma."[63] Assim, peça por peça, completa-se o costumeiro mosaico: Olivo Caldo renegou a Deus e à fé cristã, saiu de noite, na companhia das bruxas, para "enfeitiçar e desenfeitiçar",* prestou homenagem ao diabo, fez morrer com os seus encantamentos quatro crianças.[64] Nesse quadro, destaca-se isolada a referência — obviamente não decorrente de solicitação — às batalhas entre bruxas armadas de atiçadores e os *benandanti* armados com ramos de erva-doce.[65]

* "Stregar et destregar" no original. (N. T.)

As respostas de Olivo Caldo parecem inspiradas pelo terror. Isso fica evidente quando, a 2 de janeiro de 1645, ele tenta enforcar-se na cela. Salvo a tempo, recomeça a narrar os feitiços que preparou, acrescentando pormenores cada vez mais ricos e elaborados. Mas os interrogatórios dos genitores das crianças que Olivo afirma ter assassinado com os seus malefícios mostram a inconsistência dessas autoacusações. Finalmente, durante o interrogatório de 12 de fevereiro, os juízes se dão conta de que, fazendo sugestões a Olivo,

> para ver se ele mantinha as suas declarações precedentes, às vezes ele confirmava, às vezes negava; vê-se claramente [...] que confessava tudo o que lhe era sugerido; pelos autos do processo fica demonstrado que esse réu se mostrara hesitante, alterando os seus depoimentos e seguindo tudo o que lhe havia sido sugerido. Concluiu-se que não se podia prosseguir, tendo em vista a sua fraqueza e estupidez, e decidiu-se recorrer à congregação para saber o que fazer.

Quando, na data fixada, reúne-se a congregação do Santo Ofício, na presença do bispo, do *podestà* de Portogruaro e de outros personagens, o vigário do bispo relata o resultado de um colóquio que tivera a sós com Olivo Caldo. Durante a conversa,

> Olivo declarou séria e sensatamente que tudo o que havia dito nos seus depoimentos era falso, mas que o fizera por temor da justiça, acreditando firmemente que, dessa forma, seria mais rápida e facilmente libertado das mãos da justiça. Afirmou que não era nem *benandante* nem feiticeiro, que nunca falara com o diabo, nem o vira; que não sabia o que era o vale de Josafá, nem o que se fazia lá, porque nunca estivera nesse lugar; que não fizera morrer nem sofrer ninguém; que tudo o que dissera eram coisas que ouvira de outras pessoas e que, ele mesmo, não sabia de nada; que todas as suas culpas consistiam em ter benzido vizinhos que recorreram a ele, pedindo insistentemente para serem

atendidos; e que fazia isso por ser pobre, incapaz de ganhar a vida [...].

No dia seguinte tudo isso é confirmado pelo próprio Olivo. A sua única culpa é ter benzido os enfermos (até a antiga especificidade de curar exclusivamente as vítimas de feitiços desapareceu): "Eu benzia", diz, "ao acaso; se funcionava, muito bem; se não, não chegava a me preocupar", já que ouviu muita gente dizer que os que, como ele, nascem empelicados "têm esse poder de benzer" e chamam-se *benandanti*.

Após terem-no ameaçado com a tortura, os juízes, à vista da sua firme decisão de manter a última confissão, declaram Olivo Caldo "levemente suspeito de apostasia da santa fé cristã e do verdadeiro culto divino" e, após lhe haverem prescrito as habituais penitências, decretam o seu banimento, por cinco anos, da diocese de Concordia.[66]

É impossível determinar se Olivo Caldo acreditava ou não seguir em sonho para o vale de Josafá para combater contra bruxas e feiticeiros como o seu longínquo predecessor Menichino di Latisana e se a sua última confissão fora sincera ou, ainda uma vez, determinada pelo medo. O que fica claro é a fraqueza interna do mito dos *benandanti*, já agonizante até na sua versão deformada e espúria, idêntica à feitiçaria. Basta, com efeito, que os juízes soltem, por assim dizer, a presa, pondo, por um instante, em discussão os elementos surgidos durante o processo — aqueles elementos que o *benandante* havia laboriosamente reunido, seguindo passo a passo as indicações do interrogador —, para que todo o castelo das confissões desmorone. Para além do medo (justificado) de Olivo Caldo, fica evidente — sobretudo se rememorarmos os processos mais antigos — a falta de raízes e de autonomia do complexo de crenças nesse momento. A difusão de uma nova atitude, mais cética e também mais racionalista, em relação à feitiçaria e, em geral, aos fenômenos mágicos trazia consigo necessariamente também a dissolução e o desaparecimento do mito dos *benandanti*, em virtude da regra, prestes a tornar-se patrimônio do

191

bom-senso mais banal, que o próprio Olivo Caldo recordava a um amigo que lhe dizia nunca ter sido vítima de bruxas ou de feiticeiros e de não acreditar, portanto, na sua existência. "Sabes por que não foste enfeitiçado? Porque não acreditaste."

16. Com o processo de Olivo Caldo termina, "idealmente", a história dos *benandanti*. Mas só idealmente; na realidade, as denúncias e os processos continuaram, ainda que de maneira cada vez mais destituída de vigor e repetindo sem modificações os temas já conhecidos.

Paralelamente aos processos contra os *benandanti*-feiticeiros, precedentemente analisados, continuavam a chegar ao Santo Ofício de Aquileia denúncias contra *benandanti* que exerciam a profissão de curandeiros; como, por exemplo, o Giacomo "carpinteiro", habitante de Gemona, denunciado em 1636 e 1642, que curava os doentes com pão bento, alho, sal, erva-doce e "um pouco de viburno, do tipo que se carrega com as cruzes".[67] Ao lado dessa atividade de curandeiros, persiste, por outro lado, a hostilidade dos *benandanti* contra as bruxas; em 1639, o inquisidor de Aquileia é informado que um *benandante*, Menigo, igualmente carpinteiro, tendo encontrado na rua uma certa Caterina, ameaçou denunciá-la à justiça como bruxa, revelando os seus delitos e queixando-se das bordoadas que recebera dela nas batalhas noturnas.[68] Acusações desse tipo continuavam a semear a desordem nas aldeias; a 27 de julho, o cura de Camino di Codroipo, Ludovico Frattina, numa carta ao inquisidor narrava os feitos de um guardião de rebanhos, Giacomo, *benandante* notório, acusado de ter denunciado como bruxas várias mulheres de Camino e das aldeias circunvizinhas, e manifestava a intenção de interrogar uma dessas mulheres para verificar a sua culpabilidade; "caso seja inocente", acrescentava, "denunciaria o guardião por atentado à honra e poderia determinar que fosse punido por vias legais; desse modo se poria fim aos rumores populares sobre tal assunto".[69] Mas, se davam origem a aborrecimentos e preocupações para o clero, os *benandanti* punham as bruxas num estado de verdadeiro terror. Bartolomea Golizza, pobre camponesa de Fara, apresenta-se ao Santo Ofício a 16 de abril de 1648, declarando ter enfeitiçado algumas pessoas, ter ido ao sabá "todos os Quatro Tempos do ano e ainda algumas outras vezes", ter visto "o diabo em forma de cabrão, o qual posteriormente se transformou num fidalgo alto, com um grande penacho, todo vestido de veludo negro, com mangas compridas, de veludo também"; "agora, porém", diz ela, "não quero mais ser bruxa, quero converter-me e ser boa cristã, a fim de que não me ponham na fogueira nem nas mãos da justiça, como já me ameaçaram e me dizem sempre os garotos que encontro pela rua". Esses "garotos" são *benandanti*; "eles conhecem as quatro bruxas da aldeia porque estiveram conosco na assembleia", e, tendo-as visto, sob a forma de gatas, no momento em que enfeitiçavam uma vaca, denunciaram-nas a um certo padre Basilio, "e ao referido padre Basilio", acrescenta a mulher, "eu confessei tudo".[70]

As denúncias, geralmente pobres e pouco interessantes, contra os *benandanti*-curandeiros são negligenciadas pelo Santo Ofício.[71] É notável, todavia, que elas sejam marcadas por uma pergunta — o que significa *benandante*? — que reflete a confusão dos juízes diante de um termo considerado até o fim como estranho e, além disso, de significado mutável e oscilante: "por *benandante* entende-se alguém que não faz nem o bem nem o mal, reconhece as feitiçarias, sabe desfazê-las e percebe quem é bruxa"; "por *benandante* entende-se um homem que saiba curar enfermidades de origem maléfica, conheça-as mas não as provoque; apenas consiga pôr-lhes fim"; "por *benandante* entendo alguém que parte com as bruxas, e por feiticeiro, entendo a mesma coisa".[72] Mas as velhas crenças estão agora quase exauridas. Sentimos a tentação de conferir um sentido simbólico ao gesto de uma jovem de Talmasone que, convocada pelo Santo Ofício em maio de 1666 por ter acusado algumas mulheres de feitiçaria, entrega ao inquisidor o "pelico" no qual nascera e que carrega consigo: "quem nasce com isto", diz ela,

pode reconhecer facilmente quem são os *benandanti* — os *benandanti*, não as bruxas! —, por isso, tendo-o comigo, eu o deixo para Vossa Reverendíssima, para que veja que não sustento que isso seja verdade, e, se soube que há suspeitas de que as referidas mulheres são bruxas, foi por ter ouvido o rumor público e não por causa deste pelico, nem por ter nascido com ele.[73]

Nesses decênios, a crença nos *benandanti* encontra-se difundida também na Dalmácia. Como já dissemos, é impossível afirmar, com base nos poucos testemunhos disponíveis, que essa difusão tenha tido início num período anterior. Trata-se, de resto, de alusões muito rápidas. Algumas mulheres da ilha de Arbe, processadas como bruxas no ano de 1661, após terem descrito os danos causados por elas aos campos de trigo e às vinhas por instigação do demônio, declaram que um certo Bortolo Passavin "é um bom espírito e [...] expulsa o mau tempo".[74] É um indício que adquire consistência à luz de algumas crenças conservadas na península balcânica — a dos *Kerstmiki*, por exemplo, indivíduos misteriosamente ligados a divindades arborícolas e vegetais como as *Vile* (e, por isso, chamados também de *viljenaci*), que na noite de São João armam-se com varas e combatem as bruxas.[75] Trata-se de crenças antigas; em alguns processos de feitiçaria instaurados em Ragusa na segunda metade do século XVII, as acusadas declaravam ser "villenize" e ter aprendido com as "Vile" os remédios para curar os enfeitiçados.[76] Estamos, sem dúvida, diante de tradições paralelas às dos *benandanti* friulanos.

17. Os processos contra os *benandanti*-feiticeiros tiveram uma vida igualmente longa, prolongando-se sob formas cristalizadas durante uns vinte anos. Mas não se pode dizer que as velhas crenças estivessem completamente extintas. Ainda em 1640, um jovem de Udine, Titone delle Tranquille, diante da habitual pergunta do inquisidor, declarava não saber "por ciência" o que eram os *benandanti*, mas "por ter ouvido dizer, por parte de muita gente, que, se não fossem esses *benandanti*, as bruxas levariam a melhor, isto é, destruiriam todas as colheitas". Talvez essa referência a tradições mais antigas e menos suspeitas fosse apenas

194

uma forma de defesa, já que o próprio Titone fora acusado por muitos de ser *benandante* e foi com dificuldade que conseguiu subtrair-se à ação judicial.[77] Oito anos depois, uma camponesa de Monfalcone, Giovanna Summagotta, reputada pelos aldeães como "fraca de espírito" e "amalucada", é denunciada porque conta às vizinhas ser *benandante* e ir "ao baile das bruxas", onde vê e promete fazer ver "tantas coisas belas, tanta gente, mesas de banquete, festas, danças, divertimentos". Todavia, submetida a um processo, a pedido também do *podestà* de Monfalcone, Alessandro Zorzi, que espera, "por meio dela, descobrir outras bruxas", Summagotta nega tudo e acusa, por sua vez, uma certa Pasqualina, que, após ter-lhe narrado as suas inquietações de *benandante* ("Feliz de ti", dissera-lhe, "que nasceste num ponto bom, sem estrelas, porque, se tivesses nascido como eu nasci, tu estarias atribulada como eu estou"), descrevera as assembleias noturnas de que participava, "onde, de um lado estão os *benandanti*, de outro, os duendes, e, de outro ainda, as bruxas, que travam batalha".[78] Traços da velha distinção entre *benandanti* e feiticeiros podem ser encontrados até onde a identificação entre os primeiros e os segundos está quase concluída. Sempre em 1648, um menino de nove anos, chamado Mattia, *benandante*, põe de cabeça para baixo a aldeia de Fanna com as suas bazófias. "Lutando com outras crianças de sua idade no pasto, fora vencido; então, lhes dissera: 'Vós tendes mais força do que eu, mas eu sei mais do que vós'";[79] e contara (o que, depois, confirmou diante do Santo Ofício) ter sido despertado numa noite de quinta-feira pela avó que dormia com ele e levado ao sabá; a avó montada "num bode grande, de cor vermelha, com os chifres longos assim" e ele "numa espiga de centeio" — vestígio evidente da originária caracterização dos *benandanti* como protetores das colheitas. No sabá vira o diabo e muita gente que o adorava, dançava, fazia "porcarias" e pisoteava a cruz; "eu, porém", exclamara Mattia ao inquisidor que o interrogava, "nunca comi com os outros, nunca adorei o diabo, nem pisoteei a cruz; pelo contrário, eu reverenciava a cruz, e me desagradava ver que outros pisavam nela".[80] Um idêntico entrelaçamento de velhos e novos motivos reapare-

195

ce num depoimento de 1661 contra Bastian Magnossi di Grizzano; ele curava os enfeitiçados mas queria ser bem pago, porque "era preciso que fosse combater à noite contra bruxas e *benandanti* num lugar distante mais de quatrocentas milhas, em Benevento", acrescentando que, "se não fossem os *benandanti*, [...] não teríamos colheita alguma de que viver, porque são eles que as defendem das bruxas".[81] Para alguns *benandanti* a inevitável degradação em feiticeiros configurava-se como uma dramática tentação interior; um jovem camponês de um burgo vizinho de Concordia, Andrea Cattaro, nascido empelicado e *benandante* desde a idade de doze anos, fora chamado pelas bruxas e levado ao sabá, onde vira o demônio e "muitos outros diabinhos". Mas, ao partir, percebera também um anjo, aliás o anjo da guarda; "chamava-me e exortava-me a não ir; pedia que eu o seguisse. As bruxas insistiam para que eu não fosse porque diziam que aquele anjo era um canalha, um carrasco, um desgraçado". Andrea hesitara mas, diante da proposta de entregar a alma ao demônio, "após um longo conflito interior", respondera que queria que a sua alma pertencesse a Deus e à Virgem; "ao dizer essas palavras, tudo desapareceu".[82]

O processo contra Andrea Cattaro, iniciado em 1676, não foi levado ao fim. Até essa série de processos estava, na realidade, destinada a esgotar-se no desinteresse e na incredulidade. Poucos anos antes, a 6 de julho de 1668, frei Raimondo Galatini, vigário de Rosazzo, escrevera ao inquisidor de Aquileia, declarando que vários camponeses das vizinhanças (um sacerdote também, ao que parece) haviam confessado serem *benandanti* e "terem ido à assembleia [das bruxas], feito pacto com o diabo, renegado a fé, abusado dos sacramentos, isto é, fingindo confessar e comungar, e outras coisas que as bruxas costumam fazer na assembleia de Modoleto". Contra eles fora instaurado um processo, prosseguia frei Raimondo; mas agora "esse processo não terá mais continuidade, não sei por quê, o que trará grande prejuízo à religião cristã e grande dano às pobres criaturas que essa gente maldita faz sofrer".[83] Mas ninguém mais dava ouvidos às suas lamentações.

Apêndice
PROCESSO CONTRA PAOLO GASPARUTTO E BATTISTA MODUCO (1575-1581)

Para exemplificar o tipo de leitura adotado durante a pesquisa, publico aqui, a seguir, os autos de um dos processos analisados, o de Paolo Gasparutto e Battista Moduco. Em pouquíssimos casos, como já foi feito no texto do livro, corrigi os erros materiais mais evidentes.

Arquivo da Cúria Arquiepiscopal de Udine (ACAU), S. Ofício, "Do ano de 1574 até o ano de 1578 incl., de 57 até 76 incl.", proc. nº 64.*

Em Cividale do Friul, a 21 de março de 1575. Processo de heresia contra alguns bruxos, concluído a 26 de novembro de 1581.

Segunda-feira, 21 de março de 1575

Diante do Reverendíssimo D. Jacopo Maracco, vigário-geral de Aquileia e comissário apostólico, do Reverendíssimo Padre Giulio d'Assisi, inquisidor da heresia na diocese de Aquileia, presentes em Cividale, no convento de San Francesco, comparece, na qualidade de testemunha, em virtude dos deveres do seu cargo, o venerável padre Bartolomeo Sgabarizza, cura da igreja paroquial de Brazzano. Após ter prestado juramento ao Reverendíssimo Senhor Vigário, advertido, examinado e interrogado, respondeu:

— Eu ouvira dizer que, em Brazzano, um menino, filho do senhor Pietro Rotaro, sofria de um mal desconhecido e que,

---

* O texto do processo está redigido em latim e em italiano. Para facilitar a leitura, eliminei certas fórmulas repetidas continuamente, como *Interogatus dixit* (o interrogado disse) ou *Interogatus respondit* (o interrogado respondeu). (N. T.)

para saber-se qual era esse mal, havia sido consultada em Udine uma senhora, chamada dona Aquilina, que sabe, ao que parece, reconhecer uma pessoa enfeitiçada. O nobre senhor Raimondo Raimondis, sogro de Pietro, respondera, numa carta que eu li, que a criança fora enfeitiçada por uma mulher que comia carne às sextas-feiras. Meu espanto me levou a discutir com o senhor Pietro sobre a possibilidade disso. Conta-se, respondeu-me ele, que em Iassico um certo Paolo Gasparutto afirma vagabundear à noite na companhia de feiticeiros e de duendes e sustenta que é possível enfeitiçar as criaturas. Eu pedi ao senhor Pietro para mandar chamar o citado Paolo e escutar com cuidado as declarações que ele viesse a fazer sobre esse assunto. Logo Paolo foi procurado; assim que chegou, ele o interrogou diante da porta da sua adega, e eu, que passava por lá, aproximei-me e disse: "De que falais?". O senhor Pietro me respondeu que ele falava de seu filho e pedia a Paolo um remédio para libertá-lo. Dirigindo-me a Paolo, perguntei: "E então, Paolo, que pensais desses feitiços?". — "As feiticeiras fizeram um feitiço contra o menino, mas os vagabundos chegaram no momento do malefício e arrancaram-no das mãos das bruxas e, se não o tivessem feito, estaria morto." — "Talvez tenhais algum remédio para libertar essa criatura?" — "Eu não tenho nada além do que já ensinei ao senhor Pietro: pesá-lo três quintas-feiras em seguida; se o menino aumentar de peso, na segunda-feira ele estará livre; se diminuir, morrerá." Querendo saber mais, eu lhe perguntei quando e como eles operavam. — "Na quinta-feira de todos os Quatro Tempos do ano, nós devemos nos encontrar com esses feiticeiros em diversos campos: em Cormons, diante da igreja de Iassico e mesmo no campo de Verona." — "E o que fazeis nesses lugares?" — "Nós nos entregamos a combates, a jogos, a saltos; nós cavalgamos diversos animais, praticamos diferentes atividades; as mulheres golpeiam com caules de sorgo os homens que as acompanham e que só têm em mãos ramos de erva--doce." É por isso que ele me pediu para jamais semear sorgo na minha horta; quando ele o vê nas hortas, ele o arranca sempre e maldiz os que o semeiam. Quando eu lhe disse que queria fazê-lo, começou a blasfemar. Como tudo isso me parecia estranho, vim a Cividale para falar com Vossa Senhoria ou com o Padre-Inquisidor. Reencontrando Paolo aqui, em Cividale, eu o conduzi ao Padre-Inquisidor, em San Francesco, a quem ele confessou as coisas citadas. Ele acrescentou (o que já me havia dito) que, quando as bruxas, os feiticeiros e os vagabundos voltam desses jogos, acalorados e fatigados, eles penetram nas casas; se eles encontram água clara e límpida nos baldes, eles a bebem; senão, eles vão à adega e estragam o vinho, e ele me exortou a ter sempre água limpa em casa. Tendo-lhe declarado que não acreditava nessas coisas, ele replicou que me faria vê-las se eu o quisesse acompanhar. Tudo isso foi dito na presença do senhor Pietro e repetido diante do Padre-Inquisidor.

"Ele me disse que existia esse tipo de gente em Brazzano, Iassico, Cormons, Gorizia e Cividale, mas ele não quis dar os seus nomes.

"Como o Padre-Inquisidor e eu, a fim de fazê-lo falar, lhe tivéssemos prometido acompanhá-lo, ele nos disse que nós partiríamos duas vezes antes da Páscoa. Embora o Padre-Inquisidor habitasse Cividale, e eu, Brazzano, ele faria de maneira que partíssemos juntos e, tendo sido feita a promessa, era preciso ir, forçosamente. Uma vez nesse lugar, mesmo que assistíssemos a grandes saltos, não se devia falar nada, senão ficaríamos lá. Por ter falado dessas coisas, os referidos bruxos o haviam surrado. Alguns dentre eles, os que são bons, são chamados de vagabundos e, na sua linguagem, *benandanti*; impedem o mal; os outros fazem-no."

— Quando foi que isso ocorreu?

— Isso ocorreu na semana passada.

Sobre o lugar e as testemunhas, como está dito acima.

O interrogado disse também:

— Quando eu deixei o menino hoje, ele estava morrendo.

Quinta-feira, 7 de abril de 1575

Diante do Rev.^{mo} Jacopo Maracco etc., vigário-geral de Aquileia e comissário etc., e diante do acima citado Padre Giulio, na presença e com a assistência do senhor Giovanni Baduario, provedor de Cividale do Friul, presentes no andar térreo das casas do Rev.^{mo} provedor de Udine, onde o venerável padre *Bartolomeo Sgabarizza*, testemunha convocada, como precedentemente, após ter prestado juramento diante do Rev.^{mo} Sr. Vigário, advertido, examinado e interrogado de novo sobre os referidos elementos, após a leitura do seu depoimento anterior, disse:

— É verdade tudo o que eu declarei no meu depoimento diante de Vossa Senhoria e do Reverendíssimo Padre-Inquisidor; eu o confirmo e reconheço.

Ele acrescentou:

— Eu fui, no segundo dia da festa de Páscoa, celebrar missa em Iassico, aldeia vinculada à igreja de Brazzano e onde vive o citado Paolo. É costume, nesse dia, oferecer um almoço ao padre, e Paolo, que faz parte dos comissários, acompanhou-me à casa do seu companheiro, o primeiro administrador da paróquia, Simon di Nadale. Enquanto comia, discorria sobre coisas apropriadas ao período em que estávamos, ou seja, evitar o pecado e perseverar na realização de boas e santas ações. Mudando de assunto, Paolo me declarou: "meu pai, a noite de ontem teria sido o momento de conduzir o Padre-Inquisidor ao lugar que sabeis". Ele me informou assim que na noite anterior ele fora, com os seus companheiros, para entregar-se aos seus divertimentos habituais. Eles haviam atravessado de barco águas profundas; no rio Iudri um dos seus companheiros ficara com medo porque o siroco soprava com violência e as ondas eram altas. Ele ficara atrás dos outros, e Paolo se esforçara por lhe dar coragem; o barco alcançara a outra margem, e ele desembarcara são e salvo. Eles foram para um campo próximo, onde se haviam entregue aos seus combates e divertimentos habituais.

"Eu o conduzi então à minha casa e lhe fiz gentilezas para tentar arrancar dele outros pormenores, na medida do possível. Ele confirmou o teor do meu primeiro depoimento. Ele informara seu companheiro que eu estava prestes a prometer-lhe acompanhá-lo para ver esses combates e esses divertimentos.

Este último aceitava a ideia com prazer, e eu, a fim de fazê-lo falar, fiz-lhe gentilezas: 'Meu amigo, dizei-me, quem é esse companheiro e onde ele habita'. — 'Ele reside a dez milhas de Brazzano', mas não quis dizer-me seu nome.

"Eu lhe perguntei também a que divertimentos eles se entregavam nesses campos. Ele me falou dos que descrevi no meu primeiro depoimento.

"O menino de quem falei no meu primeiro depoimento e que foi a origem dessa discussão sucumbiu ao mal nesses últimos dias.

"Eu perguntei a Paolo se ele era um dos que haviam retirado a criança das mãos das bruxas. — 'Basta que os feiticeiros chamados vagabundos o tenham feito', sem querer acrescentar nada mais, nem sobre ele, nem sobre os outros.

"É público e notório em Brazzano e em outros lugares vizinhos que esse Paolo faz parte dos feiticeiros *benandanti*, como eles dizem; sua notoriedade repousa sobre as suas próprias palavras, porque ele mesmo confessa a todos com os quais tem ocasião de conversar, declarando, sob juramento, que participa desses divertimentos."

— Que pessoas poderiam ser ouvidas para estabelecer a verdade?

— Pietro Rotaro, Simon, o administrador, e outras pessoas da aldeia de Iassico; porque ele confessou na presença dos citados senhores Pietro e Simon, o administrador.

"Não lhe pude arrancar outros detalhes, mas, mesmo evitando falar, respondeu-me que, se eu quiser acompanhá-los, eu os verei. Eu não quis jamais prometer-lhe ir mas eu o encorajei a apresentar-se de novo ao Padre-Inquisidor, que prometeu vir sábado próximo, e a conduzi-lo a esses divertimentos."

Sr. Pietro Rotaro de Brazzano, testemunha convocada, da forma precedente, exortado e interrogado, sob a fé do juramento, respondeu:

— Nas semanas passadas, meu filho, um bebê de quatro meses, estava doente, e nós suspeitávamos de um feitiço por causa do que se ouvia dizer de uma certa mulher; eu fui procurar Paolo de Iassico, chamado Gasparutto, que tem a reputação de frequentar os feiticeiros e fazer parte dos *benandanti*. Eu lhe pedi algum remédio para o meu filhinho, caso ele tivesse sido enfeitiçado; ele veio vê-lo e, desde que o viu, disse que havia sido enfeitiçado pelas bruxas e que os *benandanti* o tinham arrancado das mãos delas. Tendo-lhe pedido novamente algum remédio, ele me respondeu que, se nós o pesássemos de manhã e ele tivesse aumentado de peso, ficaria curado; ele me fez pesá-lo imediatamente, declarando que o mal não avançaria. No entanto, meu filho morreu três dias mais tarde, sem que nós tenhamos sabido de que mal.

"O referido Paolo declarou diversas vezes, a Bartolomeo e a mim, ainda ontem, que parte com esses feiticeiros mas que ele é daqueles que impedem o mal, isto é, os *benandanti*; que eles vão ora a um campo, ora a outro; ora ao de Gradisca, ora ao de Verona, e eles se reúnem para combates e divertimentos. Os homens e as mulheres que fazem o mal carregam e utilizam caules de sorgo que crescem nos hortos; os homens e as mulheres *benandanti* utilizam ramos de erva-doce. Eles partem ora um dia, ora outro, mas sempre às quintas-feiras; quando das grandes assembleias, eles partem para os grandes campos, e há dias fixos para isso. Os feiticeiros e as bruxas fazem essas viagens para fazer o mal e os *benandanti* devem segui-los para impedi-los. Quando eles entram nas casas, se não encontram água limpa nos baldes, descem às adegas e estragam o vinho com certas substâncias que lançam através dos orifícios [dos recipientes].

"Para ir a esses jogos, eles cavalgam um cavalo ou uma lebre ou ainda um gato, pegando esse ou aquele animal. Mas ele não quis citar nenhum homem nem nenhuma mulher que costumasse fazer essas viagens.

"Quando ele vai a esses jogos, seu corpo fica na cama, é o espírito que parte; uma vez que partiu, se alguém se aproxima do leito onde jaz o corpo, a fim de chamá-lo, este não responde jamais, e ele não pode fazê-lo mover-se mesmo que fique lá durante cem anos; mas, se ele evitar olhá-lo e chamá-lo, ele terá logo uma resposta. Quando eles cometem um erro ou falam de suas atividades, seus corpos recebem uma bastonada que os deixa pretos; ele mesmo recebeu uma e foi maltratado por ter falado. Ele o seria de novo, disse-me, dentro de quinze dias, por ter-me confiado essas coisas, e, se eu não acreditasse, bastaria que prometesse acompanhá-lo para ver com os meus próprios olhos.

"Para os que levam 24 horas para voltar, se alguém faz ou diz alguma coisa, o espírito fica separado do corpo; uma vez enterrado o corpo, esse espírito se torna vagabundo e é chamado *malandante*.

"Em Udine, no burgo de Grazzano, uma mulher conhecida por Aquilina tem a reputação de saber reconhecer os casos de encantamento, desde que lhe levem um objeto usado pela pessoa doente. Nesses últimos dias, o sr. Raimondo Raimondis, meu sogro, foi procurar essa mulher, levando-lhe uma pequena coberta que tinha envolvido o meu filho. Ela lhe disse que ele vinha tarde demais, que ela não podia ajudá-lo e que o menino morreria, o que meu sogro só me disse após a sua morte. Ele não quisera fazer-me saber para evitar o meu pesar, disse ele como desculpa; no entanto, ele me havia escrito informando que fora visitar a referida mulher, a qual lhe dera esperanças. Eu devo ter essa carta em casa; se a encontrar, eu a enviarei.

"O senhor Belforte Mintino, de Cividale, disse-me recentemente que Battista Moduco, empregado da ilustre comuna, confessou na praça, em sua presença, na do senhor d'Attimis e de outros gentis-homens, que faz parte dos *benandanti* e de suas companhias.

"Segundo Paolo, esses *malandanti* comem as crianças pequenas."

— Havia testemunhas?

— O cura Bartolomeo e eu.

— Quando e em que lugar?

— Em Brazzano, na minha adega.

E, quanto ao resto, nada disse de novo.

Sobre os fatos gerais:

— Isso é público e notório em Iassico e outros lugares vizinhos.

Nobre Sr. Belforte Mintino, testemunha convocada da forma precedente, após ter prestado juramento, advertido, examinado e interrogado:

— Eu nada sei, com certeza, do que Vossas Senhorias me perguntam a não ser que o senhor Troiano d'Attimis, meu cunhado, me disse que Battista Moduco, empregado municipal, lhe confiou recentemente, na praça, que ele também faz parte desses *benandanti* e parte de noite, mais frequentemente às quintas-feiras.

Quanto ao resto etc. Quanto aos fatos gerais etc.

Nobre Sr. Troiano d'Attimis, cidadão de Cividale, testemunha convocada da forma precedente, após ter prestado juramento, advertido, examinado e interrogado, disse:

— Tendo-me encontrado recentemente na praça, em companhia dos senhores Cornelio Gallo, Hettore Lavarello e Belforte, meu cunhado, este último declarou ter ouvido dizer que existia em Brazzano esse tipo de bruxo, assim como em Cividale, não muito longe de nós, e partiu em seguida. Tendo percebido a presença do empregado Battista Moduco, eu o chamei e lhe perguntei: "Tu também fazes parte desse grupo de bruxos?". Ele me respondeu que era *benandante* e que, à noite, mais frequentemente às quintas-feiras, ele parte com os outros, que se reúnem em certos lugares para fazer festa, dançar, comer e beber; quando voltam, os *malandanti* descem às adegas para beber e, depois, urinam nos tonéis. Se os *benandanti* não os seguissem, o vinho azedaria; e outras brincadeiras do mesmo tipo, nas quais não creio e, então, parei de questioná-lo.

Quanto aos fatos gerais etc. Magnassutus da ilustre comuna relatou que as testemunhas citadas acima haviam prestado juramento para depor.

27 de junho de 1580

Feito em Cividale no palácio do ilustre Senhor Provedor, na habitual câmara de audiências diante do ilustre assistente citado acima e diante do Reverendíssimo Padre-Inquisidor, Mestre Felice da Montefalco, Inquisidor-Geral em todo o patriarcado de Aquileia e de Concordia, assim como do Reverendo Comissário Mestre Boaventura Tivarutio. Comparece *Paolo*, que, após ter prestado juramento, como da forma precedente, advertido, examinado e interrogado, respondeu:

— Eu ignoro por que razão fui chamado e conduzido pelo oficial de Sua Ilustre Senhoria.

— De onde sois?

— Sou da aldeia de Iassico.

— E o vosso pai?

— Não tenho mais pai. Ele morreu.

— Qual era o nome do vosso pai?

— Gerolamo *Gasparutto*, e minha mãe Maddalena da Gradisca; ela morreu também.

"Eu me confessei e comunguei todos os anos junto ao meu cura.

"Eu ignoro se, na nossa aldeia, alguém seja luterano ou viva como homem perverso."

— Vós conheceis pessoalmente, ou por ouvir dizer, um feiticeiro ou um *benandante*?

— Eu não conheço nem feiticeiro nem *benandante*.

Ele acrescentou, rindo:

— Não, padre; eu não sei.

"Eu não sou *benandante*; não é essa a minha profissão.

"Eu ignoro se na nossa aldeia uma criança foi enfeitiçada pelas bruxas.

"Mestre Pietro Rotaro chamou-me, dizendo: 'Vem ver o que tem o meu filho'.

"Eu fui ver a criança e lhe respondi que não sabia nada.

"Jamais disse ao nosso cura que era feiticeiro ou *benandante*."

"Eu falei de *benandanti* com o Inquisidor e com o nosso cura."

Rindo:

— Eu disse ao Padre-Inquisidor anterior que, nos meus sonhos, eu combato contra feiticeiros.

"Nunca convidei ninguém aos jogos de que participam os *benandanti*."

— Quando Pietro Rotaro vos chamou para comer e beber na sua adega e o cura chegou, falastes de histórias de *benandanti*?

— Não, senhor.

— Nunca falastes dessas histórias de *benandanti* na adega de Pietro, na presença do padre?

— Não, senhor.

— Nunca prometestes ao padre ou ao Padre-Inquisidor conduzi-los aos jogos dos *benandanti*?

— Não, senhor — respondeu, rindo.

— Por que riste?

— Porque não se deve fazer essas perguntas. É ir contra a vontade de Deus.

— Por que se vai contra a vontade de Deus, fazendo essas perguntas?

— Porque é perguntar coisas que ignoro.

— Nunca disseste ao senhor cura Bartolomeo que, de noite, vós partis em direção ao campo de Verona e de Vicenza para combater ao lado dos *benandanti*?

— Não, padre.

— Nunca disseste ao Padre-Inquisidor e ao senhor cura Bartolomeo: "prometei-me e eu conseguirei que vós venhais à noite"?

— Não, padre, eu não me lembro — e, dizendo isso, fechou os olhos.

— Como é possível que vós afirmeis não exercer essa arte quando, no tempo de Monsenhor Maracco, vós dissestes ao Padre-Inquisidor: "Esta noite é o momento de ir aos jogos"?

— Eu ignoro ter dito isso, eu não me lembro.

— Nunca recomendaste ao senhor cura que não plantasse caniços na sua horta?

— Não, senhor.

— Nunca dissestes ao Padre-Inquisidor anterior e ao senhor cura Bartolomeo que, quando os feiticeiros e os *benan-*

danti retornam fatigados de seus jogos, se eles não encontram água limpa nas casas, eles vão às adegas, urinam e estragam o vinho?

— Não, padre. — E acrescentou, rindo: — Oh mundo! Oh mundo!

— Nunca prometestes ao senhor cura Bartolomeo conduzi-lo a esses jogos?

— Não, padre.

— Nunca confessaste fazer parte dos *benandanti*?

— Não, padre.

— Nunca foste espancado pelos diabos por ter dito e revelado o que fazem os *benandanti*?

— Não, padre.

— Tendes inimigos?

— Não, padre.

Do mesmo modo, instado a dizer a verdade e exortado a fazê-lo pelo Reverendíssimo Padre-Inquisidor, a troco do que ele seria considerado e tratado com misericórdia, interrogado, disse:

— Padre, eu não posso dizer nada mais, porque nada mais sei.

Tendo sido ouvido isso, o Reverendíssimo Padre-Inquisidor decretou o seu envio à prisão, e assim ele foi conduzido etc.

No mesmo dia que acima. Feito no mesmo lugar e diante da mesma assistência. Comparecendo *Battista Moduco*, pregoeiro público, chamado "Perna Firme"; citado, advertido, examinado e interrogado, sob a fé do juramento, depôs assim como segue. Interrogado, respondeu:

— Não, padre, eu não sei por que fui chamado aqui.

"Chamado pelo pregoeiro público, eu me apresentei.

"Eu me confessei e comunguei todos os anos, junto ao padre Martino e ao padre Giacomo, residentes aqui, em Cividale.

"Meu pai era de Trivignano e chamava-se Giacomo Moduco, e minha mãe Maria da Gonars.

"Padre, eu não sei de nenhum herético nem os conheço.

"Não conheci nem frequentei a casa de nenhum herético.

"Quanto aos feiticeiros, ignoro se existem; no que diz respeito aos *benandanti*, só conheço a mim."

— O que significa essa palavra *benandante*?

— Eu chamo de *benandante* os que me pagam bem, os que eu gosto de frequentar.

"Eu disse a Monsenhor e a outras pessoas que eu era *benandante*.

"Dos outros eu não posso falar pois não posso ir contra a vontade divina.

"Eu sou *benandante* porque parto com os outros para combater quatro vezes por ano, isto é: nos Quatro Tempos, de noite, de forma invisível, em espírito; só o corpo fica. Nós partimos em favor de Cristo; os feiticeiros em favor do diabo. Nós combatemos uns contra os outros, nós com ramos de erva--doce, eles com caules de sorgo. Se nós vencemos, o ano é de abundância; se somos vencidos, há penúria naquele ano."

— Há quanto tempo vós sois membro dessa companhia? Neste momento, vós o sois ou não?

— Já faz mais de oito anos que eu não sou mais. Entra-se aos vinte anos e se é liberado aos quarenta, se se deseja.

— Como se faz para entrar nessa companhia de *benandanti*?

— Fazem parte todos os que nascem empelicados; quando fazem vinte anos, são chamados ao som do tambor que reúne os soldados. E quanto a nós, devemos ir.

— Como é possível isso, se nós conhecemos muitos gentis--homens que nasceram empelicados e nem por isso são "viandanti"?

— Quanto a mim, digo que todos vão, desde que nasçam empelicados.

— Vós deveis dizer a verdade sobre a maneira pela qual as pessoas se engajam nessa arte.

— Não se faz outra coisa além de deixar o espírito abandonar o corpo e partir.

— Quem é que vem vos chamar, Deus, um anjo, um homem ou um demônio?

— É um homem como nós, ele está colocado acima de todos nós e chama-nos tocando um tambor.

— Vós que partis sois muito numerosos?

— Nós somos uma multidão; às vezes cinco mil ou mais.

— Vós vos conheceis uns aos outros?

— Reconhecemos alguns da aldeia mas não todos.

— Quem colocou esse homem acima de vós?

— Eu não sei, mas nós acreditamos que ele foi colocado lá por Deus porque nós combatemos pela fé cristã.

— Como se chama o vosso chefe?

— Eu não posso dizê-lo. Ele é chefe da companhia até os quarenta anos, ou até a sua demissão.

"É o capitão. Ele é de Colônia."

— Que altura e que idade tem ele?

— É um homem de 28 anos, alto, de barba ruiva e rosto pálido; ele é de família nobre e é casado.

— Como é o estandarte do capitão?

— É branco e a sua bandeira negra, ou antes a haste que carrega consigo.

. "Nosso porta-estandarte leva uma bandeira de tafetá branco, bordada a ouro, ornada com um leão.

"A bandeira dos feiticeiros é de tafetá vermelho, bordada de ouro, ornada com quatro diabos negros.

"O capitão dos feiticeiros tem uma barba negra; ele é grande e gordo; ele é alemão."

— Para onde vós partis?

— Às vezes, nós vamos combater num grande prado situado bem perto do território de Azzano, às vezes num campo próximo de Cuniano e, às vezes, em território alemão, nos prados vizinhos de Cirghinis.

"Nós vamos todos a pé; nós, os *benandanti*, combatemos com ramos de erva-doce, os feiticeiros, com caules de sorgo."

— Vós comeis erva-doce e alho?

— Sim, padre, nós comemos, porque eles protegem contra os feiticeiros.

"Entre nós não há mulheres mas é verdade que há mulheres *benandanti*; elas vão combater contra outras mulheres [as bruxas].

"Nas batalhas que nós travamos, ora nós combatemos pelo trigo e outros cereais, ora pelas colheitas miúdas, ora pelos vinhos; assim, por quatro vezes, nós combatemos por todos os frutos da terra; daqueles que são vencidos pelos *benandanti* a colheita do ano é abundante.

"Eu não posso dizer o nome dos meus companheiros porque seria espancado por toda a companhia."

— Revelai os nomes dos vossos inimigos, isto é, os feiticeiros.

— Senhor, não posso dizê-lo.

— Já que vós dizeis que combateis em favor de Deus, eu quero que me deis o nome desses feiticeiros.

— Eu não posso citá-los nem acusar ninguém, seja inimigo ou amigo.

Pressionado de novo a dar o nome dos feiticeiros e interrogado, ele respondeu:

— Não posso dizê-lo.

— Por qual razão não podeis dizer-me isso?

— Porque nós não podemos, sob pena de morte, fazer revelações sobre nenhuma das duas partes.

"Essa ordem nos foi imposta pelos capitães de cada um dos dois campos e nós lhes devemos obediência."

— É uma escapatória, porque vós que não estais mais com eles, como dizeis, não sois obrigado a obedecer-lhes; assim, revelai-me o nome desses bruxos.

— A que foi esposa de Paolo Tirlicher de Mersio, na Schiavonia, perto de San Leonardo, e um outro chamado Piero di Cecho di Zuz di Prestento, de 36 anos de idade.

"Essa mulher secou o leite dos animais, colocando certos objetos sobre o telhado da casa: pedaços de madeira ligados com estopa. Eu creio que, se ela já não morreu, pode ser encontrada ainda agora."

Tendo sido ouvidas essas declarações, o Reverendíssimo Padre-Inquisidor o dispensou etc.

* * *

Terça-feira, 28 de junho, de manhã, feito no mesmo lugar e diante da presença e assistência das mesmas pessoas.

Comparecendo o citado *Paolo*, saído da prisão; após ter feito juramento, advertido, examinado e interrogado, ele depôs da forma que segue. Interrogado:

— Pensais agora que é preferível dizer a verdade?

— Sim, padre, eu a direi com exatidão.

— Vós fazeis parte dos *benandanti*?

— Sim, padre.

— Quanto tempo permanecestes nessa companhia?

— Dez anos.

— Fazei parte dela ainda?

— Faz quatro anos que eu saí.

— Como entrastes nessa companhia e com que idade?

— Eu tinha 28 anos; quando entrei, fui chamado pelo capitão dos *benandanti* de Verona.

— Em que momento fostes chamado?

— Durante os Quatro Tempos de São Matias.

— Por que razão não me dissestes ontem?

— Porque eu tinha medo dos feiticeiros; eles poderiam atacar-me no leito para matar-me.

— Da primeira vez que partistes, sabíeis estar indo com os *benandanti*?

— Sim, padre, porque eu havia sido advertido por um *benandante* de Vicenza que se chama Baptista Visentino.

— Qual é o seu nome de família?

— Eu não sei.

— Esse homem ainda tem pai?

— Não, senhor.

— Que idade tem ele?

— O citado Baptista tinha então 35 anos, alto, com um belo rosto enquadrado por uma barba negra, um camponês. Não sei de que aldeia ele é.

— Em que momento esse homem veio vos avisar?

— Durante o mês de dezembro, para os Quatro Tempos do Natal, na noite de quinta-feira, por volta das quatro horas, durante o primeiro sono.

— O que vos disse ele, quando veio vos avisar?

— Ele me disse que o capitão dos *benandanti* me chamava porque eu devia ir combater pelas colheitas. E eu lhe respondi: "Eu quero ir por amor às colheitas".

— Quando ele vos chamou, estáveis desperto ou dormíeis?

— Quando Baptista apareceu, eu dormia.

— Se vós dormíeis, como pudestes responder-lhe e como ouvistes a sua voz?

— Foi o meu espírito quem lhe respondeu.

— Quando saístes, partistes com o corpo?

— Não, padre, com o espírito e, se por acaso, em nossa ausência, alguém for iluminar o corpo para contemplá-lo, nessa noite o nosso espírito não poderá retornar enquanto não cessarem de olhá-lo. Se o corpo, tendo a aparência de morto, for sepultado, o espírito irá vagar pelo mundo até o momento previsto para a morte do corpo. Se o corpo não for sepultado, o espírito só poderá retornar na noite seguinte, desde que ninguém o olhe.

— Antes de serdes chamado, isto é, na véspera, travastes conhecimento com Baptista?

— Não, padre, mas eles sabem quem é *benandante*.

— E como o sabem?

— O capitão dos *benandanti* o sabe.

— Quantos vós sois na vossa companhia?

— Somos só seis.

— Que armas utilizais para combater?

— Nós combatemos com ramos de viburno, esses ramos que carregamos atrás das cruzes nas procissões das Rogações. Nós temos uma bandeira de tafetá branco, bordada com ouro, os feiticeiros têm uma amarela ornada com quatro diabos.

— Em que lugar fostes combater?

— Nos campos de Verona e de Gradisca.

— Como sabeis que deveis ir a esse ou àquele campo?

— Nos Quatro Tempos precedentes, os *benandanti* se defrontam e decidem o lugar.

— Prometestes a alguém conduzi-lo a esses jogos?

— Ao Padre-Inquisidor anterior. Se ele tivesse vindo, vós não estaríeis agora a me interrogar.

— Partis em outros períodos que não durante os Quatro Tempos?

— Não, Padre.

— Como é possível que vós tenhais dito ao senhor cura Bartolomeo, no segundo dia de Páscoa do mês de abril de 1575, no momento em que ele almoçava convosco na vossa aldeia, que na noite anterior vós havíeis partido?

— Dizei ao cura Bartolomeo que não é verdade.

— Quem é o vosso capitão?

— Ele é de Verona, mas eu ignoro o seu nome, um aldeão, eu creio, alto, um homem forte, de barba ruiva, com uns trinta anos de idade.

— Como ele se tornou capitão?

— Eu não sei.

— Quem são os vossos companheiros aqui?

— Eles são de além de Vicenza e Verona; eu não sei o nome deles.

— Combatendo contra os bruxos, reconhecestes algum?

— Um se chama Stefano da Gorizia, um camponês, de estatura média, cerca de quarenta anos, com a barba negra, espessa. O outro se chama Martino Spizzica, da aldeia de Chians, no território de Capo d'Istria, a três milhas da aldeia de Risan, um homem de barba grisalha, encorpado; devia ter, então, 39 anos.

Tendo sido ouvidos esses depoimentos, o Reverendíssimo Padre-Inquisidor dispensou-o, recomendando que comparecesse num prazo de vinte dias ao convento de San Francesco di Udine, na residência habitual do referido Reverendíssimo Padre-Inquisidor.

24 de setembro de 1580

Feito no convento de San Francesco, na residência do Reverendíssimo Padre-Inquisidor.

Papino, servidor do ilustre Senhor Provedor de Cividale do Friul, anuncia que ele havia convocado pessoalmente um certo *Paolo Gasparutto* da aldeia de Iassico, e assim o citado Paolo compareceu ao mesmo tempo que o citado Papino ao convento de San Francesco, como acima, diante do referido Reverendíssimo Padre-Inquisidor etc. Então o Reverendíssimo Padre-Inquisidor ordenou que ele fosse posto na prisão; o que foi feito.

Segunda-feira, 26 de setembro de 1580

Feito no palácio do ilustre Senhor Provedor de Cividale do Friul, Giovanni Baduario, na costumeira câmara de audiência, diante do Reverendíssimo Padre-Inquisidor, mestre Felice da Montefalco, Geral Apostólico em todo o Patriarcado de Aquileia assim como na cidade de Concordia e suas dioceses, na presença do citado ilustre Senhor Provedor, acompanhado de Sua Excelência o senhor vigário Paolo Patavino.

Tirado da prisão, *Paolo*, filho do falecido *Gasparutto* da aldeia de Iassico, comparecendo pessoalmente, após ter prestado juramento, ter sido advertido, examinado e interrogado, sob a fé do juramento, depôs da forma que segue. Interrogado, respondeu:

— Eu não vim a Udine conforme havia prometido porque estive doente durante todo o mês de julho.

"Eu pensei que devia dizer a verdade."

— Quem vos convidou para entrar nessa companhia de *benandanti*?

— O anjo do Céu.

— Quando ele vos apareceu?

— De noite, na minha casa, eram cerca de quatro horas, durante o primeiro sono.

— Como ele vos apareceu?

— Apareceu um anjo todo de ouro, como o dos altares; ele me chamou, e o meu espírito saiu.

"Ele me chamou pelo nome, dizendo: 'Paolo, eu te enviarei um *benandante* e tu deverás ir combater pelas colheitas'. "Eu lhe respondi: 'Eu irei, eu vos obedecerei'."

— O que ele vos prometeu, mulheres, comida, danças, que mais?

— Ele não me prometeu nada mas, quanto aos outros, eles dançam e pulam; eu os vi porque combatíamos contra eles.

— Para onde foi o vosso espírito quando o anjo vos chamou?

— Saiu, porque no interior do corpo ele não pode falar.

— Quem vos disse que é preciso que o espírito saia do corpo para poder falar com o anjo?

— Foi o anjo mesmo quem me disse.

— Quantas vezes vistes esse anjo?

— Toda vez que eu saía, porque ele vinha sempre comigo.

— Quando aparece ou parte, esse anjo vos atemoriza?

— Ele nunca provoca medo mas, quando deixamos o grupo, ele nos dá a sua bênção.

— Esse anjo não se faz adorar?

— Nós o adoramos como adoramos Nosso Senhor Jesus Cristo na igreja; um único anjo, e não vários, guia a companhia.

— Quando vos aparece, ele está sentado?

— Nós aparecemos todos ao mesmo tempo, e ele se mantém pessoalmente junto à nossa bandeira.

— Esse anjo vos conduz ao outro anjo, sentado no seu trono?

— Mas ele não faz parte da nossa liga, Deus nos livre de ter relação com esse falso inimigo! São os feiticeiros que ocupam esses tronos.

— Nunca vistes os feiticeiros junto a esse trono?

— Claro que não, Monsenhor — respondeu, levantando os braços —, já que nós só fazemos combater!

— Que anjo é mais belo, o vosso ou o que está sentado no trono?

— Já não vos disse que não vi esses tronos? O nosso anjo é belo, todo branco, o deles é negro, é o diabo.

— Quem foi o primeiro *benandante* enviado pelo anjo para vos chamar?

— Foi Baptista de Vicenza, como eu já disse.

— Quando o anjo vos apareceu éreis casado e vossa esposa estava no leito?

— Eu não estava casado então; eu me casei mais de quatro anos depois.

— Nesse tempo, que idade tínheis?

— Vinte ou 24 anos, mais ou menos.

— Dissestes por acaso à vossa esposa que partíeis?

— Não, padre — e mudando imediatamente de expressão —, para que ela não tivesse medo.

— Se isso é uma coisa boa e é a vontade de Deus, por que temer que ela tivesse medo?

— Eu não quis revelar todos os meus segredos à minha esposa.

— Vós dissestes que as mulheres vão combater contra as mulheres; por que não lhe dissestes e revelastes a fim de levá-la para fazer o que vós dizeis que é bom?

— Eu não posso ensinar essa arte a ninguém, se o próprio Senhor não o faz.

— Já fostes espancado?

— Sim, padre, quando revelei essas coisas ao nosso padre, o cura Bartolomeo, eu recebi duas bastonadas nas costas.

— Viam-se as marcas sobre o vosso corpo?

— Todo o dorso me doía, mas eu não podia ver se havia marcas.

— Quanto tempo ficastes doente?

— Seis ou oito dias.

— Quem foi que vos bateu?

— Um feiticeiro, que eu só conheço de vista.

— Como reconhecestes que era um feiticeiro?

— Porque nós combatíamos contra ele.

— Quem são os que pertencem à vossa companhia?

216

— Um é Baptista de Vicenza, como eu já disse; os outros eu não sei.

Ouvidos esses depoimentos, o Reverendíssimo Padre-Inquisidor ordenou que o citado Paolo fosse reconduzido à prisão.

1º de outubro de 1580

Feito no palácio do ilustre Senhor Provedor, na câmara de audiência diante do Reverendíssimo Padre-Inquisidor de Aquileia, na presença do ilustre Senhor Provedor Giovanni Baduario, acompanhado de Sua Excelência o senhor vigário etc.

Comparecendo pessoalmente *Maria*, mulher de Paolo de Iassico; após ter prestado juramento, ter sido advertida, examinada e interrogada, sob a fé do juramento, ela depôs da forma que segue. Interrogada, respondeu:

— Não, senhor, não sei por que fui chamada.

"Sim, senhor, eu me confessei e comunguei junto ao padre Gasparo.

"Há oito anos que eu sou casada com Paolo Gasparutto, da aldeia de Iassico.

"Desde que estou casada, nunca percebi, a propósito do meu marido, coisa alguma relacionada com o que chamais de saída do espírito e o fato de ser *benandante*. Simplesmente, uma noite, por volta das quatro horas da manhã, tive necessidade de me levantar e, como eu tinha medo, chamei Paolo, meu marido, para que ele me acompanhasse; embora eu o tivesse chamado uma dezena de vezes, sacudindo-o, não pude despertá-lo; ele mantinha o rosto virado para cima; eu fui, portanto, sem que ele se levantasse e, ao voltar, vi que ele estava acordado e dizia: 'esses *benandanti* dizem que o seu espírito, quando deixa o corpo e também quando volta, parece um ratinho; e se o corpo, quando estiver privado do espírito, for virado, ele permanecerá morto porque o espírito não pode reentrar'.

"Faz cerca de quatro anos que eu vi o que estou relatando, era inverno, eu não me lembro do dia, mas não era o período dos Quatro Tempos.

"Eu ouvi Pietro Rotaro, o moleiro, contar que, retornando ao seu moinho, ele viu um homem — ignoro se era o meu marido — que estava como morto e, em vão, ele o virou e revirou; ele não despertava; pouco depois, ele viu um rato aproximar-se do seu corpo, mas eu ignoro se ele entrou pela sua boca."

Interrogada de diversas maneiras, ela disse nada mais saber, tendo sido temporariamente dispensada; antes ela chorava e gemia um pouco; depois, pelo contrário, jamais foi vista derramando uma lágrima.

Domingo, 2 de outubro de 1580

Feito no mesmo lugar, mas na sala, na presença dos acima citados, comparecendo pessoalmente *Battista Moduco*, o primeiro a sair das prisões situadas no convento de San Francesco di Cividale do Friul; advertido, examinado e interrogado, ele depôs da forma que segue. Interrogado, respondeu:

— Desde que meu companheiro que está na prisão me disse que um anjo lhe apareceu, eu comecei a pensar que deve ser uma obra diabólica, porque o Senhor envia os anjos não para fazer os espíritos saírem dos corpos, mas para trazer boas inspirações.

"Quando ele me apareceu, foi durante o sono, algo de invisível que tinha a forma de um homem; eu pensava que dormia mas não dormia e acreditei reconhecer um homem de Trivignano. Como eu trazia em torno do pescoço o pelico no qual nasci, ele parecia dizer-me: 'Tu deves vir comigo porque tens algo que me pertence'. Então lhe respondi que, se era preciso, eu iria mas que eu não queria afastar-me de Deus; com a garantia de que era uma obra de Deus, eu fui durante 22 ou 23 anos.

"Sim, senhor eu levava sempre o meu pelico em torno do pescoço mas eu o perdi e, desde então, nunca mais fui.

"Os que têm o pelico mas não o carregam consigo não vão.

"Quem me apareceu parecia Zan de Micon, de Trivignano, que já morreu.

"Foi na noite da quinta-feira dos Quatro Tempos do Natal.

"Não, senhor, eu não sabia que ele vinha me buscar naquela noite, nem que ele era *benandante*; jamais anteriormente eu havia discutido com ele sobre essas coisas."

Ele acrescentou espontaneamente:

— Eu nunca disse nada antes de parar de sair, porque me haviam advertido: "Não digas nada, do contrário, receberás uma bastonada".

— Sabes se alguém já recebeu uma bastonada por essa razão?

— Sim, senhor; eu, entre outros, recebi uma bastonada porque quis dizer algumas palavras; deixaram-me como morto.

— Quem te espancou?

— Os que me acompanhavam, isto é, uma dezena de homens da aldeia de Trivignano; agora eles estão todos mortos.

"Sim, senhor, nessa aldeia havia feiticeiros, entre outros um certo Serafino, que já morreu."

— Tu vias o que faziam os feiticeiros lá fora?

— Não, senhor, salvo nos Quatro Tempos, quando combatíamos juntos, mas eles saem também às quintas-feiras.

"Os feiticeiros, às quintas-feiras, saem sempre para fazer o mal a alguém; eu ignoro se há alguém que os chama.

"Os feiticeiros fazem reverências e orações aos seus mestres, que se vestem de preto com correntes em torno do pescoço, têm uma atitude séria, e diante dos quais eles devem ajoelhar-se."

— Vós, os *benandanti*, vos ajoelhais diante do vosso capitão?

— Não, senhor, somente uma reverência com o nosso boné, como os soldados diante do capitão.

— Após as genuflexões, os feiticeiros se entregam a outros jogos?

— Senhor, eu não vi, porque eles se deslocam continuamente.

— Quando vistes os feiticeiros se ajoelharem, e onde?

— No prado de Mazzone, após o combate, no momento em que nos dispersávamos.

— Como pudestes crer que isso é obra de Deus, já que os homens não têm o poder de se fazerem invisíveis nem de partir em espírito e que as obras de Deus não se realizam às escondidas?

— Ele me suplicava tanto com os seus "Caro Battista, levanta-te!", eu pensava que dormia e não dormia; sendo mais velho do que eu, deixei-me convencer, pensando que isso era bom.

"Sim, senhor, eu creio no momento presente que era uma obra do diabo, desde que o outro me falou do seu anjo, como eu disse acima.

"Da primeira vez que eu fui chamado, ele me conduziu ao prado de Mazzone, o capitão me tomou pela mão e me perguntou: 'Tu serás um bom servidor?'. Eu lhe respondi que sim.

"Ele não me prometeu nada mas me assegurou que eu realizava uma obra divina e que, após a minha morte, eu iria para o Paraíso.

"O capitão tinha uma bandeira branca como eu já vos disse; ele não usava cruz, nem mesmo sobre as suas vestes, que eram pretas — e, após uma pausa: — Tecido preto, bordado a ouro."

— Que diferença havia entre o vosso capitão e o dos feiticeiros?

— O nosso tinha a pele do rosto bastante clara; o outro, morena.

"Lá não se invocava nem Cristo, nem a Virgem, nem santo algum em particular. Nunca vi ninguém fazer o sinal da cruz; eles falavam de Deus e dos santos em geral, dizendo: 'Que Deus e os santos estejam conosco', mas sem citar nenhum em particular.

"Durante o combate não havia cavalos, exceto os de certos senhores de ambos os grupos; montados sobre cavalos negros, brancos e vermelhos, cuja raça eu ignoro, eles contemplavam.

"Os que apoiavam os feiticeiros ficavam de um lado; do outro, os que estavam conosco, mas não se incomodavam mutuamente.

"Embora eu conheça os *benandanti*, eu não reconhecia nenhum desses senhores, porque eles vinham ora de uma forma ora de outra. Mas nós, os *benandanti* e os feiticeiros, nós partíamos sempre da mesma maneira.

"Enquanto esperávamos a companhia, nós não fazíamos nada, nem comer, nem beber; mas, no retorno, tantos escudos eu tinha, tantas vezes nós entrávamos pelas frestas para beber nas adegas, cavalgando os tonéis! Nós bebíamos com um bornal, como os feiticeiros; mas eles, depois, mijavam nas barricas.

"Meu caro senhor, já não vos disse que só por ter querido dizer duas palavras fui espancado violentamente, de forma a ter o dorso, os rins e os braços inteiramente pretos? E, no entanto, eu jamais o revelei ao confessor."

Tendo sido ouvidos esses depoimentos, ele foi enviado novamente à prisão etc.

Segunda-feira, 3 de outubro de 1580

Feito no mesmo lugar que o precedente, diante do Reverendíssimo Padre-Inquisidor de Aquileia, Mestre Felice da Montefalco, na presença do ilustre Provedor Giovanni Baduario, acompanhado de Sua Excelência o vigário.

Saído da prisão onde havia sido encarcerado, *Paolo Gasparutto*, da aldeia de Iassico, examinado e interrogado, depôs da forma que segue:

— Eu creio que a aparição do anjo era uma tentação do demônio, já que vós me dissestes que ele pode transformar-se em anjo.

"Cerca de um ano antes da aparição do anjo, minha mãe me deu o pelico no qual eu nasci, dizendo que ela o tinha feito batizar juntamente comigo, que ela mandara rezar nove missas para ele e também algumas orações e leituras de Evangelhos para benzê-lo. Ela me disse que eu nascera *benandante* e que, quando crescesse, sairia à noite; eu devia guardá-lo e carregá-lo comigo para ir com os *benandanti* combater contra os feiticeiros.

"Minha mãe não ia, ela não era *benandante*.

"Entre o momento em que me foi dado o pelico e o da vinda do anjo, ninguém me disse nada, nem ensinou o que quer que seja.

"Quando o anjo, que eu considero agora um demônio, me chamou, ele não me prometeu nada mas me disse que me mandaria chamar por um *benandante* chamado Baptista da Vicenza, o que de fato ocorreu.

"Eu não conhecia esse Baptista, nunca o vira, mas quando ele veio disse-me: 'Eu sou Baptista da Vicenza'.

"Nós saímos pela porta, embora estivesse fechada."

— De que maneira reconheceis as crianças enfeitiçadas?

— Pode-se ver pelo fato de que eles não lhes deixam nenhuma carne sobre os ossos, eles não lhes deixam nada, tornam-se inteiramente secas, só pele e ossos.

— Que remédio indicastes a esse homem de Brazzano para o filho dele?

— Mandei-o pesar a criança três quintas-feiras seguidas.

"O remédio consiste nisto: quando se pesa a criança sobre a balança, o capitão dos *benandanti* atormenta com a própria balança o feiticeiro que a atingiu, até fazê-lo morrer.

"A criança morreu porque pesaram-na muito tarde. — Ele acrescentou: — À medida que a criança recupera o peso, o feiticeiro perde e morre. Mas, se é a criança quem perde, o feiticeiro sobrevive.

"Quando eu era *benandante*, podia chamar quem eu quisesse para me acompanhar; qualquer *benandante* pode fazê-lo; mas antes ele deve jurar que não dirá nada, caso contrário o mal recairia sobre ele e o seu guia."

— Quem lhe faria mal?

— Os feiticeiros.

Feitos esses depoimentos, o Reverendíssimo Padre-Inquisidor, a conselho do ilustre Provedor e de Sua Excelência o senhor vigário Paolo Pradiola, libertou-o temporariamente, com a condição de reapresentar-se quando fosse chamado etc.

Tendo saído da prisão onde havia sido confinado, o pregoeiro público *Battista Moduco*, aliás "Perna Firme", examinado, advertido e interrogado, depôs da forma que segue. Interrogado, respondeu:

— Eu vos disse que não se pode partir sem esse pelico, o qual me foi dado por minha mãe, dizendo-me que eu nascera com ele, que ela o fizera batizar juntamente comigo e mandara rezar algumas missas para ele; ela acrescentou que eu devia carregá-lo comigo. Eu mandei rezar mais de trinta missas para esse pelico e mandei benzê-lo, quando passei por Roma com o senhor Mario Savorgnano.

"Sim, senhor, o padre que a benzeu estava a par, ele o punha sob a toalha do altar enquanto dizia a missa.

"Eu o fazia benzer por um frade na igreja consagrada à Virgem, perto da porta que dá entrada a Roma.

"Foi só um frade quem disse as missas, trinta ou 32, eu não sei mais; ele segurava o pelico com a mão, e eu lhe dei um escudo de ouro por cortesia."

Tendo sido feitos esses depoimentos, o Reverendíssimo Padre-Inquisidor liberou-o momentaneamente como fizera anteriormente, a conselho dos citados acima etc.

25 de novembro de 1581

Leonardo Colloredo, pregoeiro público de Cividale, sob a fé do juramento, relatou que lhe tinha sido confiada a tarefa de ir à aldeia de Iassico e citar o referido Paolo, filho de Gasparutto, da aldeia de Iassico, para comparecer no domingo diante do Reverendíssimo Padre-Inquisidor para escutar a sentença na igreja de San Francesco di Cividale, o que teve lugar a 26 de novembro de 1581. Igualmente Colloredo relatou que ele havia citado Battista Moduco para o domingo, 26 de novembro de 1581, para escutar a sentença, na mesma igreja de San Francesco di Cividale do Friul.

SENTENÇA CONTRA BATTISTA MODUCO

Em nome de Jesus, amém.

Nós, frei Felice da Montefalco, doutor em teologia sacra e Inquisidor-geral da heresia em todo o patriarcado de Aquileia e na diocese de Concordia, especialmente delegado pela Santa Sé Apostólica.

Tendo em vista que tu, Battista Moduco, pregoeiro público de Cividale do Friul na Diocese de Aquileia, foste denunciado pelo rumor público, a nós referido por pessoas dignas de fé, como suspeito de heresia, e que tu terias sido contaminado por ela há inúmeros anos, com grande dano da tua alma, em consequência; nós, a quem incumbe, em virtude do ofício que exercemos, enraizar no coração dos homens a santa fé católica e extirpar o mal herético de seus espíritos (ao que nós somos e seremos sujeitos), nós quisemos informar-nos sobre esses fatos com mais certeza e ver se alguma verdade sustentava o rumor público que chegava aos nossos ouvidos, para que, se fosse verdade, pudéssemos te prover de um remédio útil e oportuno. Nós fomos levados a fazer uma investigação, a examinar testemunhas, nós te convocamos e interrogamos da forma mais conveniente possível, sob a fé do juramento, sobre as denúncias que te diziam respeito; nós aprofundamos todos e cada um dos fatos encontrados por nós, como o exige a justiça e como também os decretos canônicos nos ordenam. Com certeza, como nós queríamos dar uma conclusão conveniente a tal causa e ver claramente o que tinha sido descoberto se tu andavas nas trevas ou na luz, se estavas infectado pela mácula da heresia ou não; segundo as regras do processo, nós chamamos solenemente diante de nós em conselho tanto peritos em teologia sagrada quanto em direito canônico e civil, com a assistência do ilustre Sr. Giovanni Baduario, mui digno Provedor de Cividale do Friul, no venerável convento de San Francesco da referida cidade, sabendo que segundo as instituições canônicas imparcial é o julgamento que é confirmado pela opinião do maior número de pessoas. Após ter tomado e digerido esse conselho, visto e diligentemente examinado os resultados do processo, pesado todos e cada um dos fatos nele contidos numa mesma balança, nós te encontramos, por tua própria confissão recebida por nós em justiça sob a fé do juramento, preso no mal da heresia em numerosos pontos:

Durante 22 anos, tu estiveste nesses erros e heresias, pois que tu confessaste ter feito parte desses *benandanti* durante aquele tempo; que entraste nesse grupo nos Quatro Tempos de dezembro; que tua mãe te deu o pelico no qual nasceste, dizendo-te que ela o havia feito batizar contigo; que ela mandara rezar algumas missas para ele e que tu devias carregá-lo contigo porque tu irias partir com os *benandanti*. Esse pelico, tu confessaste que tu o levavas contigo nessa noite em que apareceu um homem de Trivignano, conhecido de ti, mas não *benandante*; ele te disse que tu devias acompanhá-lo porque tu levavas uma coisa que era dele; então tu lhe respondeste que tu irias já que era preciso e, a partir daí, tu partiste com esse homem muitas e muitas vezes durante 22 anos.

Além disso, graças à tua própria confissão, nós ficamos sabendo que, durante uma estada em Roma, sem nenhum temor de Deus, tu fizeste celebrar sobre o citado pelico vinte missas e mandaste recitar diversas orações e textos do Evangelho por um sacerdote.

Mais ainda, tu ousaste dizer várias vezes e não temeste afirmar diante de nós que todos os que nascem empelicados pertencem a essa companhia e que devem aderir a ela quando atingem a idade de vinte anos.

Tu partias durante os Quatro Tempos do ano, na noite de quinta para sexta-feira; tu tinhas o hábito de ir combater num grande prado próximo de Azzano, ou no que tu chamas de "campo" de Conegliano e, por vezes, até mesmo em terra alemã, num prado vizinho de Cirghinis; foi para o grande prado que partiste pela primeira vez.

Foi estabelecido por nós que tu dizias que, chegando a esses lugares, vós fazíeis festa, saltando, bebendo, comendo e que vós combatíeis juntos, com ramos de erva-doce.

A seguir, a tua audácia foi tão grande e tão fraco o temor a Deus que ousaste afirmar diante de nós que revelar o nome dos feiticeiros e dos *benandanti* é ir contra a vontade divina; tu afirmaste também crer que esses jogos sacrílegos eram permitidos por Deus, que vós combatíeis por Deus; que o capitão, sob as ordens de quem tu ias a semelhantes espetáculos, fora designado por Deus.

Além disso, tão grande foi a tua perseverança e a tua credulidade na realização do mal que tu acreditavas e tinhas a firme certeza de que não somente essas obras eram de Deus como também, após a tua morte, em recompensa por elas, tu irias para o paraíso.

Tu disseste também, com a tua própria boca, que, nos vossos espetáculos e batalhas, o porta-estandarte dos *benandanti* carregava uma bandeira dourada de tafetá branco ornada com um leão, e o dos feiticeiros, uma bandeira dourada de tafetá vermelho ornada com quatro diabos negros.

Que, no retorno desses jogos, vós entráveis nas adegas para beber e cometer outras ações.

Além disso, tu ousaste crer e afirmar que o espírito ou a alma pode, quando deseja, sair do corpo e retornar, a fim de participar dessas batalhas. E, o que é sinal do teu imenso engano e do teu crime, tu recebeste o Santíssimo Sacramento da Eucaristia sem jamais ter confessado esses erros e esses crimes tão grandes.

Mas como o Senhor, compassivo e misericordioso, permite às vezes que alguns caiam em heresias e em erros não apenas para que os homens católicos e instruídos se exerçam nos louvores sagrados, mas também para que a sua queda os torne mais humildes e se exerçam nas obras de penitência, após ter diligentemente examinado os resultados do processo, como foi dito acima, nós vimos que, seguindo as nossas instruções e as de outros homens virtuosos, tu retornaste, com um julgamento mais seguro, ao seio da Santa Igreja e à sua unidade, detestando os citados erros e heresias, reconhecendo a verdade irrefutável da Santa Fé Católica, imprimindo-a no fundo das tuas entranhas. Em consequência, nós te autorizamos ao compromisso de uma abjuração pública sob juramento e te fazemos abjurar agora publicamente as citadas heresias assim como qualquer outra sob a forma escrita abaixo:

Pronunciada a abjuração, nós te absolvemos da sentença de excomunhão maior que te fora imposta após a tua queda na heresia; reconduzindo-te de novo à Santa Igreja, nós te damos novamente os sacramentos com a condição entretanto de que tu retornes à unidade da Igreja com um coração verdadeiro e uma fé não fingida, o que nós cremos e esperamos que faças.

Faz, portanto, a abjuração escrita abaixo:

Eu, Battista Moduco, pregoeiro público de Cividale do Friul da diocese de Aquileia, comparecendo diante de vós, Padre-Inquisidor da heresia em toda a diocese de Aquileia e de Concordia, tendo diante de mim os sacrossantos Evangelhos e tocando-os com as minhas mãos, juro acreditar, do fundo do coração, e confessar, por minha boca, essa santa fé católica que crê, confessa, prega e observa a Santa Igreja. Em consequência, eu abjuro, revogo, detesto e renego toda heresia, qualquer que seja, e toda seita que se eleve contra a Santa Igreja Romana e Apostólica.

Além disso, eu juro acreditar do fundo do coração e eu confesso pela minha própria boca ter feito mal ao integrar, durante 22 anos, o grupo dos *benandanti*, ter acreditado e confessado que era uma obra de Deus e que os que iam contra ela iam contra Deus.

Eu confesso igualmente ter feito mal quando saí com os outros *benandanti* e feiticeiros, nos Quatro Tempos do ano, para combater pelas colheitas e pelos vinhos.

Eu confesso e creio que o espírito e nossa alma não podem sair e retornar ao corpo, à sua vontade. Eu digo também e confesso ter feito mal em nunca ter confessado os meus erros. *Item*, eu abjuro e detesto ter carregado o pelico no qual nasci e ter mandado celebrar missas para ele, coisa detestada pela Santa Igreja.

Eu abjuro igualmente e detesto ter ido aos lugares que citei para participar desses jogos, desses banquetes e dessas batalhas travadas com ramos de erva-doce.

Item, eu abjuro e detesto o sacrilégio que cometi contra a Santa Igreja ao dizer que aquele que revela o nome dos feiticeiros e *benandanti* vai contra a vontade de Deus, que esses jogos vêm de Deus e que essas batalhas são dedicadas a Deus.

Além disso, eu abjuro e detesto ter acreditado e afirmado que o capitão sob as ordens de quem eu partia fora indicado por Deus.

Item, eu abjuro e detesto minha perseverança em crer que não só essas obras eram de Deus, mas que, após a minha morte, graças a elas eu iria para o paraíso.

Eu abjuro e detesto também ter dito que, nesses jogos e nessas batalhas, o porta-estandarte dos *benandanti* levava uma bandeira dourada de tafetá branco, ornada com um leão, e o dos feiticeiros uma bandeira dourada de tafetá vermelho, ornada com quatro diabos negros.

Item, eu abjuro e detesto ter afirmado acreditar e ter por certo que a alma possa sair do corpo e retornar a ele à sua vontade, quando vai a esses jogos.

Eu detesto finalmente e abjuro toda atividade culpada, qualquer que seja, e toda heresia que eu tenha cometido contra a Santa Igreja, diante da qual, com toda a minha alma e todo o meu coração, eu me inclino sempre, pedindo perdão ao Altíssimo Criador.

Além disso, eu juro e prometo que, no futuro, não manterei sob silêncio heresia alguma, nem acreditarei ou me aproximarei de nenhuma; não as ensinarei a outras pessoas; mas, se eu souber que alguém está infestado de heresia, pertence ao grupo dos feiticeiros ou é feiticeiro ou *benandante*, eu o declararei a vós, Padre-Inquisidor, ou aos vossos sucessores.

Eu juro também e prometo fazer, de acordo com a minha capacidade, toda penitência que me foi ou me será imposta por vós, não fugir nem me ausentar mas, todas as vezes que eu for procurado, apresentar-me o mais cedo possível; que assim Deus e os seus Santos Evangelhos me ajudem. Mas, se eu recair nos erros anteriores já abjurados (que Deus não permita!), quero imediatamente ser tido por relapso e me obrigo e me submeto às penas impostas aos relapsos, desde que provados judiciariamente ou por mim confessados.

Já que é seguramente muito indigno vingar as injúrias feitas aos senhores temporais suportando, com serenidade, as injúrias feitas ao Senhor do Céu e Criador de todas as coisas; já que é muito mais grave ofender a Majestade Eterna do que a temporal, a fim de que aquele que tem piedade dos pecadores tenha também piedade de ti, que tu sejas um exemplo para todos os outros, que os crimes não fiquem impunes, para tornar-te mais prudente no futuro, que tu não te tornes mais propenso e sim mais renitente em cometer os erros citados acima e todas as outras coisas proibidas.

Nós, frei Felice da Montefalco, Inquisidor-Geral acima citado e juiz nas causas de fé, presidindo o tribunal à maneira dos juízes, com todo o poder de S. Rev.ma o bispo de Cattaro, vigário e sufragâneo do patriarcado, de acordo com os referidos Senhor Provedor e outras pessoas versadas em teologia sagrada e em ambos os direitos, com os sacrossantos Evangelhos colocados diante de nós, para que nosso julgamento proceda do olhar de Deus e que nossos olhos vejam a equidade, não tendo diante de si a não ser Deus e a verdade irrefutável da fé ortodoxa, nós te declaramos culpado e te condenamos, a ti, Battista Moduco, comparecendo pessoalmente à nossa presença, a pronunciar a abjuração referida nesse lugar, dia e hora, e a escutar a sentença definitiva e a penitência imposta.

Primeiro: Nós te condenamos a ser mantido em prisão durante seis meses, de onde só sairás com a nossa autorização expressa e escrita.

Segundo: Todas as sextas-feiras dos Quatro Tempos, tu jejuarás e rogarás a Deus a fim de que Ele te perdoe os pecados que tu cometeste nesses dias, e isso durante dois anos consecutivos.

Terceiro: Três vezes por ano, na data da Ressurreição, da Ascensão da Virgem Maria no mês de agosto e da Natividade de Nosso Senhor, durante cinco anos, tu confessarás os teus pecados e receberás o Santíssimo Sacramento da Eucaristia, apresentando ou enviando um atestado ao cura do Santo Ofício da Inquisição.

Quarto: Tu deves enviar ao Santo Ofício da Inquisição todos os pelicos nos quais nasceram ou venham a nascer os teus filhos, sem destruí-los pelo fogo.

Por penitência ou para a tua salvação, todo dia de festa, durante três anos, tu recitarás o rosário, pedindo a Deus que Ele te perdoe os pecados e erros.

Reservamo-nos a possibilidade de atenuar ou liquidar, total ou parcialmente, a tua penitência, de acordo com o que parecer mais conveniente para ti.

Domingo, 26 de novembro de 1581

A sentença citada acima foi levada, dada e promulgada sentencialmente, nesses termos, pelo venerável senhor Padre Felice da Montefalco, inquisidor etc., presidente do tribunal; logo após o discurso feito por ele na presença de todo o povo, a referida abjuração foi feita pelo acima citado Battista Moduco, diante da veneranda autoridade, na venerável igreja de San Francesco di Cividale do Friul, sentado no banco do altar de Santo Antônio.

Lido por mim, Antonio Masetto, notário de Cividale, atuando como escrivão, diante da multidão popular que assistia e escutava com atenção.

No dia citado, tendo Battista Moduco suplicado e implorado humildemente, o Rev.mo Padre-Inquisidor, a fim de que o referido Battista pudesse ocupar-se da sua família, reduziu a pena ou penitência de seis meses de prisão conforme a possibilidade contida na sentença, desde que o mesmo Battista, nos quinze dias seguintes, não saísse do território de Cividale. Decidido isso, ele lhe perdoou então, no momento, somente a pena de prisão.

* * *

Na presença do venerável padre Mestre Bonaventura Tivarutio e de Sua Excelência o Sr. Giulio Delaiolo, honrado vigário do ilustre Senhor Provedor da citada Cividale.

SENTENÇA CONTRA PAOLO GASPARUTTO

Em nome de Cristo, amém.

Nós, frei Felice da Montefalco, doutor em teologia sagrada e Inquisidor-geral da heresia em todo o patriarcado de Aquileia e na diocese de Concordia, especialmente delegado pela Santa Sé Apostólica.

Tendo em vista que tu, Paolo, filho do falecido Gasparutto da aldeia de Iassico da diocese de Aquileia, foste denunciado pelo rumor público, trazido a nós por pessoas dignas de fé, como suspeito de heresia; e que tu terias sido contaminado por ela há muitos anos, com grande risco para a tua alma, denúncia que feriu gravemente o nosso coração. Em consequência, nós, que nos incumbimos, em virtude do ofício que exercemos, de enraizar no coração dos homens a santa fé católica e de extirpar o mal herético de seus espíritos (ao que somos e seremos obrigados), nós quisemos informar-nos sobre esses fatos com maior certeza e ver se alguma verdade sustentava o rumor chegado aos nossos ouvidos para que, se ficasse claro que era verdade, nós pudéssemos fornecer-te um remédio útil e oportuno. Nós fomos levados a fazer um inquérito, a examinar testemunhas; nós te convocamos e interrogamos da forma mais conveniente possível, sob a fé do juramento, sobre as denúncias que te concernem; nós aprofundamos todos e cada um dos fatos encontrados por nós, como exige a justiça e como também os decretos canônicos nos ordenam. Assim, como nós queríamos dar uma conclusão conveniente a essa causa e ver claramente o que havia sido descoberto, se caminhavas nas trevas ou na luz, se tu estavas infectado pela mácula da heresia ou não; segundo as regras do processo nós chamamos solenemente diante de nós em conselho tanto peritos em teologia

231

sagrada quanto direito canônico e civil, com a assistência do ilustre senhor Giovanni Baduario, mui digno Provedor de Cividale do Friul, no venerável convento de San Francesco da citada cidade, sabendo que, conforme às instituições canônicas, imparcial é o julgamento que é confirmado pela opinião do maior número. Após ter tomado e digerido esse conselho, visto e diligentemente examinado os méritos do processo, pesado todos e cada um dos fatos nele contidos numa mesma balança, nós te encontramos, por tua própria confissão recebida em justiça por nós sob a fé do juramento, preso no mal da heresia em numerosos pontos; primeiramente:

dez anos consecutivos tu fizeste parte dos feiticeiros que chamas *benandanti*, tu acreditaste do fundo do coração e confirmaste de viva voz muitas e muitas vezes que era obra de Deus; melhor, tu afirmavas, tinhas por certo e dizias, o que é o maior crime, que se alguém fosse contra essa seita ia contra a vontade de Deus; diante do nosso tribunal, tu não temeste afirmá-lo e, o que não é de pouco interesse, não somente tu seguiste essa seita diabólica durante todos os anos em que te entregaste a essa obra, mas também exortaste outras pessoas a acompanhar-te, as quais, tendo-te uma vez prometido, eram a seguir forçadas a ir contigo de bom grado ou à força e a participar de vossos espetáculos e de vossos crimes. Aos participantes tu ensinaste que eles não deveriam pronunciar nem o santo nome de Deus nem os dos santos, senão eles não poderiam retornar. Além disso, tu confessaste, por tua própria boca, que na idade de 28 anos, durante os Quatro Tempos do mês de dezembro, na noite de quinta-feira, por volta das quatro horas, te apareceu o diabo sob a forma de um anjo, chamando-te pelo teu próprio nome e dizendo-te: "Paolo, é preciso ir combater pelas messes e lutar contra os feiticeiros". Tu lhe prometeste ir e ele se comprometeu a enviar-te um homem de Vicenza para chamar-te e conduzir-te. Este último veio precisamente durante o mês de dezembro, numa quinta-feira, à quarta hora da noite, dizendo-te: "o capitão te chama para a batalha". Assim, muitas e muitas vezes, tu foste às artes diabólicas conduzido pelo diabo e pelo capitão veronês, tu te entregaste a essa

232

obra e, coisa ímpia e criminosa, tu te tornaste culpado de idolatria todas as vezes em que tu ias a esses espetáculos e adoravas o mau anjo, como Nosso Senhor Jesus Cristo, nas igrejas e outros lugares, é e deve ser adorado.

Os lugares aos quais tu ias habitualmente eram os campos de Gradisca, Verona, Cormons, perto de Iassico, durante cada um dos Quatro Tempos do ano, na noite que se segue à quinta-feira; como aparece neste processo, tu aí te divertias com os teus companheiros, saltavas, cavalgavas diversos animais; da primeira vez pelas messes e o trigo, da segunda vez pelas colheitas miúdas, da terceira pelos vinhos e da quarta pelos animais, tu travavas batalhas. As armas das quais tu te servias nesses jogos e nessas batalhas eram ou ramos de erva-doce ou talos da planta vulgarmente chamada viburno.

No retorno, sedento, com os teus companheiros, tu te introduzias nas casas e nas adegas para fazer muitas más ações, enquanto bebias.

De ti soubemos também que tu tinhas por certo e acreditavas que o espírito podia sair do corpo e retornar à sua vontade quando tu te entretinhas com o mau anjo e participavas desses jogos. Por essa razão, tu afirmavas com certeza esses erros, a saber: que se alguém, durante o tempo em que executavas esses ultrajes, fosse iluminar com uma lamparina ou uma vela o corpo estendido a fim de contemplá-lo, este não responderia enquanto não se tivesse cessado de olhá-lo.

Além disso, tu dizias que, se alguém olhasse o teu corpo estendido sobre o leito durante toda a noite, teu espírito não poderia retornar ao corpo nem no dia seguinte, nem num outro dia, mas somente à noite. Se, durante esse tempo, o teu corpo fosse colocado num túmulo, a tua alma iria vagar pelo mundo até o tempo e a hora fixada por Deus para a sua morte.

Item, tu afirmaste que se tu revelasses a alguém os nomes dos teus companheiros e as suas atividades, durante a noite tu serias espancado pelos teus cúmplices, como já ocorreu, segundo dizes.

Além disso, de ti soubemos que um ano antes da aparição do mau anjo tua mãe te deu o pelico no qual nasceste, dizendo: "Eu mandei batizar esse pelico juntamente contigo, mandei dizer nove missas para ele, bênçãos, orações, leituras de Evangelhos; toma-o portanto e carrega-o contigo, porque tu nasceste para ser *benandante* quando chegar o momento".

Enquanto tu te entregavas a essas atividades diabólicas, tu recebeste a confissão e a santa Eucaristia, sem nunca ter revelado nada ao teu confessor, o que é o sinal mais manifesto de tua impiedade e de tua perdição.

Mas como o Senhor, compassivo e misericordioso, permite às vezes que alguns caiam em heresias e erros não apenas para que os homens católicos e instruídos se exerçam nos santos louvores mas também para que as suas quedas os tornem mais humildes e que eles se exerçam nas obras de penitência, após ter diligentemente examinado os resultados do processo como está dito acima, nós vimos que, seguindo as nossas instruções e as de outros homens virtuosos, tu voltaste, com um julgamento mais seguro, ao seio da Santa Igreja e à sua unidade, detestando os citados erros e heresias, reconhecendo a verdade irrefutável da Santa Fé Católica, imprimindo-a no fundo das tuas entranhas. Como consequência, nós te autorizamos ao compromisso público de abjuração sob juramento e te fazemos agora abjurar publicamente as citadas heresias assim como qualquer outra sob a forma descrita abaixo:

Pronunciada a abjuração, nós te absolvemos da sentença da excomunhão maior que te ligava após a tua queda na heresia; reconduzindo-te à Santa Igreja nós te devolvemos aos sacramentos, com a condição entretanto de que retornes à unidade da Igreja com um coração verdadeiro e com uma fé não fingida, o que nós acreditamos e esperamos que tu faças.

Faz portanto a abjuração redigida abaixo:

Eu, Paolo Gasparutto de Iassico, da diocese de Aquileia, comparecendo pessoalmente diante de vós, Padre-Inquisidor da heresia em toda a referida diocese e na de Concordia, especialmente delegado pela Santa Sé Apostólica, tendo diante de mim os sacrossantos Evangelhos e tocando-os com as minhas mãos, juro acreditar do fundo do meu coração nessa Santa Fé Católica e Apostólica que crê, confessa, prega e observa a Santa Igreja Romana. Em consequência, eu abjuro, revogo, detesto e renego toda heresia, qualquer que seja, e toda seita que se levante contra a Santa Igreja Romana e Apostólica.

Além do mais, eu juro acreditar do fundo do coração e eu confesso por minha boca ter feito mal em participar durante dez anos dos *benandanti*, ter acreditado e confessado que era uma obra de Deus e que os que iam contra ela iam contra Deus.

Eu confesso igualmente ter feito mal em tentar fazer com que outras pessoas assistissem a esses espetáculos,

Da mesma forma, eu detesto e abjuro as honras e adorações que fiz ao anjo por idolatria.

Eu confesso igualmente ter feito mal em ter partido durante os Quatro Tempos do ano com os outros *benandanti* e feiticeiros para combater pelas colheitas e pelos vinhos.

Eu confesso e creio que o nosso espírito ou a alma não pode sair do corpo e retornar a ele à sua vontade,

Eu confesso igualmente que as almas (mesmo que o corpo seja colocado num túmulo) não erram e não podem errar pelo mundo.

Eu confesso ter feito mal em não ter revelado os meus erros.

Eu abjuro e detesto toda espécie de heresia condenada ou a condenar pela Santa Igreja Apostólica e Romana.

Eu juro e prometo que, no futuro, não recairei na heresia citada nem em outras. Não acreditarei nem me aproximarei de outras; se eu souber que alguém está maculado de heresia, pertence aos feiticeiros ou é feiticeiro e *benandante*, eu o declararei a vós, Padre-Inquisidor, ou a vossos sucessores.

Eu juro e prometo realizar, com todas as minhas forças, toda a penitência que me foi ou me será dada por vós.

Eu juro e prometo não fugir nem me ausentar, mas todas as vezes que eu for procurado por vós ou vossos sucessores, apresentar-me o mais cedo possível; que assim Deus me ajude e os santos Evangelhos. Mas se, no futuro, eu recair nos erros precedentes abjurados (que Deus não permita!), eu quero imediatamente ser tido por relapso e me submeto às penas impostas aos relapsos, desde que o fato seja provado judiciariamente ou por mim confessado.

Já que é seguramente muito indigno vingar as injúrias feitas aos senhores temporais, suportando com serenidade as injúrias feitas ao Senhor dos Céus e Criador de todas as coisas; já que parece muito mais grave ofender a Majestade Eterna do que a temporal; a fim de que aquele que tem compaixão pelos pecadores tenha piedade de ti, que tu sejas um exemplo para todos os outros, que os crimes não fiquem impunes, para tornar-te mais prudente no futuro, que tu não te tornes mais propenso, mas ao contrário, mais receoso de combater os citados erros e todas as outras coisas proibidas.

Nós, frei Felice da Montefalco, inquisidor-geral citado e juiz nas causas da fé, presidindo o tribunal à maneira dos juízes, com o poder de S. Rev.ᵐᵃ o bispo de Cattaro, vigário e sufragâneo do patriarcado, a conselho dos referidos ilustre Senhor Provedor e outras pessoas versadas em teologia sagrada e em ambos os direitos; com os sacrossantos Evangelhos colocados diante de nós, para que nosso julgamento proceda do olhar de Deus e que nossos olhos vejam a equidade, tendo diante deles apenas Deus e a verdade irrefutável da fé ortodoxa; nós te declaramos culpado e te condenamos, a ti, Paolo Gasparutto, comparecendo pessoalmente diante da nossa presença, a pronunciar a abjuração citada nesse lugar e hora e a escutar a sentença definitiva e a penitência infligida.

Primeiro: Nós te condenamos a ser posto em prisão durante seis meses, de onde só sairás com a nossa autorização expressa e escrita.

Segundo: Todas as sextas-feiras dos Quatro Tempos, tu jejuarás e pedirás a Deus que te perdoe os pecados que cometeste nesses dias, e isso durante dois anos consecutivos.

Terceiro: Três vezes por ano, na Ressurreição, na Ascensão da Virgem no mês de agosto e na Natividade de Nosso Senhor, durante cinco anos, tu confessarás os teus pecados e receberás o santíssimo sacramento da Eucaristia, apresentando ou enviando um atestado do cura ao Santo Ofício da Inquisição.

Quarto: Tu deves e és obrigado a enviar ao Santo Ofício da Inquisição todos os pelicos nos quais nasceram ou nasçam os teus filhos, sem destruí-los pelo fogo.

Quinto: Durante as procissões das Rogações antes da Ascensão do Senhor, ser-te-á proibido, a ti e aos teus criados, carregar viburnos, e tu não deverás, em caso algum, tê-los contigo.

Para a tua penitência ou a tua salvação, todo dia de festa, durante três anos, tu rezarás o rosário, pedindo a Deus que Ele te perdoe por teus pecados e erros.

Reservamo-nos a possibilidade de atenuar a tua penitência, libertando-te total ou parcialmente, segundo o que nos parecer conveniente.

Domingo, 26 de novembro de 1581

A sentença acima foi levada, dada e promulgada sentencialmente nesses termos pelo venerável senhor padre Felice da Montefalco, citado inquisidor etc., presidente do tribunal; logo após o discurso feito por ele na presença de todo o povo, a abjuração citada foi feita pelo referido Paolo Gasparutto, diante de Sua Reverendíssima, na venerável igreja do convento de San Francesco di Cividale do Friul, sentado no banco do altar de Santo Antônio.

Lido por mim, Antonio Masetto, notário de Cividale, tomado como escrivão, diante de multidão atenta, como anteriormente.

No dia citado

Tendo o referido Paolo Gasparutto suplicado e implorado humildemente, o Rev.ᵐᵒ Padre-Inquisidor, para que Paolo pudesse voltar à sua casa e ocupar-se de sua família e de seus filhos, reduziu a pena ou penitência de seis meses de prisão conforme a possibilidade reservada na sentença, desde que o mesmo Paolo não se afastasse do território de Cividale e da aldeia de Iassico. Estabelecido isso, perdoou-lhe somente a citada pena de prisão.

Na presença do Venerável padre Mestre Bonaventura Tivarutio, confrade do venerável convento dos menores, e de S. Excia. o senhor Giulio Delaiolo, honrado vigário do ilustre Senhor Provedor da citada Cividale do Friul.

NOTAS

ABREVIATURAS

ACAU   Arquivo da Cúria Arquiepiscopal de Udine
ACEB   Arquivo da Cúria Episcopal de Bergamo
AHD   Arquivo Histórico de Dubrovnik
AHMB   Arquivo Histórico Municipal de Brescia
AHMM   Arquivo Histórico Municipal de Milão
APL   Arquivo da Província de Lucca
APM   Arquivo da Província de Modena
APP   Arquivo da Província de Parma
APV   Arquivo da Província de Veneza
BCAU   Biblioteca da Cúria Arquiepiscopal de Udine
BMB   Biblioteca Municipal de Bolonha
BMU   Biblioteca Municipal de Udine
BTCD   Biblioteca do Trinity College de Dublin

PREFÁCIO [pp. 7-14]

1. *Zauberwahn, Inquisition und Hexenprozess im Mittelalter und die Entstehung der grossen Hexenverfolgung*, Munique e Leipzig, 1900. *Quellen und Untersuchunger zur Geschichte des Hexenwahns und der Hexenverfolgung im Mittelalter*, Bonn, 1901. Hansen desenvolveu e documentou uma intuição de S. Riezler (*Geschichte der Hexenprozesse in Bayern*, Stuttgart, 1896).

2. M. Tejado Fernandez, *Aspectos de la vida social en Cartagena de Índias durante el Seiscientos*, Sevilha, 1954, pp. 106 ss., 127 ss., 142 ss.

3. *Hexenglaube und Hexenverfolgung in den österreichen Alpen Ländern*, Berlim e Leipzig, 1934.

4. *The witch-cult in Western Europe*, Oxford, 1921 (2ª ed. 1962, pref. de S. Runciman). Nos trabalhos publicados posteriormente sobre essas questões, Murray simplesmente reformulou, de maneira ainda mais rígida e menos aceitável, a tese enunciada nesse primeiro livro.

5. Cf., por exemplo, a resenha de W. R. Halliday, que apareceu em *Folklore*, vol. 33 (1922), pp. 224-30.

6. *Geheimkulte*, Heidelberg, 1951, pp. 266 ss. Peuckert (que não cita

Murray) recoloca essa tese no interior da oposição racista, que lhe é habitual, entre os germanos viris, dedicados à caça e à guerra, e os povos mediterrânicos efeminados, ligados à agricultura e à vegetação, para "demonstrar" que a feitiçaria tem a sua origem entre estes últimos.

7. J. Marx, *L'Inquisition en Dauphiné*, Paris, 1914 (*Bibliothèque de l'École des Hautes Études*, fasc. 206), pp. 29 ss.

8. L. Weiser-Aall, in *Handwörterbuch des deutschen Aberglaubens*, aos cuidados de E. Hoffmann-Krayer e H. Bächtold-Stäubli, III, col. 1828, 1849-51.

9. O problema das relações com as crenças análogas do mundo clássico (nós pensamos na descrição, feita por Apuleio no *Asno de Ouro*, da bruxa que se unta com unguentos para ir a uma assembleia) não foi ainda enfrentado de forma satisfatória.

10. *Erdmutter und Hexe. Eine Untersuchung zur Geschichte des Hexenglaubens und zur Vorgeschichte der Hexenprozesse*, Munique e Freising, 1936. Descobri esse trabalho pela crítica que lhe foi feita por A. Runeberg, "Witches, demons and fertility magic", *Societas Scientiarum Fennica. Commentationes humanarum litterarum*, XIV, 4, Helsinque, 1947, p. 84, nota.

11. Ignorando a língua sueca, não pude levar em conta o trabalho de D. Strömbäck, *Sejd*, Lund, 1935, que, a julgar pelas poucas menções que lhe fazem W. E. Peuckert e A. Runeberg, deve fornecer, sobre esse ponto, elementos interessantes.

12. A conexão entre bruxas e xamãs é proposta, sob forma hipotética, por Peuckert (*Geheimkulte*, p. 126) e, com mais convicção, por E. Stiglmayr (*Die Religion in Geschichte und Gegenwart*, III, 3ª ed. Tübingen, 1959, col. 307-8).

13. Cf. G. Marcotti, *Donne e monache. Curiosità*, Florença, 1884, pp. 290-1; E. Fabris Bellavitis, in *Giornale di Udine e del Veneto Orientale*, a. XXIV, 2 de agosto de 1890; V. Ostermann, *La Vita in Friuli*, 2ª ed., aos cuidados de G. Vidossi, Udine, 1940, *passim*; A. Lazzarini, *Leggende Friulane*, Udine, 1915, p. 14. Ver também os vocábulos "belandànt, benandànt" em *Il Nuovo Pirona*, *vocabolario friulano*. Udine, 1935, e "benandante" em E. Rosamani, *Vocabolario giuliano*, Bolonha, 1958. Battistella, no seu trabalho *Il Sant'Officio e la Riforma religiosa in Friuli*, Udine, 1895, faz alusão (p. 102) a "loucos ou charlatães chamados *benandanti*".

I. AS BATALHAS NOTURNAS [pp. 18-56]

1. ACAU, Santo Ofício, "Do ano de 1574 ao ano de 1578 incl., de 57 a 76 incl.", proc. nº 64, f. 1r. Sobre a inquisição no Friul, ver o velho estudo de Battistella, *Il Sant'Officio...* cit. Sobre a situação religiosa no Friul no século XIV, ver os trabalhos de P. Paschini, notadamente "Eresia e Riforma cattolica al confine orientale d'Italia", *Lateranum*, a. XVII, nn. 1-4, Roma, 1951. O riquíssimo material relativo ao Santo Ofício de Aquileia e de Concordia,

conservado nos arquivos da Cúria Arquiepiscopal de Udine, não foi inventariado. Battistella, que não pôde utilizar essas fontes para a redação da obra citada, fornece a esse respeito algumas informações muito sumárias. Os processos, que constituem a maior parte do fundo, são numerados e ordenados de forma cronológica. Os cartulários que os contêm (cerca de uma centena) não têm número de ordem. Existe, para os primeiros mil processos, um registro manuscrito do século XVIII, intitulado "Novus liber causaram S. Oficii Aquileiae, regestum scilicet denunciatorum, sponte comparitorum, atque per sententiam, vel aliter expeditorum, ab anno 1551 usque ad annum 1647 inclusive...", atualmente conservado pela Biblioteca Municipal de Udine (ms. 916, cf. A. Battistella, *Il Sant'Officio...*, cit., p. 7). Esse registro foi utilizado por Battistella, Ostermann (*La Vita in Friuli*, cit., *passim*) para os processos contra as práticas mágicas e supersticiosas, e por Marcotti (*Donne e monache...*, cit.), num grau menor. Um registro dos processos posteriores a 1647 está conservado nos arquivos da Cúria Arquiepiscopal de Udine. Após os mil primeiros processos, a numeração recomeça em 1. Para evitar a confusão, eu conservei essa numeração, acrescentando *bis*: proc. n⁰ 1 *bis, 2 bis* etc. Maracco se tornara vigário em 1557. Ver a seu respeito P. Paschini, *Eresia...*, cit., p. 40, n. 17, e, do mesmo autor, *I vicari generali nella diocesi di Aquileia e poi di Udine* (*Messa novela del sacerdote Antonio Lotti*), Vittorio Veneto, 1958, pp. 23-5.

2. O termo assim traduzido é "sbilfoni". Cf. "sbilfons", "folletti" (*Il Nuovo Pirona...*, cit., *sub voce*).

3. ACAU, Santo Ofício, "Do ano de 1574...", proc. n⁰ 64, f. 1*v*. Chamam-se "Quatro Tempos" os três dias de jejum prescritos pelo calendário eclesiástico durante a primeira semana da Quaresma (Tempos da primavera), a oitava de Pentecostes (Tempos de verão), a terceira semana de setembro (Tempos de outono) e a terceira semana do Advento (Tempos de inverno).

4. ACAU, Santo Ofício, "Do ano de 1574...", proc. n⁰ 64, f. 2*r*. A grafia "benandante" parece ser a mais antiga. Mais tarde, salvo algumas variantes episódicas como "buono andante", a grafia "bellandante" (*belandant*) começa a entrar em uso, percebida inicialmente como errônea e, por isso, quase sempre, corrigida para "benandante"; cf.: "Do ano de 1621 ao ano de 1629 incl., de 805 a 848 incl.", proc. 815 (ano 1622). A fórmula "e na sua linguagem benandante" foi acrescentada na margem, escrita pela mesma pessoa, talvez durante a releitura do interrogatório.

5. ACAU, "Livro primeiro das sentenças contra os acusados diante do Santo Ofício", f. 97*r*.

6. O rio Iudrio, afluente do Natisone.

7. ACAU, Santo Ofício, "Do ano de 1574...", proc. n⁰ 64, f. 2*v*.

8. Ib., f. 3*r*.

9. Ib., ff. 3*r-v*. No original, "coconi"; cf. *cialcon* (ou *cocon*), tampão, rolha de madeira dos tonéis (*Il Nuovo Pirona...*, cit., *sub voce*).

10. Ib., f. 4r. "Adega" é tradução de "canova"; cf. *Il Nuovo Pirona...*, cit., nos verbetes *canevin* e *canevon*. "O vinho de azedaria" é tradução de "il vino verneria verssa"; cf. ib., *vesse ou vessa*, no sentido metafórico de "coisa ruim, que não vale nada".

11. Sobre a perseguição à feitiçaria e a atitude a seu respeito por parte de juízes e inquisidores, cf. os trabalhos já citados de J. Hansen.

12. Resumindo um julgamento mais que secular, Del Rio definia o crime cometido pelas bruxas que iam ao sabá como "um crime imenso, muito grave, horrível, porque nele se encontram as circunstâncias dos maiores crimes: as apostasias, a heresia, os sacrilégios, as blasfêmias, os homicídios, ou mais frequentemente parricídios, o coito *contra naturam* com uma criatura espiritual, o ódio a Deus, que nada pode ultrapassar em atrocidade" (*Disquisitionum magicarum libri sex*, Veneza, 1652, mas a primeira edição data de 1599-1600, pp. 493-4).

13. Cf. também *Annales Minorum...*, t. XXIII, 2ª ed., ad Claras Aquas, 1934, p. 107.

14. ACAU, Santo Ofício, "Do ano de 1574...", proc. nº 64, cit., f. 4v. Sobre as infiltrações heréticas na diocese de Aquileia durante esse período, cf., além de Paschini, *Eresia...* cit., pp. 55-83, *Purliliarum comitis Bartholomei visitatio Dioecesis Aquilegis*, 1570 (BMU, ms. 1039).

15. ACAU, S. Ofício, "Do ano de 1574...", proc. nº 64, cit., ff. 4v-5r.

16. Ib., f. 5v.

17. Ib., ff. 5v-6r.

18. Ib., ff. 6r-v.

19. Ib., ff. 6v-7r.

20. No original *giobbia*, isto é: quinta-feira.

21. ACAU, S. Ofício, "Do ano de 1574...", proc. nº 64, cit., ff. 7r-v.

22. Viburno é a tradução de "paugnia"; cf. *paugne* (*Il Nuovo Pirona...*, cit., *sub voce*). Sobre as procissões das Rogações no Friul, cf. V. Ostermann, *La Vita in Friuli*, cit., vol. I, pp. 129 ss.

23. ACAU, S. Ofício, "Do ano de 1574...", proc. nº 64, cit., f. 8r.

24. Ver, adiante, à p. 144.

25. ACAU, S. Ofício, "Do ano de 1574...", proc. nº 64, cit., ff. 8r-v.

26. Ib., f. 8v.

27. Ib., f. 9v. É inútil dizer que a influência exercida por Gasparutto sobre Moduco nessa ocasião não explica a concordância geral das confissões dos dois *benandanti*.

28. Ib., ff. 9v-10r.

29. Ver supra, p. 24.

30. ACAU, S. Ofício, "Do ano de 1574...", proc. nº 64, cit., f. 11r.

31. O provedor de Cividale, fortalecido por uma autorização dada pelo Conselho dos Dez, não admitia que os casos de heresia — no caso particular, "um processo instaurado contra um *benandante*" — nos quais estivessem

implicados habitantes de Cividale fossem julgados em Udine, na presença do lugar-tenente da Pátria do Friul; era o que escrevia ao patriarca, a 11 de janeiro de 1581, o vigário-geral Paolo Bisanzio (Ver, a seu respeito, P. Paschini, *I vicari generali...*, cit., pp. 26-7). O patriarca insistiu e, a 18 de fevereiro, Bisanzio advertia novamente o provedor de Cividale de que não convinha "que, em semelhantes casos, o patriarca andasse vagando a fim de fazer expedições por toda a região, desmembrando assim esse tribunal e introduzindo outros novos" (BCAU, ms. 105, "Bisanzio, Cartas de 1577 a 1585", cópia do século XVIII, ff. 93r-94r-v, e 95v). Mas foi o provedor que levou a melhor; de Roma, o patriarca advertiu inutilmente os inquisidores venezianos (29 de fevereiro de 1581) de que, seguindo o exemplo de Cividale, as províncias mais distantes, como a Carnia ou o Cadore, acabariam por reclamar a criação de sedes separadas do tribunal do Santo Ofício (APV, Santo Ofício, b. 162). Também ficou sem resposta a carta de 8 de março, na qual Bisanzio fazia observar aos inquisidores venezianos que, deslocando o tribunal do Santo Ofício de um lugar para outro da diocese, transgredia-se o princípio do "segredo", necessário para os casos dessa natureza (BCAU, ms. 105, "Bisanzio, Cartas...", ff. 98v-99r). A contínua rivalidade entre Cividale e Udine é mencionada por A. Ventura, *Nobiltà e popolo nella società veneta de '400 e '500*, Bari, 1964, pp. 190-2.

32. A tendência das autoridades eclesiásticas de incluir os delitos de magia e de feitiçaria no crime de "heresia" se delineou lentamente. Numa bula de 13 de dezembro de 1258, Alexandre IV afirmava que os inquisidores encarregados dos desvios heréticos não podiam julgar os crimes de "adivinhação e sortilégio", a menos que constituíssem "uma heresia manifesta" (J. Hansen, *Quellen...*, cit., p. 1). Formulação suficientemente elástica e, por isso mesmo, imprópria para frear uma tendência já ativa, ligada entre outras a uma difusão cada vez maior das práticas mágicas e supersticiosas. Dois séculos mais tarde, Nicolau V, numa bula endereçada, a 1º de agosto de 1451, ao inquisidor-geral da França, Hugo Lenoir, exortava a perseguir e punir os crimes "de sacrilégios e de adivinhações mesmo que não constituíssem uma heresia manifesta" (ib., p. 19). Isso dava aos inquisidores a possibilidade de se apropriarem dos casos de simples superstição, o que aconteceu muito frequentemente. O que é determinante, bem entendido, são as relações entre Inquisição e juízes seculares, nos vários lugares; em Paris, por exemplo, foram estes últimos que, no fim do século XIV, conseguiram apropriar-se dos processos de feitiçaria; cf. J. Hansen, *Zauberwahn...*, cit., p. 363, n. 3. Mais tarde, tentou-se encaixar as confissões das bruxas sobre o sabá, a adoração do diabo e a profanação dos sacramentos na rubrica "heresia de fascinação" (N. Jacquier) ou "heresia de encantamento" (B. Spina); ver a abjuração pronunciada, a 8 de fevereiro de 1579, por Joanina, habitante de Cendre, na diocese de Como: "eu abjuro e renego essa seita herética, idolatra e apóstata das bruxas, na qual caí durante vários anos, [...] eu renego e abjuro essa heresia que obriga a honrar o demônio e a oferecer-se a ele como eu fiz [...] eu abjuro essa heresia pérfida e apóstata que prega a rejeição da fé..." (BTCD, ms. 1225,

243

II, vol. 2, ff. 35*r-v*). Quando isso não era possível, supunha-se uma apostasia e uma heresia implícitas; ver, por exemplo, a *inquisitio* redigida durante o processo contra a bruxa de Modena, Anastacia, a Frappona (1519), cit. por este autor nos *Annali della Scuola Superiore di Pisa, Lettere, Storia, e Filosofia*, II vol. XXX (1961), p. 282, n. Bartolomeu Spina toma posição no mesmo sentido, contra Ponzinibio (*Quaestio de strigibus*, Roma, 1576, pp. 177-8; o tratado foi composto por volta de 1520-5); mas sobre esse ponto o acordo estava longe de ser perfeito, como o mostram as incertezas de um Francesco Pegna (ver os seus comentários sobre *Lucerna inquisitorum haereticae pravitatis* de Bernardo da Como, Veneza, 1596, pp. 46-7, 49 e 51), para não citar os oponentes, como Alciato. É em Roma, no seio da Congregação do Santo Ofício, que começou a se delinear uma tendência favorável ao abandono aos juízes seculares dos casos de superstições não heréticas. É assim que, a 21 de dezembro de 1602, o cardeal Camillo Borghese, futuro Paulo V, em nome de toda a congregação, dirigia uma reprimenda severa ao vigário do inquisidor de Bolonha, o qual pretendia "que os casos de superstições, de encantamentos, de feitiços não podiam ser instruídos pelo Tribunal de Sua Senhoria mas deviam ser enviados ao Santo Ofício"; ele o convidava a abster-se "dessas novidades, sabendo muito bem que os tribunais ordinários não são obrigados a comunicar os processos aos inquisidores em semelhantes casos, a menos que a heresia seja manifesta" (BMB, ms. b. 1862, carta 84). Retornava-se, em suma, ao texto da bula de Alexandre IV; primeiro passo em direção a essa atitude cada vez mais abertamente cética e "racionalista" que deveria abrir caminho nos meios da congregação romana do Santo Ofício e exprimir-se dez anos mais tarde na *Instructio pro formandis processibus in causis strigum, sortilegorum et maleficorum*, sobre a qual nós retornaremos adiante. (Sobre o problema geral, ver H. Ch. Lea, *A history of the Inquisition of Spain*, t. IV, Nova York, 1907, pp. 184-91.)

33. Sentença contra Moduco: "[...] tua audácia foi tão grande e tão fraco o temor a Deus que tu ousaste afirmar diante de nós que revelar o nome dos feiticeiros e dos *benandanti* é ir contra a vontade divina; tu afirmaste, além disso, acreditar e ter a certeza de que esses jogos sacrílegos eram permitidos por Deus, que vós combatíeis por Deus; que o capitão, sob as ordens de quem tu seguias para semelhantes espetáculos, fora posto em seu lugar por Deus. Mais ainda, tão grande foram a tua perseverança e a tua credulidade na realização do mal que tu acreditavas e tinhas a firme certeza não somente de que essas obras eram de Deus, mas também de que, após a tua morte, como recompensa por elas, tu irias para o Paraíso. [...] E, o que é sinal do teu imenso engano e de teu crime, tu recebeste o Santíssimo Sacramento da Eucaristia sem jamais ter confessado esses erros e esses crimes tão grandes" (ACAU, "Livro primeiro das sentenças contra os acusados do Santo Ofício", ff. 90*v*-91*r*). Sentença contra Gasparutto: "[...] e, coisa ímpia e muito criminosa, tu te tornaste culpado de idolatria todas as vezes em que ias a esses espetáculos e adoravas o mau anjo como Nosso Senhor Jesus Cristo, nas igrejas e outros lugares, é e deve ser

244

adorado" (ib., f. 94v). Uma cópia das duas sentenças, sem as abjurações, enviada à congregação do Santo Ofício, se encontra em BTCD, ms. 1226, s. II, vol. 3, ff. 328r-330v. As variantes entre o original e a cópia são mínimas e absolutamente insignificantes.

34. ACAU, Santo Ofício, "Do ano de 1574...", proc. nº 64, cit., f. 1v.

35. As abjurações públicas detalhadas e divulgadas como as de Gasparutto e de Moduco contribuíam sem dúvida para a propagação dessas mesmas crenças que se queria extirpar. Daí a carta do cardeal Arigoni ao inquisidor de Bolonha, a 18 de fevereiro de 1612, aconselhando-o a, "no texto do julgamento, não fazer referência aos processos utilizados para entregar-se às práticas mágicas, aos sortilégios e aos sacrilégios, tal como aparecem nas suas confissões e nos processos, para que os que assitem à abjuração não tenham aí ocasião de aprendê-los [...]" (BMB, ms. b. 1864, carta 48).

36. Sentença contra Gasparutto: "[...] tu dizias que aquele que se levantava contra essa seita agia contra a vontade de Deus [...]" (ACAU, "Livro primeiro das sentenças [...]", f. 94v). Além das expressões "seita" e "sociedade", os inquisidores e os próprios *benandanti* falam de "arte" e de "profissão".

37. Num processo instaurado em Feltre em 1588, diz-se, a respeito de uma mulher suspeita de feitiçaria, "que ela tinha um pelico bento, que o seu marido levava e que protegia contra os inimigos, impedindo-os de ofender quem o tivesse consigo; ela poderia cedê-lo por 25 ducados mas ela não quis nem dá-lo nem vendê-lo" (APV, Santo Ofício, b. 61, processo contra Elena Cumana). A mesma crença aparece em processos friulanos posteriores; a 25 de dezembro de 1647, duas mulheres de Udine são levadas ao Santo Ofício por terem deposto sobre o altar de uma igreja um "pequeno pelico"; elas queriam que algumas missas fossem rezadas para ele, antes de enviá-lo a um jovem que estava na guerra, para assegurar a sua invulnerabilidade (ACAU, Santo Ofício, "Ano de 1647, de 983 a 1000", nº 1000). Mas o "pequeno pelico" tinha igualmente outras virtudes; num processo que teve lugar em Placência em 1611, diz-se que um advogado friulano, Giovanni Bertuzzi di Nimis, se apropriara da membrana amniótica na qual nascera um dos seus afilhados "e com esse pelico ele ganhava todas as causas" (APP, sec. VI, 119, ms. 38, ff. 59v-60r; analisando esse processo de um outro ponto de vista, A. Barilli não cita essa passagem ("Un processo di streghe nel castello di Gragnano Piacentino", *Bolletino Storico Piacentino*, 36, 1941, pp. 16-24). A membrana amniótica era, além disso, utilizada pelas bruxas para preparar o chamado "papel virgem", que entrava no preparo de diferentes encantamentos; cf. P. Grillando, *De sortilegiis*, Frankfurt, 1592, pp. 33-4. Em geral, sobre todas essas crenças, cf., além dos termos "Nachgeburt" e "Glückshaube" no *Handwörterbuch des deutschen Aberglaubens*, Th. R. Forbes, "The social history of the caul", *The Yale Journal of Biology and Medicine*, vol. 25 (1953), pp. 495-508, com uma rica bibliografia.

38. S. Bernardino de Siena, *Opera omnia*, t. I, ad Claras Aquas, Florença, 1950, p. 116. Ver também T. Zachariae, "Abergläubische Meinungen und

Gebräuche des Mittelalters in den Predigten Bernardinos von Siena", in *Zeitschrift des Vereins für Volkskunde*, 22, 1912, pp. 234-5.

39. O depoimento feito a 17 de maio de 1591 diante da Inquisição veneziana pelo frade capuchinho Pietro Veneto, guardião do mosteiro de Santa Caterina di Roveredo ("[...] alguns dizem que as pessoas nascidas empelicadas devem tornar-se feiticeiros", APV, Santo Ofício, b. 68, processos de Latisana) reflete provavelmente, de maneira confusa, as crenças relacionadas com os *benandanti* (o frade pregou muito pouco em Latisana, onde confessou algumas mulheres suspeitas de bruxaria). Quanto às sobrevivências no folclore friulano, cf. E. Fabris Bellavitis, in *Giornale di Udine e del Veneto*, cit., e V. Ostermann, *La Vita in Friuli*, cit., vol. II, pp. 298-9. Quanto às sobrevivências na Ístria, cf. R. M. Cossàr, "Usanze, riti e superstizioni del popolo di Montona nell'Istria", in *Il Folklore italiano*, IX (1934), p. 62 ("Acerca da origem dos feiticeiros, um velho provérbio da Ístria nos ensina que 'o feiticeiro nasce empelicado'"). Ver também, do mesmo autor, "Tradizioni popolari di Momiano d'Istria", in *Archivio per la raccolta e lo studio delle tradizioni popolari italiane*, XV (1940), p. 179, onde se faz referência aos *Cheznichi*, equivalentes, como nós veremos, dos *benandanti*. Quanto às crenças análogas na Romagna ("quem nasce com o pelico cura todos os males"), cf. M. Placucci, in *Archivio per lo studio delle tradizioni popolari*, III (1884), p. 325, e L. de Nardis, in *Il Folklore italiano*, IV (1929), p. 175.

40. APM, "Inquisição...", b. 2, livro 5ª, f. 46v.

41. A. Tostado, *Super Genesim Commentaria*, Veneza, 1507, 125r. A passagem foi descoberta por J. Hansen, *Quellen...*, cit., p. 109, nota. O mesmo autor sublinha em *Zauberwahn...*, cit., p. 305, que o comentário feito por Tostado do célebre *Canon Episcopi* permitia sustentar a realidade do sabá diabólico. Mesmo os partidários mais convictos da materialidade do voo das bruxas e da realidade do sabá não deixavam de observar a gravidade dos fatos citados e procuravam reconduzi-lo à força ao interior do seu próprio sistema de interpretação, pressupondo uma intervenção direta do demônio, o qual se substituiria à bruxa nessas circunstâncias. Cf., por exemplo, B. Spina, *Quaestio...*, cit., p. 85.

42. Sobre a experiência de Della Porta, ver o recente G. Bonomo, *Caccia alle streghe*, Palermo, 1959, pp. 393-7. Na mesma época, uma experiência análoga foi realizada pelo médico espanhol Andres a Laguna, que a descreveu no seu comentário de Dioscórides (Antuérpia, 1555); cf. H. Friedenwald, "Andres a Laguna, a pioneer in his views on witchcraft", in *Bulletin of the History of Medicine*, VIII (1939), pp. 1037-48. Ensaios contemporâneos sobre as virtudes dos unguentos das bruxas foram realizados pelo médico O. Snel (*Hexenprozesse und Geistesstörung. Psychiatrische Untersuchungen*, Munique, 1891, pp. 80-1) e pelo folclorista W. E. Peuckert (cf. J. Dahl, *Nachtfranen und Gastelweiber. Eine Naturgeschichte der Hexe*, Munique, 1960, p. 26). Os resultados não permitiram grandes comprovações: convencido de que as narrativas das bruxas eram provocados por doenças mentais, notadamente a histeria, Snell sofreu apenas

uma simples dor de cabeça. Partidário da realidade do sabá e das assembleias noturnas, Peuckert, ao contrário, teve alucinações perfeitamente análogas, segundo ele, às descritas nos processos de bruxaria.

43. APV, Santo Ofício, b. 68 (processo de Latisana). Ver também, mais adiante, à p. 104.

44. ACAU, Santo Ofício, "Do ano de 1621...", proc. n⁰ 832, páginas não numeradas.

45. A interpretação dessa passagem me foi sugerida por A. Frugoni, a quem agradeço.

46. APV, Santo Ofício, b. 72 (Maria Panzona), ff. 38*r* e 46*r*. Ver também, mais adiante, às pp. 134 e 136. No que concerne às bruxas, os casos seguros de epilepsia são raros. Um testemunho muito significativo é fornecido por um processo que teve lugar em Lucca, em 1571. Uma testemunha conta, a respeito de uma acusada, queimada a seguir por feitiçaria, Polissena di San Macario:

> estando perto de um leito, ela se deixou escorregar para trás e ficou estendida, gelada, sobre o leito que se encontrava lá, como se estivesse morta. Pensando que tivesse sofrido um mal-estar, algumas mulheres se reuniram em torno dela com vinagre. Eu havia dado a minha mãe uma receita para fazer fumaça sob o nariz de pessoas desfalecidas, a fim de fazê-las voltar a si, se não estivessem mortas. Vendo que a referida mulher não voltava a si, minha mãe fez fumaça, queimando diante dela um pedaço de camisa de homem, como eu lhe ensinara. Então Polissena abriu os olhos e pôs-se a fazer caretas, a berrar tão forte, revirando os olhos, que todo mundo fugiu de medo, deixando-a sozinha, porque suspeitavam que fosse feiticeira... Minha mãe me contou que, no dia seguinte, Polissena lhe dissera: "quando eu estou no estado em que me encontrava ontem, não me aborreçais, porque me fazeis mais mal do que bem.

Uma outra testemunha confirma: "Essa Polissena me dizia que 'ela sofria do grande mal'" (isto é, epilepsia) (APL, Causas delegadas, n⁰ 175, ff. 190*v*-8*r-v*; os papéis do processo estão em desordem). F. Riegler (*Hexenprozesse, mit besonderer Berücksichtigung des Landes Steiermark*, Graz, 1926, pp. 58-9) supõe atingida pela epilepsia uma velha de Felbach que, durante um processo de bruxaria (1673-5), tendo caído bruscamente uma vez, ficou privada de sensibilidade por longo tempo. Mas a crise ocorreu durante um dos Quatro Tempos; talvez se deva integrar esse testemunho entre os que ilustram a difusão em zona germânica das crenças que nós analisamos (Cf. capítulo 2). Sobre o conjunto do problema, pode-se consultar, malgrado o seu caráter muito geral, S. R. Burstein, "Aspects of the psychopathology of old age revealed in witchcraft cases of the sixteenth and seventeenth centuries", in *The British Medical Bulletin*, vol. VI (1949), pp. 63-72.

47. Para uma interpretação análoga de um fenômeno desse gênero, cf. E.

De Martino, *La terra del rimorso*, Milão, 1961, pp. 43-58. Esta pesquisa deve muito às obras de De Martino (principalmente *Il mondo magico*).

48. APL, Causas delegadas, n° 175, f. 215r. O grifo é meu.

49. Ib., f. 224r. O grifo é meu.

50. Sobre a tortura judiciária, Cf. P. Fiorelli, *La tortura giudiziaria nel diritto comune*, 2 vols., Milão, 1953-4 (sobre os processos de feitiçaria, ver em particular o vol. II, pp. 228-34).

51. APL, Causas delegadas, n° 175, f. 196r; ver também f. 226r. Sobre as crenças análogas na península balcânica, cf. F. S. Krauss, *Volksglaube und religiöser Brauch der Sudslaven*, Münster, 1890, p. 112.

52. APL, Causas delegadas, n° 175, f. 196r.

53. ACAU, Santo Ofício, "Do ano de 1574...", proc. n° 64, cit., f. 3v.

54. APL, Causas delegadas, n° 25, f. 176v. Uma parte desse processo — mas não os extratos citados — foi publicada, com alguns erros de transcrição, por L. Fumi, "Usi e costumi lucchesi", in *Atti della R. Accademia Lucchese*, t. XXXIII (1907), pp. 3-152.

55. ACAU, Santo Ofício, "Do ano de 1574...", proc. n° 64, cit., f. 9v. Pouco depois, a mulher de Gasparutto acrescenta: "eu ouvi o moleiro Pietro Rotaro dizer que, retornando ao seu moinho, ele viu um homem — não sei se era o meu marido — que estava como morto e, em vão, ele o virou e o revirou, ele não despertava; pouco depois, ele viu um rato aproximar-se do seu corpo" (ib.).

56. Cf. W. Mannhardt, *Wald- und Feldkulte*, 2ª ed., aos cuidados de W. Heuschkel, vol. I: *Der Baumkultus der Germanen und ihrer Nachbarstämme. Mythologische Untersushungen*, Berlim, 1904, p. 24. Para uma crença análoga na Ásia, cf. K. H. Spielman, *Die Hexenprozesse in Kurhessen...*2ª ed., Marburgo, 1932, pp. 47-8. Num processo de Modena de 1599, acusa-se uma certa Polissena Canobbio de bruxaria e descreve-se assim a sua partida para o sabá:

> a referida dama Polissena se despiu e se untou [...] voltou a vestir-se, deitou-se com o ventre e o rosto voltados para cima e imediatamente ficou como se estivesse morta [...] cerca de um quarto de hora mais tarde, nós três vimos um rato aproximar-se do corpo da senhora Polissena, nós a vimos abrir a boca, o rato entrar e ela retornar imediatamente à vida, levantar-se do chão, rindo e dizendo que tinha ido ao quarto dos criados [...] (APM, "Inquisição...", b. 8, proc. contra Claudia da Corregio, folhas não numeradas).

A seguir, a acusadora, a citada Claudia da Corregio, confessa ter inventado tudo para vingar-se de Polissena, sua antiga patroa. Mas o seu depoimento, enquanto testemunho sobre as crenças mais difundidas sobre a bruxaria nessa época, conserva todo o seu valor. Ver também J. Frazer, *Il ramo d'oro*, trad. it., Roma, 1925, I, p. 305.

57. ACAU, Santo Ofício, "Ano de 1648, de 27 a 40", proc. n° 28 *bis*.

58. ACAU, Santo Ofício, "Do Ano de 1621...", proc. nº 832, cit.

59. Trata-se de *Il breve ricordo*, reeditado e comentado recentemente por A. Prosperi ("Note in margine a um opuscolo di Gian Matteo Giberti", *Critica Storica*, IV, 1965). Ver p. 394: "Não deve haver na paróquia nem pessoas excomungadas, nem usurários, concubinos, jogadores, sediciosos, blasfemadores; nenhuma prática de encantamento nem de superstição como as que consistem em colocar o doente no chão, o que apressa a sua morte, ou em abrir o teto para que a alma saia, como se a alma pudesse ser detida pelo teto; é loucura e impiedade acreditar nisso". Encontramos a mesma condenação num livro impresso em 1673 por um cônego de Toulouse (*Melusine*, I, 1878, 526-8).

60. APM, "Inquisição...", b. 2, livro 5º, f. 93v.

61. Os principais textos, a partir do início do século XVI, foram reunidos ou mencionados por J. Hansen in *Quellen...*, cit., e analisados in *Zauberwahn...*, cit. Para o período seguinte e para a Itália em particular, cf. G. Bonomo, *Caccia alle streghe*, cit. (muito insuficiente).

62. Cf. M. Del Rio, *Disquisitionum...*, cit., p. 551: "As próprias bruxas dizem na Itália o que dizem na Espanha; suas palavras assim como os seus atos são os mesmos na França e na Alemanha; suas declarações num ano são as mesmas que elas sempre fizeram, há mais de oitenta anos, seja sob tortura, seja livremente, sem serem submetidas a interrogatório; conformidade tão grande que as mulheres fracas e as crianças ignorantes dos textos parecem ter lido, compreendido e retido tudo o que os peritos nessas questões transmitiram por escrito por toda a Europa. Esse consenso universal não é prova suficiente de que não se trata de fatos oníricos? Se só fossem sonhos, como teriam elas podido sonhar fatos idênticos, produzindo-se da mesma maneira, nos mesmos lugares, durante o mesmo tempo, dia e hora? Os médicos ensinam que a quantidade e a qualidade do alimento, a diversidade de idade, de combinação de humores engendram sonhos diferentes. Ora, vemos sonhos absolutamente idênticos tanto entre os homens mais ricos quanto entre os de extrema pobreza e indigência; entre os famélicos e os que se vestem magnificamente; entre os homens e as mulheres, os velhos e as crianças, os biliosos e os fleumáticos, os sanguíneos e os melancólicos. Deve-se concluir que todas essas pessoas de idade, de nação, de condição e de época diferentes tenham sempre empregado uma mesma quantidade e qualidade de alimento e que o seu corpo obedeça a uma combinação idêntica de elementos para explicar a identidade dos seus sonhos?".

63. Cf. Samuel de Cassinis, *Question de le strie...* (1505), reeditado por J. Hansen, *Quellen...*, cit., p. 270. No que concerne a Alciato, ver *Parergon iuris*, l. 8, c. 22, citado por J. Hansen, *Quellen...*, cit., pp. 310-2. Sobre o *Canon Episcopi*, ver, do mesmo autor, *Zauberwahn...*, cit., pp. 78 ss.

64. ACAU, Santo Ofício, "Do ano de 1574...", proc. nº 64, cit., f. 9v: "Enquanto antes ela chorava e gemia um pouco, depois, ao contrário, nunca mais foi vista derramando uma lágrima". Sobre esse ponto, ver, por exemplo, APM, "Inquisição...", b. 8, proc. contra Grana di Villa Marzana, interrogatório

249

de 7 de maio de 1601, folhas não numeradas; APL, Causas delegadas, nº 29, f. 40v, ano 1605.

65. Cf. R. Pettazzoni, *Le superstizioni. Relazione tenuta al Primo Congresso di etnografia italiana*, Roma, 1911, p. II.

66. O fato de que o isolamento de numerosas aldeias do Friul favorecesse a persistência de práticas supersticiosas, a difusão da feitiçaria e das possessões diabólicas era um objeto de queixa para os representantes das duas comunas da Carnia, Ligosullo e Tausia, que recorreram a *monsignor* Carlos Francisco Airoldo, arcebispo de Edessa e núncio apostólico junto a Sua Santidade. O documento é bastante tardio (15 de agosto de 1674) e, por isso, muito significativo. Em Ligosullo, haviam sido encontradas numerosas mulheres possuídas pelo demônio, e a aldeia estava em efervescência. Isso nada tinha de espantoso; Ligosullo

> está distante da venerável igreja de San Daniele, acima da aldeia de Paluzza, quatro milhas de estrada muito penosa, encostas abruptas, riachos que, após uma chuva um pouco mais abundante, tornam-se intransponíveis, sobretudo no inverno; a aldeia se encontra, com efeito, na alta montanha onde caem camadas de neve tão altas que para ir à Santa Missa e aos ofícios divinos o caminho é impraticável para as crianças e os velhos, assim como até para as pessoas de compleição mais robusta; além disso, para aqueles que não têm o que gastar, é melhor que desistam de ir à igreja, porque o ofício termina ao meio-dia e as pessoas fatigadas não podem retornar para casa sem ingerir algum alimento. À vista de todas essas dificuldades, a juventude cresce sem a doutrina cristã, certos elementos de idade avançada não sabem a oração dominical e, por vezes, alguns morrem sem os sacramentos da Santa Igreja.

Essa situação miserável favoreceu o aparecimento da possessão diabólica: "O Inimigo Comum logo teve condições de tomar posse desses corpos" (L. Da Pozzo, "Due documenti inediti del 1674 riferentisi a casi di stregoneria", in *Pagine friulane*, a. XV, 1903, n. II, pp. 163-4).

67. A ligação entre os Quatro Tempos e as festas romanas de caráter agrícola (*Feriae messis* em junho, *vindemiales* em setembro, *sementiciae* em dezembro) foi sustentada por G. Morin, "L'origine des Quatre-Temps", in *Revue Bénédictine*, a. XIV, 1897, pp. 337-46. Essa hipótese foi refutada por L. Fischer, *Die Kirchlichen Quatember. Ihre Entstehung, Entwicklung, und Bedeutung...*, Munique, 1914 (ver particularmente as pp. 24-42). Quanto às crenças ligadas aos Quatro Tempos, ver J. Baur, "Quatember in Kirche und Volk", *Der Schlern*, 26 (1952), pp. 223-33.

68. A ligação, na mentalidade popular, do período dos Quatro Tempos à fertilidade é mencionada num sermão de Abraão de Santa Clara (*Der Narrenspiegel*, nova edição a partir da de Nuremberg de 1709, por K. Bertsche,

M. Gladbach, 1925, pp. 2-26). E. von Schwanz ("Die Fronleichnamsfeier in den Ofner Bergen [Ungarn]", in *Zeitschrift für Volkskunde*, vol. II, 1931, pp. 45-6) assinala a existência, na Alemanha meridional, durante o período dos Quatro Tempos, de procissões através dos campos para obter de Deus colheitas abundantes. Ver também J. Baur, *Quatember...*, cit., p. 230.

69. Cf. V. Ostermann, *La vita in Friuli*, cit., I, p. 129.

70. Cf. F. di Manzano, *Annali del Friuli ossia raccolta delle cose storiche appartenenti a questa regione*, vol. VII, Udine, 1879, pp. 177-8. Ver também A. Battistella, *Udine nel secolo XVI*, Udine, 1932, p. 267.

71. ACAU, "Livro primeiro das sentenças...", f. 95r. ("Domésticos" poderia igualmente significar "familiares".) Ostermann registrou no Friul a crença de que se pode fazer mal às bruxas unicamente espancando-as com ramos de viburno ("Usancis e superstizions del popul furlan", in *Società Alpina Friulana, Cronaca del 1885-86, anno V e VI*, Udine, 1888, p. 125, cit. parcialmente também in *Il Nuovo Pirona...*, cit., no verbete "paugne"). Sobre a mesma crença na região de Belluno, ver G. Bastanzi, *Le superstizioni delle Alpi Venete*, Treviso, 1888, p. 14, n. I, que cita um estudo de A. Cibelle Nardo sobre as superstições da região de Belluno e de Cador.

72. ACAU, "Livro terceiro das sentenças contra os acusados do Santo Ofício", f. 133v. Quanto ao processo de Pellizzaro, cf. ACAU, Santo Ofício, "Do ano de 1593 até o ano de 1594 incl., de n. 226 até 249 incl.", proc. n⁰ 228. Um provérbio siciliano de conteúdo análogo à afirmação citada ("O esterco faz mais milagres do que os santos") foi transcrito por Nietzsche num carnê de notas (cf. *Aurora e frammenti postumi*, [1879-1881], in *Opere*, ed. Colli-Montinari, vol. V, t. I, Milão, 1964, p. 468). Essa blasfêmia, aliás, é um lugar-comum: cf. um exemplo inglês de 1655, citado no *The Oxford English Dictionary*, vol. I, p. 533, verbete "atheistically".

73. ACAU, Santo Ofício, "Do ano de 1574...", proc. n⁰ 64, cit., f. 1v. Era ainda viva, entre os camponeses eslovenos, no início do século XX, a crença segundo a qual se deveriam enterrar as estacas, armas das bruxas, para impedi-las de combater contra os *Kerstniki*, indivíduos correspondentes aos *benandanti* friulanos; cf. F. S. Krauss, *Slavische Volksforschungen*, Leipzig, 1908, pp. 41-2.

74. ACAU, Santo Ofício, "Do ano de 1574...", proc. n⁰ 64, cit., f. 6r. Sobre o emprego da erva-doce na medicina popular friulana, cf. V. Ostermann, *La Vita in Friuli*, cit., I, p. 149. A erva-doce é utilizada particularmente contra os feitiços na Prússia Oriental (cf. Wuttke, *Der deutsche Volksaberglaube der Gegenwart*, 3ª ed. revista por E. H. Meyer, Berlim, 1900, pp. 101 e 135). Ver igualmente O. von Hovorka e A. Kronfeld, *Vergleichende Volksmedizin*, I, Stuttgart, 1908, pp. 132-3. Sobre a existência dessa crença no Béarn, cf. H. Barthéty, *La sorcellerie en Béarn et dans le pays basque...*, Pau, 1879, p. 62. Em Lucca, no século XVI, uma curandeira utiliza um unguento composto de erva-doce e de arruda para curar uma pessoa "esmagada pelos mortos", isto é, vítima de um feitiço; cf. APL, Causas delegadas, n. 25, f. 170v (sobre a expressão "esmagada pelos mortos", cf. capítulo 2).

75. Os testemunhos oferecidos pelos processos contra os *benandanti* devem permitir reexaminar o problema complexo da relação entre feitiçaria e associações juvenis secretas. Notemos que os *benandanti* entram na sua "companhia" — o próprio termo é significativo — numa idade precisa, correspondendo aproximadamente ao início da virilidade, e deixam-na após um certo tempo; além disso, é preciso sublinhar o caráter militar dessa espécie de associação, provida de um capitão etc. A esse respeito, cf. essencialmente O. Höfler, *Kultische Geheimbünde der Germanen*, vol. I, Frankfurt, 1935; cf. também A. Runeberg, *Witches, demons...*, cit., pp. 59 ss. J. Baur, (*Quatember...* cit., p. 228) recorda notadamente que em Bressanonne diversas *Brüderschaften* se reuniam e faziam procissões para os Quatro Tempos. Notemos que os dois elementos que acabamos de citar retornam, em maior ou menor medida, mas sempre de maneira episódica, nas confissões das bruxas. Elas afirmam com frequência que a iniciação teve lugar na juventude; a bruxa de Lucca, Margherita di San Rocco, declara com precisão, que ela começou a ir ao sabá "com a idade de trinta anos, porque antes não se pode ir" (APL, Causas delegadas, n. 175, f. 195*v*). Muito raras são, pelo contrário, as menções a uma organização militar de bruxas e feiticeiros; elas só parecem ser frequentes nos processos húngaros, onde surgem capitães, caporais e companhias de feiticeiros que vão às assembleias ao som de trombetas, carregando bandeiras de seda negra (cf. o artigo anônimo "Das Hexenwesen in Ungarn", in *Das Ausland*, a. III, n. 41, 13 de outubro de 1879, pp. 815-8, citado também por W. Schwartz, "Zwei Hexengeschichten aus Waltershausen in Thüringen nebst einem mythologischen Excurs über Hexen-und ähnliche Versammlungen", in *Zeitschrift für Völkerpsychologie und Sprachwissenschaft*, *XVIII* (1888), pp. 414-5; cf. também H. von Wlislocki, *Aus dem Volksleben der Magyaren. Ethnologischen Mitteilungen*, Munique, 1893, p. 112).

76. Quanto ao fato de golpear os rins ou outras partes de um corpo humano ou animal como rito de fertilidade, cf. W. Mannhardt, *Wald- und Feldkulte*, cit., I, pp. 251-303 ("Der Schlag mit der Lebensrute") e sobretudo pp. 548-52, sobre as batalhas rituais fictícias destinadas a trazer fertilidade. Mannhardt, como se sabe, reuniu um grande número de testemunhos, na maior parte alemães, sobre o rito praticado no início da primavera ou no fim do inverno, que consistia em fustigar os homens ou os animais com plantas ou galhos de árvores; ele interpretou esse ritual como a expulsão dos espíritos malignos hostis à vegetação. A seguir, essa interpretação foi recusada e viu-se nessa prática um ritual mágico destinado a comunicar aos homens e animais as virtudes da árvore utilizada; cf. S. Reinach, *Cultes, mythes et religions*, I, Paris, 1905, pp. 173-83; G. Dumézil, *Le problème des centaures...*, Paris, 1929, pp. 217-8 etc.

77. Pode-se pensar num rito análogo ao que praticavam os esquimós, tal como descreveu Frazer (*Il ramo d'Oro*, cit., II, p. 99); com a aproximação do inverno, dois grupos compostos respectivamente de pessoas nascidas no inverno e de pessoas nascidas no verão se defrontam numa luta; a vitória do segundo grupo permite esperar uma boa estação (o valor desse testemunho

foi sublinhado muitas vezes, por exemplo por M. P. Nilsson, "Die volkstümlichen Feste des Jahres", Tübingen, 1914, *Religionsgeschichtliche Volksbücher für die deutsche christliche Gegenwart*, s. III, fasc. 17-8, p. 29). Bem entendido, uma aproximação desse gênero nada prova quanto à questão que nos ocupa.

78. Cf. W. Liungman, "Der Kampf zwischen Sommer und Winter", *Accademia Scientiarum Fennica, FF Communications*, nº 130, Helsinque, 1941 (com uma riquíssima documentação). Liungman levanta a hipótese de uma origem muito antiga do rito (ver até a luta entre as divindades mesopotâmicas Tiamat e Marduk); de outra opinião é W. Lynge, "Die Grundlagen des Sommer- und Winterstreitspieles", in *Oesterreiche Zeitschrift für Volkskunde*, nº s., vol. 2, série completa, vol. 51, 1948, fasc. 1-2, pp. 113-46.

79. Frazer relacionou esses ritos ao "espírito da vegetação" postulado por Mannhardt (cf. *Il Ramo d'Oro*, cit., II, pp. 96-7).

80. Uma exceção: a variante praticada na ilha de Man, na qual a batalha entre a rainha de maio e a rainha do inverno é uma luta real, de resultado incerto (cf. W. Liungman, "Der Kampf...", cit., pp. 70-1). Interessante também o testemunho relatado por E. Hoffman-Krayer ("Fruchtbarkeitsriten im schweizerischen Volksbrauch", in *Kleine Schriften zur Volkskunde*, aos cuidados de P. Geiger, Basileia, 1946, p. 166); em certas regiões da Suíça, a cerimônia da expulsão do Inverno, que se desenrola a 1º de março e é acompanhada por uma batalha ritual entre dois grupos de jovens, serve para "fazer crescer a erva" — elemento de alguma forma mágico, vestígio talvez de ritos mais antigos.

81. "Este ano, a penúria foi tão grande que os pobrezinhos teriam morrido de fome se a Divina Providência não tivesse aberto os celeiros da Alemanha, de onde saiu quantidade suficiente de centeio, cevada e trigo para saciar os esfaimados. Encontraram-se, no entanto, numa aldeia acima de Udine, duas pobres mulheres mortas de fome, diz-se, com a boca cheia de plantas selvagens" (Cristoforo di Prampero, *Cronaca del Friuli dal 1615 al 1631*, Udine, 1884, Marangoni-Masolini-Micoli, pp. 26-7, ano de 1618). A leitura das crônicas friulanas dessa época fornece permanentemente testemunhos análogos que esboçam um quadro eloquente da condição, mais que precária, miserável dos camponeses da região. Cf. também as deliberações do Conselho Superior de Udine, nas quais a ameaça de penúria está continuamente presente (BMU, *Annalium libri*, ms.). Um testemunho interessante do fim do século XVI é referido por A. Battistella, *Udine...*, cit., p. 302.

82. Não existem estudos satisfatórios sobre as corporações juvenis na Itália. Pode-se consultar, com extrema prudência, a miscelânea confusa e diletante de G. C. Pola Failed di Villafelletto, *Associazioni giovanili e feste antiche. Loro origini*, 4 vols., Milão, 1939-43.

83. ACAU, Santo Ofício, "Do ano de 1574...", proc. nº 64, cit., ff. 10*v* e 6*r*.

84. Ib., ff. 11*v*-12*r*.

85. Utilizo Modena como termo de comparação, em vista da riqueza das fontes inquisitoriais conservadas nos seus arquivos. As séries de processos

inquisitoriais conservadas no arquivos italianos são infelizmente muito raras, como se sabe.

86. Cf. E. Verga, "Intorno a due inediti documenti di stregheria milanese del secolo XIV", in *Rendiconti del R. Istituto lombardo di scienze e lettere*, s. II, vol. 32 (1899), pp. 165-88; e G. Bonomo, *Caccia...*, cit., *passim*.

87. APM, "Inquisição...", b. 2, livro 3º, f. 14v.

88. Ib., livro 5º, ff. 44r-46v (Domenica Barbarelli da Novi, levada ao tribunal em 1532, declara ir "à caça de Diana", onde, por ordem da "senhora do jogo", ela profana a cruz e dança com os demônios); b. 2, livro 5º, ff. 87v e 89r (Ursulina, a Ruiva, de Gaiato, levada ao tribunal em 1539, confessa, sob tortura, ter ido ao sabá, ter renunciado à fé e ao batismo, ter visto, além de homens e de mulheres ocupados em dançar e festejar, "uma certa mulher" — sem dúvida a "senhora do jogo" — que lhe dera ordem de não comer nada, se quisesse ficar).

89. Cf. J. Hansen, *Quellen...*, cit., pp. 451-3. A importância desses processos foi sublinhada, entre outros, por H. Ch. Lea (*A history of the Inquisition of Spain*, cit., t. IV, p. 207, nota). O problema das relações entre os resíduos das heresias medievais e a bruxaria nascente não foi ainda tratado adequadamente. A tentativa de interpretação de A. Runeberg, que utilmente recolheu a maior parte dos escassos dados disponíveis sobre a questão (Cf. *Witches, demons...*, cit., sobretudo pp. 26 ss.), é bem pouco convincente.

90. Cf. H. von Bruiningk, "Der Werwolf in Livland und das letzte im Wendeschen Landgericht und Dörptschen Hofgericht i. J. 1692 deshalb stattgehabte Strafverfahren", in *Mitteilungen aus der livländischen Geschichte*, vol. 22 (1924), pp. 163-220. O mérito da descoberta desse documento, num lugar tão imprevisível, deve ser creditado a O. Höfler, que publicou novamente um fragmento, acompanhado de um comentário, em apêndice de *Kultische Geheimbünde...*, cit., pp. 345-57.

91. O. Höfler (*Kultische Geheimbünde...*, cit., p. 352) não somente lembra a propósito desse processo as batalhas rituais entre Inverno e Primavera (ver acima, p. 44), como também insere as crenças presentes no conjunto mítico cultural de Balder-Attis-Deméter-Perséfone-Adônis. Quanto à interpretação em termos de arquétipos das "lutas rituais" entre Verão e Inverno, cf. M. Eliade, *Trattado di storia delle religioni*, trad. it., Turim, 1954, pp. 333-6, que adere às conclusões de Liungman a esse respeito.

92. A observação é de Von Bruiningk, na introdução ao documento citado, p. 190. O mesmo Von Bruiningk observou que os pormenores do relato do ancião não se encontram em fonte alguma de que ele tenha conhecimento (H. von Bruiningk, *Der Werwolf in Livland...*, cit., pp. 190-1).

93. C. Peucer, *Commentarius de praecipuis generibus divinationum...*, Witebergae, 1580, pp. 133v-134r. Essa passagem já foi citada por Von Bruiningk. Notemos que Peucer introduz a discussão do problema dos licantropos numa seção consagrada aos "extáticos" (a esse respeito, ver adiante pp. 85-6).

II. AS PROCISSÕES DOS MORTOS [pp. 57-101]

1. ACAU, Santo Ofício, "Do ano de 1581 ao ano de 1582, incl., de nº 93 a 106, incl.", proc. nº 98, f. 1*v*.

2. Ib., f. 2*r*.

3. Ib., ff. 3*r-v*.

4. Ib., f. 4*r*.

5. Ib., f. 5*r*.

6. Ib., ff. 7*r-v*.

7. No processo nº 64, cit., Moduco havia respondido a uma questão do inquisidor: "não há mulheres entre nós mas é verdade que há mulheres *benandanti*, elas combatem contra outras mulheres" (f. 6*r*).

8. Ver a nota 46 do capítulo 1.

9. ACAU, Santo Ofício, "Do ano de 1581...", proc. nº 98, cit., ff. 5*r*-6*r*. Em 1582, a Páscoa caiu no dia 15 de abril.

10. Ib., folha não numerada.

11. Ib., f. 6*r*.

12. ACAU, Santo Ofício, "Do ano de 1581...", proc. nº 100, folhas não numeradas. Quanto à alusão à atividade de Aquilina, cf. o processo contra Moduco e Gasparutto, ff. 1*r* e 3*v*.

13. Ib., ff. 2*r-v* e 3*r*.

14. Ib., ff. 7*r-v* e 10*v*.

15. Ib., ff. 14*r-v*.

16. ACAU, Santo Ofício, "Do ano de 1581...", proc. nº 106, c. 1*r*.

17. Ib., ff. 2*r-v*.

18. APL, Causas delegadas, nº 175, f. 215*r*.

19. ACAU, Santo Ofício, "Do ano de 1574...", proc. nº 64, cit., f. 5*v*; ib., f. 9*r*.

20. Cf. *Reginonis abbatis Prumiensis libri duo de synodalibus causis et disciplinis ecclesiasticis...*, ed. F. G. A. Wasserschleben, Leipzig, 1840, p. 355. A obra foi composta em 906 ou pouco depois (ib., p. VIII).

21. Cf. sobre todo esse problema, além do verbete "Perchta" no *Handwörterbuch des deutschen Aberglaubens*, cit., J. Grimm, *Deutsche Mythologie*, 4ª ed. aos cuidados de E. H. Meyer, I, Berlim, 1875, pp. 220 ss.; II, Berlim, 1877, pp. 765 ss.; V. Waschnitius, "Perth, Holda und verwandte Gestalten. Ein Beitrag zur deutschen Religionsgeschichte", in *Sitzungsberichte der Kaiserlichen Akademie der Wissenschaften in Wien, Philosophisch-Historische Klasse*, vol. 174, 2ª dissertação, Viena, 1914 (contém uma ampla bibliografia); O. Höfler, *Kultische Geheimbünde...*, cit.; W. Liungman, "Traditionswanderungen: Euphrat-Rhein. Studien zur Geschichte der Volksbräuche, II", *Academia Scientiarum Fennica, FF Communications*, nº 119, Helsinki, 1938, pp. 569-704; W. E. Peuckert, *Deutscher Volksglaube des Spätmittelalters*, Stuttgart, 1942, pp. 86-96 (exposição curta e discutível sob vários aspectos); L. Kretzenbacher, "'Berchten' in

der Hochdichtung", in *Zeitschrift für Volkskunde*, 54 (1958), pp. 186-7 (notas bibliográficas em Waschnitius).

22. Sobre a relação entre Diana e Perchta-Holda, as opiniões divergem. A. Runeberg (*Witches, demons...*, cit., p. 18), entre outros, adere à hipótese da "interpretação romana". Liungman (*Traditionswanderungen...*, cit., II, pp. 694-6) apresenta a espantosa hipótese de que a tradição greco-romana de Diana-Hécate se tenha conservado na Ilíria para depois difundir-se por todo o mundo germânico pelo povo chamado Baiuvari, após o século VII. A esta segunda hipótese, que parece pouco fundada, aderem, entre outros, W. E. Peuckert, *Geheimkulte*, cit., p. 272, e R. Bernheimer, *Wild men in the Middle Ages*, Cambridge (Mass.), 1952, pp. 79-80 e 132.

23. Guilherme de Auvergne, *Opera Omnia*, I, Paris, 1674, p. 1036. Cf. também as referências análogas, e igualmente conhecidas, às pp. 948 e 1066.

24. Guilherme de Lorris e João de Meun, *Le Roman de la Rose*, aos cuidados de E. Langlois, t. IV, Paris, 1922, v. 18, pp. 425-60. Langlois ("Origines et sources du Roman de la Rose", *Bibliothèque des Écoles d'Athènes et de Rome*, fasc. 58, Paris, 1891, p. 167) interpreta a expressão "li tiers enfant de nacion" como "o terceiro do mundo". Na sua tradução para o francês moderno do *Roman de la Rose* (Paris, 1928), A. Mary, pelo contrário, traduz de forma correta (p. 134): "eles contam que os filhos nascidos em terceiro lugar têm essa faculdade [de sair com a dama Abonde]". F. S. Krauss (*Slavische Volksforschungen*, cit., p. 42) observa que, entre os eslovenos, há a crença de que o último de uma série de doze irmãos seja um *Kerstnik* — em friulano, um *benandante*. Cf. também as virtudes mágicas atribuídas popularmente às crianças nascidas em sétimo lugar (M. Bloch, *Les rois thaumaturges*, Estrasburgo, 1924, pp. 293 ss.).

25. ACAU, Santo Ofício, "Do ano de 1574...", proc. nº 64, cit., 1*v*, 11*r*. Sobre as ressurgências desse tema, cf. *Errores Gazariorum, seu illorum, qui scobam vel baculum equitare probantur* (Saboia, *c.* 1450), citado por J. Hansen, *Quellen...*, cit., p. 119; M. Sanuto, *I diarii*, t. XXV, Veneza, 1889, col. 642.

26. ACAU, Santo Ofício, "Do ano de 1581...", proc. nº 98, cit.

27. Para o Friul, cf. R. M. Cossàr, *Ce fastu?*, a. v (1929), p. 14; M. Romàn Ros, idem, a. XVI (1940), pp. 222-3; idem, a. XVII (1941), p. 44; P. Memis, idem, a. XVII (1941), pp. 61-4; para a região de Biella e da Sardenha, cf. V. Maioli Faccio, in "Lares", a. XXII (1956), pp. 202-5; para os Abruzzi, cf. G. Finamore, *Credenze, usi e costumi abruzzesi*, Palermo, 1890, pp. 181-2; para um testemunho francês (Neuville-Chant-d'Oisel), cf. F. Baudry, in *Mélusine*, I (1878), col. 14; etc.; no Tirol, é durante os Quatro Tempos que se deixa a comida para os mortos; cf. J. Baur, *Quatember...*, cit., p. 232. Muito superficial a tentativa de interpretação geral de G. Bellucci, "Sul bisogno di dissetarsi attribuito ai morti ed al loro spirito", in *Archivio per l'Antropologia e la Etnologia*, vol. XXXIX (1909), fasc. 3-4, pp. 213-29.

28. ACAU, Santo Ofício, "Do ano de 1574...", proc. nº 64, cit., f. 9*v*; para o testemunho de Lucca, cf. a página 39.

29. AHMM, Sentenças do Podestà, vol. II (Cimeli, n° 147), f. 53r: "Essa deusa [Diana] e sua companhia percorrem as casas de diversas pessoas, sobretudo dos ricos; lá, elas comem, bebem e se divertem bastante, quando encontram mansões bem espaçosas e bem arrumadas; então, essa deusa dá a sua bênção à referida casa..." (processo de Pierina de' Bugatis, 1390). Esse processo, assim como um outro anterior e de conteúdo análogo, foi descoberto e resumido por E. Verga no seu ensaio já citado, *Intorno a due inediti documenti...*

30. Cf. V. Waschnitius, *Perth...*, cit., pp. 62-3, e A. E. Schönbach, "Zeugnisse zur deutschen Volkskunde des Mittelalters", in *Zeitschrift des Vereins für Volkskunde*, 12 (1902), pp. 5-6. Na Itália, como se sabe, Perchta tornou-se Befana (Epifania), representada como uma feiticeira cavalgando uma vassoura, que deixa como presente para as crianças doces ou carvão; cf. W. Liungman, *Traditionswanderungen...*, cit., II, pp. 673-4.

31. Sublinhando as analogias entre essas figuras, Waschnitius (*Perth...*, cit., p. 62) observa que os vínculos e as relações de dependência entre elas não são claros (cf. também W. E. Peuckert, *Geheimkulte*, cit., pp. 277-8). Mas o que importa, de nosso ponto de vista, é que desde o fim do século XV elas sejam percebidas como intercambiáveis (aos exemplos já citados, pode-se acrescentar o exemplo fornecido por W. Liungman, *Traditionswanderungen...*, cit., II, p. 658).

32. Cf. J. Nider, *Preceptorium divine legis*, Basileia, 1481, preceptum I, C. X e XI (q. X). Essas passagens de Nider são mencionadas por Martinho de Arles, *Tractatus de superstitionibus*, Roma, 1559, p. 10. A alusão de B. Basin, cônego de Saragoça, a "essas velhas que, nos seus desfalecimentos, dizem ver as almas do Purgatório e muitas outras coisas, tais como objetos perdidos, e que mesmo quando são queimadas nos pés não são sensíveis ao fogo" ("De artibus magicis ac magorum maleficiis", in *Malleus maleficarum, maleficas et earum haeresim framea conterens*, "ex variis Auctoribus compilatus", t. II, p. I, Lyon, 1669, p. 10) é retirada de Nider, sem citá-lo todavia.

33. Matthias von Kemnat, "Chronik Friedrich I. des Siegreichen", aos cuidados de C. Hofmann, in *Quellen und Erörterungen zur bayerischen und deutschen Geschichte*, II, Munique, 1862, pp. 117-8. Essa passagem é igualmente mencionada por S. Riezler, *Geschichte der Hexenprozesse in Bayern*, cit., pp. 73-5, que sublinha a importância da distinção entre esses dois tipos de feitiçaria, um sem dúvida mais antigo, e o outro mais recente, e apresenta a hipótese de que o segundo se tenha desenvolvido como consequência das solicitações dos inquisidores.

34. Cf. Jacopo da Varazze, *Legenda aurea vulgo historia Lombardica dicta...*, Th. Graesse, 2ª ed., Leipzig, 1850, p. 449.

35. J. Schacher von Inwil, *Das Hexenwesen im Kanton Luzern nach den Prozessen von Luzern und Sursee (1400-1675)*, Lucerna, 1947, p. 16; L. Rapp, *Die Hexenprozesse und ihre Gegner aus Tirol...*, Innsbruck, 1874, pp. 147, 154, 159 e 162; A. Panizza, "I processi contro le streghe nel Trentino", in

Archivio Trentino, VII (1888), pp. 208-9, 212-4, 224 etc. Cf. também F. Röder von Diersburg, "Verhöre und Verurtheilung in einem Hexenprozesse zu Tiersperg im Jahre 1486", in *Mittheilungen aus dem Freiherrl. v. Röder'schen Archive*, pp. 96 e 98; W. Krämer, *Kurtrierische Hexenprozesse im 16. und 17. Jahrhundert vornehmlich an der unteren Mosel*, Munique, 1959, pp. 16-7 e 31-2.

36. *Die Emeis, Dis ist das Büch von der Omeissen* [...] *von dem Hochgelerten doctor Ioannes Geiler von Kaisersperg*, Estrasburgo, 1516, ff. XLIIv-XLIIIr. Os extratos de Geiler referentes às superstições populares foram reunidos e anotados por A. Stöber (cf. *Zur Geschichte des Volks-Aberglaubens im Anfange des XVI. Jahrhunderts. Aus der Emeis von Dr. Joh. Geiler von Kaisersberg*, aos cuidados de A. Störber, 2ª ed., Basileia, 1875).

37. *Die Emeins...*, cit., c. XXXVIIr. Essa passagem é igualmente citada por O. Höfler, *Kultische Geheimbünde...*, cit., pp. 19-20.

38. ACAU, Santo Ofício, "Do ano de 1574...", proc. nº 64, cit., f. 7r.

39. Em outros casos também, o ilustrador anônimo de *Emeis* reutilizou gravuras provenientes de outros textos, notadamente do Virgílio de Brant (*Publii Virgilii Maronis opera cum quinque vulgatis commentariis: expolitissimisque figuris atque imaginibus nuper per Sebastianum Brant superadditis...*, Argentorati, 1502). Trata-se todavia de ilustrações muito gerais (ver, por exemplo, a cena campestre da f. VIII, extraída do Virgílio de Brant, f. XXXXIr), ou gravuras das quais toda referência específica foi retirada. Assim, no frontispício de *Her der Künig* (uma outra obra de Geiler publicada juntamente com *Die Emeis*), extraído igualmente do Virgílio de Brant, f. CCCLXXVIIIr, os nomes de Drances, Latinus e Turnus, colocados acima da cabeça dos personagens representados, foram apagados, às vezes incompletamente. Ver, além disso, por oposição, com que segurança o ilustrador de Geiler seguiu os modelos iconográficos tradicionais (ou em via de sê-lo) para representar as bruxas no sabá (f. XXXVIv), os diabos (f. LVr) e os lobisomens (f. XLIr).

40. S. Brant, *Stultifera Navis. Narragonice profectionis nunquam satis laudata navis*, "colophon: in [...] urbe Basiliensi 1497 kalendis Augusti" (*Gesamtkatalog der Wiegendrucke*, 5061), f. CXLVr. A imagem do carro dos loucos, inserida pela primeira vez nessa edição (cf. também W. Weisbach, *Die Baseler Buchillustration des XV. Jahrhunderts*, Estrasburgo, 1896, p. 55), serviu de modelo para a ilustração de uma outra obra de Geiler, *Navicula sive speculum fatuorum...*, Argentorati, 1510 (uma coletânea de sermões à margem do livro de Brant). Essa ilustração foi retomada na segunda edição de *Emeis*. Devemos a L. Dacheux (*Les plus anciens écrits de Geiler de Kaysersberg*, Colmar, 1882, pp. CXLVIII ss.) a identificação das duas imagens do "exército furioso".

41. Veja-se, pelo contrário, por oposição, a interpretação humanista da "caça selvagem" ou "exército furioso", presente no "stregozzo" (ou sabá), atribuído a Agostino Veneziano ou a um artista próximo de Marc'Antonio Raimondi; cf. E. Tietzeconrat, "Der 'stregozzo' (Ein Deutungsversuch)", in *Die Graphischen Künste*, vol. I, 1936, pp. 57-9.

42. Para um quadro completo das regiões em que o "exército furioso" ("caça selvagem") conduzido por Perchta, Holda etc. aparece nos Quatro Tempos, cf. o mapa estabelecido por W. Liungman, *Traditionswanderungen...*, cit., II, pp. 632-3. Essa ligação se exprime frequentemente através de nomes atribuídos popularmente à divindade que guia o bando dos mortos, a "caça selvagem", o "exército furioso": na Áustria meridional, na Caríntia, entre os eslovenos, "Quatembermann" (o homem dos Quatro Tempos) ou "Kwaternik"; em Baden, na Suábia, na Suíça e ainda entre os eslovenos, "Frau Faste" (a senhora dos Quatro Tempos) ou nomes paralelos como "Posterli", "Quatemberca", "Fronfastenweiber" (cf. ib.). Em particular, sobre "Frau Faste" e a "Posterli", cf. E. Hoffmann-Krayer, *Die Frau Faste*, in "Schweizerisches Archiv für Volkskunde", 14 (1910), pp. 170-1; idem, "Winterdämonen in der Schweyz", in *Schweizer Volkskunde — Folk-Lore Suisse*, I (1911), pp. 89-95. Para o Tirol, cf. J. Thaler, "Können auch in Tyrol Spuren vom Germanischen Heidenthume vorkommen?", in *Zeitschrift für deutsche Mythologie und Sittenkunde*, I (1853), p. 292; I. V. Zingerle, "Sagen aus Tirol", ib., II (1855), p. 181; idem, *Sagen, Märchen und Gebräuche aus Tirol*, Innsbruck, 1859, pp. 8-9; J. Baur, *Quatember...*, cit., p. 231.

43. Orderico Vital, *Historiae Ecclesiastica libri tredecim*, ed. A. Le Prévost, III, Paris, 1845, pp. 367-77.

44. Para uma interpretação diferente da passagem, cf. R. Bernheimer, *Wild men...*, cit., pp. 78-9. Na realidade, mesmo os contemporâneos percebiam nas procissões dos mortos um mito que não se encaixava num quadro cristão e não obedecia a motivações piedosas. Isso fica claro numa passagem de Guilherme de Auvergne, *Opera...*, cit., I, pp. 1065-70; as aparições de exércitos (tema que se reporta sem dúvida alguma ao bando dos mortos descrito por Orderico Vital: cf. ib., p. 948, e [Afonso Spina] *Fortalicium fidei contra Iudeos Saracenos aliosque Christiane fidei inimicos*, Nuremberg, 1494, c. CCLXXXIIIr) são vistas não como os bandos das almas dos mortos implacáveis, mas como os bandos das almas do Purgatório, cujo destino errante é prescrito por Deus.

45. Sobre esse assunto, cf. O. Driesen, *Der Ursprung des Harlekin. Ein Kulturgeschichtliches Problem*, Berlim, 1904.

46. Cf. Orderico Vital, *Historiae...*, cit., III, p. 367, n. 5.

47. APM, "Inquisição...", b. 2, livro 3º, f. 105*v* e ff. 109*v*-110*r*.

48. Ib., f. 106*r*

49. Ib., ff. 107*r* e 106*r*.

50. Ib., f. 107*v*. Evidentemente, a reunião para a Cruzada, anunciada inutilmente trinta anos antes por Pio II, havia deixado traços vivos na memória popular.

51. Ib., f. 107*r-v*.

52. Ib., ff. 106*v*; e 110*r*.

53. I. V. Zingerle, "Frau Saelde", in *Germania, Vierteljahrschrift für deutsche Alterthumskunde*, II (1857), pp. 436-9. Esse processo foi analisado, a partir

de outro ponto de vista, por L. Laistner, *Das Rätsel der Sphinx. Grundzüge einer Mythengeschichte*, II, Berlim, 1889, pp. 352-4; e V. Waschnitius, *Perth...*, cit., pp. 86-7. Sobre Frau Selga, além de Laistner, op. cit., com referências bibliográficas, cf. W. Liungman, *Traditionswanderungen...*, cit., II, p. 670 (na Suíça, "Frau Saelde", sob o nome de "Frau Zälti" ou "Frau Selten", guia a procissão das crianças mortas sem batismo, que sai, entre outras, na noite da quarta-feira dos Quatro Tempos de inverno).

54. Além do processo de Giuliano Verdena já citado, cf. W. Crecelius, "Frau Holda und der Venusberg (aus hessischen Hexenprocessacten)", in *Zeitschrift für deutsche Mythologie und Sittenkunde*, I (1853), p. 273 (ver também, mais adiante, pp. 86-7). É errônea a interpretação dessa passagem proposta por Laistner (*Das Rätsel...*, cit., II, p. 353).

55. Sobre a "Seelenmutter", cf. A. Dettling, *Die Hexenprozesse im Kanton Schwyz*, Schwyz, 1907, pp. 16-22 (que reproduz o essencial de um ensaio que não pude consultar de Th. von Liebenau, "Die Seelenmutter zu Küssnacht und der starke Bopfahrt", que apareceu em *Kath.-Schweizer Blätter*, 1889). Outras menções à "Seelenmutter" em A. Lütolf, *Sagen, Bräuche, Legenden aus den fünf Orten, Lucern, Schwyz, Unterwaiden und Zug*, II, Lucerna, 1865, pp. 236-8 (à p. 236 ela é chamada "Hexenmutter"), e em J. Schacher von Inwil, *Das Hexenwesen im Kanton Luzern...*, cit., pp. 75-6.

56. A. Dettling, *Die Hexenprozesse im Kanton Schwyz*, cit., pp. 18-9.

57. R. Brandstetter, "Die Wuotansage im alten Luzern", in *Der Geschichtsfreund. Mitteilungen des historischen Vereins der fünf Orte*, vol. LXII, 1907, pp. 101-60, especialmente pp. 134-5 e 137-8. Brandstetter, que utiliza sobretudo as *Chronica Coletanea*, mss. de R. Cysat (1545-1614), já aproveitados por Lütolf, *Sagen, Bräuche...*, cit., critica (p. 118-9) os critérios de edição utilizados por esse estudioso.

58. Cf. A. Lütolf, *Sagen, Bräuche...*, cit., II, p. 237. A crença de que os indivíduos nascidos durante os Quatro Tempos eram capazes de ver os espíritos era muito difundida nessa época. Ela é mencionada e condenada como tolice ("são meras futilidades") por L. Lavater, *De spectris, lemuribus et magnis atque insolitis fragoribus, variisque praesagitionibus quae plerunque obitum hominum, magnas clades, mutationesque Imperiorum praecedunt...*, Genebra, 1575, p. 107. Cf. também E. Hoffmann-Krayer, *Feste und Bräuche des Schweizervolkes*, Zurique, 1940, nova edição aos cuidados de P. Geiger, p. 156; N. Curti, *Volksbrauch und Volksfrömmigkeit im katholischen Kirchenjahr*, Basileia, 1947, p. 77; G. Gugitz, *Fest und Brauchtums-Kalender für Oesterreich, Süddeutschland und die Schweiz*, Viena, 1955, p. 150. A mesma crença é atestada no folclore do Tirol; cf. I. V. Zingerle, *Sitten, Bräuche und Meinungen des Tiroler Volkes*, 2ª ed. aumentada, Innsbruck, 1871, p. 3, parágrafo 4; J. Baur, *Quatember...*, cit., p. 232.

59. Cf. K. Hofmann, "Oberstdorfer 'Hexen' auf dem Schaiterhaufen", extr. de *Oberstdorfer Gemeinde- und Fremdenblatt*, Oberstdorf, 1931, particularmente pp. 27-39. O autor da coletânea não viu a importância desses

documentos e publicou-os de maneira pouco satisfatória. Não tenho notícia de que eles tenham sido citados nem analisados por outros pesquisadores. Sobre a "grupo noturno" (*Nachtschar*) como sinônimo de "exército furioso" (*Wuotisheer*), atestado nas antigas tradições populares suíças, cf. W. Liungman, *Traditionswanderungen...*, cit., II, p. 670.

60. APV, Santo Ofício, b. 72, c. 5*v*. Ver, adiante, pp. 138-47.

61. Sobre Holda, cf. J. Grimm, *Deutsche Mythologie*, cit., I, pp. 220-5; V. Waschnitius, *Perth...*, cit.; W. E. Peuckert, *Deutschen Volksglaube...*, cit., pp. 100 ss. Sobre a relação com o tema da fertilidade, cf., por exemplo, J. Grimm, op. cit., I, p. 222; O. von Reinsberg-Düringsfeld, *Das festliche Jahr, in Sitten, Gebräuchen, Aberglauben und Festen der Germanischen Völker*, 2ª ed. Leipzig, 1898, p. 23; W. Junk, *Tannhäuser in Sage und Dichtung*, Munique, 1911, p. 10. Sobre os traços específicos sucessivamente assumidos por Holda, cf. E. A. List, "Frau Holda as the personification of reason", in *Philological Quarterly*, XXXII, 1953, pp. 446-8; idem, "Holda and the Venusberg", in *Journal of American Folklore*, 73, 1960, pp. 307 ss. Sobre Vênus como a equivalente erudita de Holda, cf. W. Junk, *Kultische Geheimbünde...*, cit., pp. 286-96.

62. M. Crusius, *Annales Svevici sive chronica rerum gestarum antiquissimae et inelytae Svevicae gentis...*, II, Frankfurt, 1596, pp. 653-4 (já parcialmente citado por J. Janssen, *Geschichte des deutschen Volkes...*, VI, Friburgo-em-Brisgau, 1893, p. 476, nota 4; F. Kluge (e G. Baist), "Der Venusberg", in *Beilagen Allgemeinen Zeitung*, nᵒˢ 66-7, 23-24 de março de 1898, p. 6; P. S. Barto, *Tannhäuser and the mountain of Venus. A study in the legend of the Germanic Paradise*, Nova York, 1916, pp. 30 e 127, nota 29; O. Höfler, *Kultische Geheimbünde...*, cit., p. 240. Crusius (op. cit., p. 654) declara que o seu relato deriva de G. Widman; mas não existe nenhum traço dele na *Widmans Chronica*, aos cuidados de Ch. Kolb, *Geschichtsquellen der Stadt Hall, Zw. Bd., Württembergische Geschichtsquellen, sechster Bd.*, Stuttgart, 1904. A passagem que nos interessa talvez fizesse parte da *Murshardter Chronik* do mesmo Widman, composta a partir de tradições locais e, em grande parte, perdida (cf. *Widmans Chronica*, cit., pp. 33-4).

63. Os "extáticos" são citados por W. A. Scribonius, *De Sagarum natura et potestate, deque his recte cognoscendis et puniendis physiologia*, Marburgo, 1588, pp. 59*r-v* e 61*r*, que os distingue das bruxas. Os *extáticos* descrevem "...os anjos transportados de alegria nos Céus, os ímpios ardendo nas chamas do Inferno, o que eles puderam observar também nos hortos, nos campos e outros lugares cheios de encantos..." (p. 61*r*); por mais vaga que seja, essa alusão de Scribonius nos remete às crenças que estamos analisando. Cf. também a página de Wier assinalada por Tenenti ("Una nuova ricerca sulla stregoneria", in *Studi Storici*, VIII, 1967, p. 389) sobre a crença difundida na Baviera em meados do século XVI segundo a qual "os espíritos errantes", quatro vezes por ano, deixam os corpos inanimados para participar de assembleias, banquetes e danças na presença do próprio imperador.

64. Cf. A. Lütolf, *Sagen, Bräuche...*, cit., II, p. 89.

65. F. Byloff, *Hexenglaube und Hexenverfolgung...*, cit., pp. 137-8 (infelizmente é uma alusão muito rápida). Observemos que em Bressanone a *Johannesbruderschaft* se reunia nos dias dos Quatro Tempos (J. Bauer, *Quatember...*, cit., p. 228).

66. W. Crecelius, *Frau Holda und der Venusberg...*, cit. Esse processo foi diversas vezes analisado, notadamente quanto ao Venusberg e a saga de Tannhäuser.

67. Cf. I. Lupo, *Nova Lux in edictum S. Inquisitionis...*, Bergamo, 1603, pp. 386-7. Pesquisas realizadas nos arquivos da Cúria Episcopal de Bergamo (graças à cortesia do cardeal Testa e do arquivista don Pesenti), com o objetivo de encontrar documentos que confirmassem essa alusão, não deram resultado algum.

68. Cf. J. Hansen, *Zauberwahn...*, cit., p. 85.

69. Sobre as "Perchtenlaufen", cf. M. Andree-Eysn, *Volkskundliches aus dem bayerisch-österreichschen Alpengebiet*, Braunschweig, 1910, pp. 156-84 (com uma bibliografia). A esse respeito, W. E. Peuckert, *Geheimkulte...*, cit., formula hipóteses sutis, em parte confirmadas pelos documentos friulanos, embora as conclusões a que chega, em consequência dos seus pressupostos racistas, sejam manifestamente absurdas. Sobre a dimensão do rito de fertilidade dos "Perchtenlaufen", cf. I. V. Zingerle, *Sitten, Bräuche...*, cit., p. 139, e M. Andree--Eysn, *Volkskundliches...*, cit., pp. 179 e 182-3. Sobre a ligação entre "exército furioso" e batalhas rituais, cf. O. Höfler, *Kultische Geheimbünde...*, cit., pp. 154-63, especialmente pp. 154-6.

70. Cf. W. Liungman, *Traditionswanderungen...*, cit., II, pp. 885-1013; em particular à p. 897, Liungman aproxima a luta entre as Perchtas "belas" e as Perchtas "feias" da batalha em que se defrontavam as potências da criação e as do caos, que ocorria na Babilônia no início de cada ano, durante as festas em honra do deus Marduk. À p. 990, os "Perchtenlaufen" são apresentados como um protótipo das cerimônias para expulsar o inverno (cf. também F. Liebrecht, *La mesnie furieuse, ou la chasse sauvage*, em apêndice (pp. 173-211) à edição dos *Otia Imperialia* de Gervásio de Tilbury, aos cuidados de Liebrecht, Hannover, 1856).

71. ACAU, Santo Ofício, "Do ano de 1574...", proc. nº 64, cit., ff. 3*v*, 7*r* e 4*r*.

72. Ver acima, pp. 21-2 e 24.

73. Lucca: APL, Causas delegadas, nº 25, f. 172*r*; Bergamo, ACEB, Visitas pastorais, nº 4 ("1536-37. Lippomani Petri visitatio"), f. 157*v*.

74. APM, "Inquisição...", b. 8, proc. 1592-9, folhas não numeradas. Após ter sido reconhecida como possuída pelo demônio (e, consequentemente, exorcizada), ter sido submetida também à tortura para que uma confissão mais ampla fosse obtida, Grana pronuncia a abjuração como levemente suspeita em matéria de fé.

75. Sobre esse assunto, ver as observações justas mas um pouco excessivas de A. Runeberg, *Witches, demons...*, cit., pp. 89, 94 e *passim*.

76. Cf. Th. R. Forbes, *The social history of the caul...*, cit., p. 499 (que menciona o costume de pendurar o pelico no pescoço da criança como um talismã). Cf. também H. F. Feilberg, "Totenfetische im Glauben nordgermanischer Völker", in *Am Ur-quell, Monatschrift für Volkskunde*, vol. III (1892), p. 116; E. Sidney--Hartland, in *Encyclopaedia of religion and ethics*, vol II, p. 639; *Handwörterbuch des deutschen Aberglaubens*, vol. III, col. 890 ss., vol. VI, col. 760 ss.

77. ACAU, Santo Ofício, "Do ano de 1574...", proc. nº 64, cit., f. 10r.

78. ACAU, Santo Ofício, "Ano de 1599, de 341 até 404 incl.", proc. nº 397 (atualmente num envelope verde-escuro, misturado com outros papéis, sem indicação alguma), folhas não numeradas. G. Marconi, *Donne e monache...*, cit., p. 291, mencionou esse processo, referindo-se ao registro manuscrito das causas julgadas no tribunal do Santo Ofício de Aquileia (BMU, ms. 916). Marcotti interpretou de maneira errônea a anotação do registro "aliud non apparet" como uma fórmula de reticência.

79. ACAU, Santo Ofício, "Do ano de 1601 até o ano de 1603 incl., de 449 a 546 incl.", proc. nº 465.

80. APV, Santo Ofício, b. 72, f. 38v.

81. ACAU, Santo Ofício, "Do ano de 1621 ao ano de 1629 incl., de 805 a 848 incl.", proc. nº 806 (no registro manuscrito citado, é indicado erroneamente com o número 805), folhas não numeradas.

82. O velho é talvez um eco do fiel Eckhart, que aparecia tradicionalmente no "exército furioso" e nas sagas do Venusberg, onde ele apresentava as mesmas características que as mencionadas no processo citado (cf. O. Höfler, *Kultische Geheimbünde...*, cit., pp. 72-5). No processo contra Ana, a Ruiva, anteriormente citado, a acusada contara que o seu marido defunto lhe aparecera e a havia conduzido "às suas terras para mostrar-lhe os limites, porque durante a sua vida ele os tinha deslocado a fim de ganhar um pouco de terra. Disse-lhe para recolocá-los no lugar, porque a lembrança disso lhe causara tormento" (proc. citado, f. 7v).

83. ACAU, Santo Ofício, "Do ano de 1621...", depoimento inserido no processo nº 810, tratando de outras questões.

84. ACAU, Santo Ofício, "Do ano de 1621...", proc. nº 832, folhas não numeradas.

85. ACAU, Santo Ofício, "Do ano de 1643 ao ano de 1646 incl., de 931 a 982 incl.", proc. nº 957. f. 4r.

86. Cf. P. Zorutti, *Poesie edite ed inedite*, vol. II, Udine, 1881, p. 613.

III. OS *BENANDANTI* ENTRE INQUISIDORES E BRUXAS [pp. 102-37]

1. ACAU, Santo Ofício, "Ano de 1583, de 107 a 128 incl.", proc. nº 113, f. 1r.
2. Ib., ff. 1r-v.

3. Ib., f. 2v.

4. Ib., f. 2r.

5. Ib., f. 2v.

6. Ib., ff. 3r e 4r.

7. Ib., ff 5r-v.

8. Citado por F. Odorici, *Le streghe di Valtellina e la Santa Inquisizione*, Milão, 1862, p. 145 (a transcrição do documento é claramente defeituosa). Cf. a esse respeito A. Battistella, *Il Sant'Officio...*, cit., pp. 47-50. Ver também as instruções que o doge Leonardo Loredan deu ao *podestà* de Brescia, Marco Loredan, e ao capitão Nicolò Giorgio, em matéria de processos de feitiçaria (24 de maio de 1521; AHMB, Privilégios, t. 29, 1552, f. 1v).

9. BCAU, ms. 105, "Bisanzio, Cartas...", cit., ff. 174r-v. No manuscrito (que, como já se disse, é uma cópia do século XVIII) a carta está datada erradamente de 1585, em vez de 1582.

10. A moderação dos inquisidores friulanos na perseguição a crenças tão difundidas devia-se talvez em parte ao fato de pertencerem à ordem franciscana dos menores conventuais. Foi, como se sabe, um franciscano, frei Samuele de Cassinis, quem, pela primeira vez, se pronunciou publicamente, no início do século XVI, contra a perseguição às bruxas já iniciada. E foi um dominicano, frei Vicenzo Dodo, quem respondeu às acusações, dando início a uma polêmica longa e encarniçada. Tratava-se, antes de tudo, de um litígio entre irmãos pertencentes a ordens e a escolas teológicas opostas; mas é possível que esses mesmos motivos tenham dado lugar a seguir, no meio franciscano, a uma tradição de maior ceticismo e, portanto, de menor rigor em relação aos acusados de bruxaria. Sobre a polêmica entre Cassinis e Dodo, cf. J. Hansen, *Zauberwahn...*, cit., pp. 510-1; e *Quellen...*, cit., pp. 262-78. Além dos textos citados, ver *Contra fratrem Vincentium or. predicatorum qui inepte et falso impugnare nititur libellum de lamiis editum a f. Samuele ordi. minorum...* (*s.l.* [*ma: Papie, per Bernardino de Garaldis*], 1507. Museu Britânico: 8630. f. 32), e a segunda resposta de Dodo: *Elogium in materia maleficarum ad morsus fugas et errores fra. Samuelis Cassinensis contra apologiam Dodi* (*1507... Impressum Papie per magistrum Bernardinum de Garaldis*. Museu Britânico: 8630. dd. 20). Por outro lado, um dominicano como Silvestro Mazzolini da Prierio convidava a considerar somente "levemente" suspeitos os que "assistem a pequenas reuniões em lugares retirados ou, durante os Quatro Tempos mais sagrados do ano, nos campos ou nos bosques, de dia ou de noite": breve alusão assinalada por A. Tenenti (*Una nuova ricerca...*, cit., p. 390), que a vincula às crenças estudadas aqui.

11. BCAU, ms. 105, "Bisanzio, Cartas...", cit., ff. 71r, 112v e 114v;.

12. Ib., f. 131r.

13. ACAU, Santo Ofício, "Do ano de 1587 ao ano de 1588 incl., n. 158 a 177 incl.", proc. nº 167, folhas não numeradas. A frei Felice da Montefalco haviam sucedido em 1584 frei Evangelista Peleo (1584-7), depois frei G. B. Angelucci de Perusa (1587-98); cf. A. Battistella, *Il Sant'Offcio...*, cit., p. 127.

14. Quanto às sobrevivências ou às analogias nas tradições populares, cf. R. M. Cossàr, *Usanze, riti e superstizioni del popolo di Montana nell'Istria*, cit., pp. 62-3; G. Finamore, "Tradizioni popolari abruzzesi. Streghe-stregherie", in *Archivio per lo studio delle tradizioni popolari*, III (1884), p. 219, e do mesmo *Credenze, usi e costumi...* cit., pp. 57 e 76-8. Para uma visão geral, cf. Th. R. Forbes, "Midwifery and witchcraft", in *Journal of the History of Medicine and allied Sciences*, vol. XVII (1962), pp. 264-83.

15. ACAU, Santo Ofício, "Do ano de 1587...", proc. nº 167, folhas não numeradas: "durante os dois domingos, diante das portas da igreja de Santo Ambrósio, durante a celebração da missa, Caterina ficou ajoelhada, com uma vela acesa na mão..."

16. APV, Santo Ofício, b. 68 (processo de Latisana), folhas não numeradas.

17. Quanto às crenças conexas ao vale de Josafá, cf. W. E. Peuckert, in *Handwörterbuch des deutschen Aberglaubens*, cit., IV, col. 770-4 (que menciona igualmente o Tirol).

18. Como se percebe, aqui há um distanciamento da tradição, comum aos outros *benandanti*, de reunir-se quatro vezes por ano, para os Quatro Tempos. Notemos que os *Kerstniki*, equivalentes eslovenos dos *benandanti*, travam batalha contra as bruxas durante a noite de São João (F. S. Krauss, *Volksglaube...*, cit., p. 128).

19. Cf. K. Hofmann, *Oberstdorfer "Hexen"...*, cit., p. 46; K. H. Spielmann, *Die Hexenprozesse in Kurhessen...*, cit., p. 48.

20. Ver acima, p. 37-8.

21. APM, "Inquisição..." b. 2, livro 3º, f. 72*v*. Ver também APL, Causas delegadas, nº 175, f. 218*r*: "O senhor *podestà*, sabendo que aquele que cura os feitiços sabe também fazê-los [...]".

22. Cf., por exemplo, APL, Causas delegadas, nº 175, f. 196*v* (Margherita de San Rocco): "E todas as crianças que eu enfeiticei, eu as restabeleci porque, em todos os casos, foi-me dado algo em troca desse trabalho". Cf. também ib., ff. 202*r-v*.

23. ACAU, Santo Ofício, "Ano de 1600, de 405 a 448 incl.", proc. nº 409, folhas não numeradas. O registro, diversas vezes citado, revela que Caterina, mulher de Domenico e filha de Taddeo da Mortegliano, levada ao tribunal no dia 12 de dezembro de 1595, era também *benandante*. Todavia, malgrado todas as pesquisas efetuadas nos arquivos da Cúria Arquiepiscopal de Udine, não consegui encontrar esse processo, de número 277.

24. Quanto ao processo contra Antonia la Cappona, cf. ACAU, Santo Ofício, "Ano de 1599...", proc. nº 363. Mais que de um processo, trata-se de um comparecimento espontâneo, precedido todavia de uma série de denúncias: Cappona confessou ter curado por meios supersticiosos "diversos doentes, e ter também olhado num cristal"; "e isso", diz ela, "porque eu era pobre, para ganhar algum dinheiro [...]". Ordenaram-lhe não afastar-se de Udine e

manter-se à disposição do Santo Ofício. Mas, pouco tempo depois, a ordem foi suspensa.

25. Isto é, Grado.

26. ACAU, Santo Ofício, "Do ano de 1600...", proc. nº 418, folhas não numeradas. Ver também os depoimentos análogos contra um camponês da Carnia, Giovanni della Picciola, *benandante* ("Do ano de 1606 ao ano de 1607 incl., de 618 a 675 incl.", proc. nº 632, datado de 16 de março de 1606) e contra um jovem, criado na casa de Locadello, médico de Udine, que contara aos sobrinhos de uma de suas amantes anteriores "que ela era *benandante*, cavalgava um cordeiro e combatia com erva-doce" ("Do ano de 1621 ao ano de 1629 incl., de 805 a 848 incl.", proc. nº 811, inscrito por erro no registro ms., conservado na Biblioteca Municipal de Udine, sob o nº 807).

27. ACAU, Santo Ofício, "Do ano de 1608 ao ano de 1611 incl., de 676 a 742 incl.", proc. nº 705, folhas não numeradas.

28. ACAU, Santo Ofício, "Do ano de 1612 ao ano de 1620 incl., de 743 a 804 incl.", proc. nº 758.

29. ACAU, Santo Ofício, "Do ano de 1630 ao ano de 1641 incl., de 849 a 916 incl.", proc. nº 850.

30. ACAU, Santo Ofício, "Do ano de 1612...", proc. nº 777. Em Modena, em 1540, é denunciado um certo dom Ludovico, que "reconhece as bruxas pelo rosto" (APM, "Inquisição...", b. 2, livro 5º, fasc. não numerado) .

31. ACAU, Santo Ofício, "Do ano de 1606...", proc. nº 634, folhas não numeradas.

32. Sobre Gerolamo Asteo, nascido em Pordenone, de família nobre, inquisidor de Aquileia entre 1598 ou 1599 e 1608, bispo de Veroli a partir de 1611, morto em 1626, cf. *Dictionnaire d'histoire et de géographie ecclésiastiques*, IV, col. 1156-7, com uma bibliografia; ver também G.-G. Liruti, *Notizie delle vite ed opere scritte da' letterati del Friuli*, III, Udine, 1780, pp. 325-30; *Annales Minorum...*, t. XXV, ad Claras Aquas, 1934, pp. 101 e 264; t. XXIV, ad Claras Aquas, 1933, p. 484. O autor escreveu diversas obras, especialmente sobre temas jurídicos.

33. No original *cendalo* (*zendado*), isto é; tecido leve, de seda.

34. ACAU, Santo Ofício, "Do ano de 1621...", proc. nº 806, folhas não numeradas.

35. Ver acima, p. 100.

36. Para um eco preciso dessa crença, cf. E. Fabris Bellavitis, in *Giornale di Udine e del Veneto Orientale*, a. XXIV, 2 de agosto de 1890, cit.

37. Como se sabe, costumava-se (especialmente na Alemanha) raspar os cabelos e, em geral, todo o corpo dos acusados de feitiçaria, a fim de expulsar os encantamentos.

38. ACAU, Santo Ofício, "Do ano de 1621...", proc. nº 814, folhas não numeradas. Sobre o período de atividade de frei Domenico Vico, cf. A. Battistella, *Il Sant'Officio...*, cit., p. 127.

39. Cf. D. Merlini, *Saggio di ricerche sulla satira contro il villano*, Turim, 1894, pp. 182, 184 e 185. O poema citado conheceu uma grande difusão; cf. *Le malitie de vilani con alquanti stramotti [sic] alla Bergamascha... Et uno contrasto de uno fiorentino et uno bergamascho* (Museu Britânico: C. 57.1.7[3], e a *Santa Croce de' villani*, cit. por E. Battisti, *L'antirinascimento*, Milão, 1962, p. 473 (com algumas variantes). No *Dialogo de gli incantamenti e strigane con le altre malefiche opre, quale tutta via tra le donne e huomini se esercitano... Composto dal Eccellentissimo Dottor de le arte et medico Aureato [sic] Messer Angelo de Forte* (Veneza, 1533), no meio de uma longa enumeração de superstições populares minuciosamente descritas, diz-se: "Ó senhores [quem fala é a Prudência, dirigindo-se aos deuses do Olimpo], controlai o riso ao escutar as loucuras do vulgo cego e bestial [...]".

40. ACAU, Santo Ofício, "Do ano de 1621...", proc. nº 815, ff. 1r-2v.

41. Ib., f. 1v.

42. Ib., ff. 1v e 7r.

43. Ib., f. 4r.

44. Ib., ff. 9v-10r.

45. Ib., ff. 5v, 4r e 8r-v.

46. Ib., ff. 8v, 7v-8r etc.

47. ACAU, Santo Ofício, "Do ano de 1621...", proc. nº 820, f. 1r.

48. Ib., f. 2r. Para uma autorização análoga, concedida por um confessor para se fazer tratar por meios supersticiosos administrados por uma curandeira, ver APL, Causas delegadas, nº 175, f. 146r.

49. ACAU, Santo Ofício, "Do ano de 1621...", proc. nº 820, ff. 2v-3r.

50. Ib., ff. 4r-5r.

51. Ib., proc. nº 844, folhas não numeradas.

52. Esse tipo de jactância é igualmente frequente nos processos de feitiçaria. Ver, por exemplo, APL, Causas delegadas, nº 29, processo contra Francesca da Marignano, cognominada "Cecchina" (1605), folhas não numeradas. Francesca é acusada, entre outras coisas, de ter dito várias vezes que "do mal de que sofre o seu marido, assediado pelos espíritos, [...] ninguém, nem frade nem padre algum, exceto Deus e ela, podem livrá-lo; e que deve despender um esforço tão grande para libertá-lo *quanto para levantar do chão uma pipa*" (os itálicos fazem parte do manuscrito).

53. Essa última informação provém de um *benandante* — Toffolo di Buri — mas ela é confirmada pelas tradições populares ainda vivas nessa região. Cf. R. M. Cossàr, "Costumanze, superstizioni e leggende dell' agro parentino", in *Il folklore italiano*, VIII (1933), pp. 176-7; id., *Usanze, riti e superstizioni del popolo di Montana nell'Istria*, cit., pp. 62-3; id., *Tradizioni popolari di Momiano d'Istria*, cit., p. 179.

54. ACAU, Santo Ofício, "Do ano de 1621...", proc. nº 848, folhas não numeradas.

55. APP, sec. VI, 119, mss. 38 (ff. 63r e 65r).

56. Como já vimos no capítulo 2, se podemos encontrar numerosos paralelos à tradição (sem dúvida de origem germânica) das procissões dos mortos, o outro tema essencial do mito dos *benandanti*, isto é, as batalhas noturnas, aparece isolado; pode-se, no máximo, falar de sobrevivências no folclore, como por exemplo as "Perchtenlaufen". A única exceção, à parte o processo do lobisomem lituano, é a passagem de uma narrativa popular relatada por W. Schwartz (*Zwei Hexengeschichten aus Waltershausen...*, cit., p. 396) em que se fala de batalhas, de caráter provavelmente ritual, entre bruxas durante um sabá. À p. 414, Schwartz lembra uma passagem bastante semelhante de Burchard de Worms, mencionado acima (p. 83). A referência dada por B. Spina, *Quaestio de strigibus...*, cit., p. 49, é pouco significativa.

IV. OS *BENANDANTI* NO SABÁ [pp. 138-96]

1. APV, Santo Ofício, b. 72 (Panzona Maria etc.), ff. 3*r-v.*
2. Ib., ff. 5*r-v.* Num dos processos milaneses do fim do século XIV descobertos e resumidos por E. Verga (*Intorno a due documenti...*, cit.) lê-se que a acusada "confessou que, desde a sua juventude até agora, ela tem sempre ido ao jogo de Diana, que é chamada de Herodíades; ela sempre lhe fez a reverência, inclinando a cabeça e dizendo: 'Passai bem, senhora Horiente', e a deusa lhe responde: 'Da mesma forma, minha filha'". (AHMM, Sentenças do *Podestà*, vol. II, Cimeli, n° 147, ff. 52*r-v*).
3. APV, Santo Ofício, b. 72, proc. cit., ff. 5*v-7r.*
4. Ib., ff. 13*v*-14*r.*
5. Ib., ff. 37*r-v.*
6. Isto é, atiçador em forma de forcado. Observemos que uma das xilogravuras que ilustram um dos mais antigos tratados de feitiçaria, o de Molitoris (*De laniis et phitonicis mulieribus. Teutonice unholden vel hexen*, Ex Constantia, 1489 [Hain 11536], prancha III), representa duas bruxas que voam, cavalgando não um cabo de vassoura, segundo a tradição mais tardia, mas um bastão em forma de forcado.
7. APV, Santo Ofício, b. 72, proc. cit., ff. 38*r*-39*v.*
8. Ib., f. 41*v.*
9. Alguns partidários da tese da irrealidade do sabá não excluíam, com efeito, a culpabilidade das bruxas. Mais de um século antes, como conclusão do seu pequeno tratado em forma de diálogo sobre a fetiçaria, Molitoris escrevia: "se, com efeito, as mulheres não podem realizar nenhum ultraje dessa maneira, não deixa de ser verdade que, seja por desespero, seja por pobreza, ódio aos vizinhos ou outras tentações diabólicas às quais elas não resistem, tais mulheres, sectárias do mal herético, por instigação do diabo entregam-se à apostasia, afastando-se do Deus verdadeiro e mui piedoso, dando-se ao diabo e lhe fazendo oferendas. Daí segue que, por causa da apostasia e da sua vontade

corrompida, essas mulheres celeradas devem ser, pelo direito civil, punidas com a morte [...]". (U. Molitoris, *De laniis et phitonicis mulieribus*, cit., f. 26*v*).

10. APV, Santo Ofício, b. 72, proc. cit., ff. 43*v*-44*v*.

11. Ib., ff. 45*v*-47*r*.

12. ACAU, Santo Ofício, "Do ano de 1630 ao ano de 1641 incl., de 849 a 916 incl.", proc. nº 859, folhas apenas parcialmente numeradas. A expressão "fora da confissão" é um acréscimo que visar ocultar, inabilmente, a violação do segredo da confissão. Assim, algumas linhas depois, "ele me havia confessado" foi corrigido por "ele me havia dito".

13. O termo "Picenale", isto é, barril, evoca o "Barlotto" ou pequeno barril das assembleias dos Fraticelli (cf., por ex., o processo de 1466, publicado por F. Ehrle, "Die Spiritualen, ihr Verhältniss zum Franziskanerorden und zu den Fraticellen", *Archiv für Literatur- und Kirchengeschichte des Mittelalters*, IV, 1888, pp. 117-8), que em seguida passou a significar o lugar de reunião das bruxas de Como e de outras localidades, sobretudo lombardas (cf. C. Cantú, *Storia della città e della diocesi di Como*, I, Florença, 1856, p. 423; BTCD, ms. 1225, s. II, vol. 2º, f. 33*v* etc.).

14. ACAU, Santo Ofício, "Do ano de 1630...", proc. nº 859, ff. 1*r*-3*r*.

15. Ib., f. 5*v*. Uma alusão ao "Pater Noster ao contrário", in APM, "Inquisição...", b. 2, livro 3º, f. 26*v*.

16. Ib., ff. 24*v*-25*v* (a numeração das folhas do processo recomeça com o reinicio dos interrogatórios das testemunhas pelo inquisidor).

17. Ib., f. 45*v*.

18. Ver acima, p. 33, nota 2.

19. Ver acima, p. 105.

20. ACAU, Santo Ofício, "Todo o ano de 1642, de 917 a 930 incl.", proc. nº 918, ff. 1*r*-3*v*.

21. Ib., ff. 14*v*-15*r*.

22. Sobre Menghi, além da referência de L. Thorndike, *A history of magic and experimental science*, t. VI, Nova York, 1941, p. 556, pode-se consultar o ensaio de pouco interesse de M. Petrocchi, *Esorcismi e magia nell'Italia del Cinquecento e del Seicento*. Nápoles, 1957, pp. 13-27.

23. ACAU, Santo Ofício, "Todo o ano de 1642...", proc. nº 918, f. 17*v*.

24. Ib., ff. 10*r*, 29*v*.

25. Ib., f. 33*r*.

26. Ib., ff. 33*v*-34*r*.

27. Ver também, adiante, p. 177-8.

28. AHMM, Sentenças do *Podestà*, vol. II, Cimeli n. 147, f. 51*r*; cf. também G. Bonomo, *Caccia...*, cit., pp. 102-4.

29. ACAU, Santo Ofício, "Todo o ano de 1642...", proc. nº 918, f. 35*r*.

30. Cf. S. R. Burstein, "Demonology and medicine in the sixteenth and seventeenth centuries", *Volk-Lore*, vol. 67, março de 1956, pp. 16-33. Naturalmente, a perseguição havia suscitado, desde o início, oposições mais

ou menos esporádicas. Mas, na segunda metade do século XVI, em certas regiões, o ceticismo em relação aos processos de bruxaria devia ser bastante difundido, a julgar pela abjuração pronunciada, a 18 de março de 1581, por um habitante de Challant:

> [...] Eu abjuro, renego e detesto o erro e a heresia ou antes a infidelidade que falsamente e mentirosamente mantém e crê que não existe nenhuma herética, bruxa, maléfica sobre a terra, diz e afirma que ninguém deve crer na existência dos heréticos, das bruxas e das maléficas, nem no seu poder de fazer mal às criaturas racionais e irracionais, com a ajuda do diabo; essa infidelidade milita expressamente contra a determinação da Santa Igreja Romana e de seus santos doutores e mesmo contra as leis imperiais que querem que tais culpados sejam queimados (BTCD, ms. 1226, s. II, vol. 3º, f. 454r).

O processo se desenrolara na presença de frei Daniele de Bonifácio, vigário do conhecido Cipriano Uberti, inquisidor de Vercelli, Ivrea e Aosta.

31. ACAU, Santo Ofício, "Todo o ano de 1642...", proc. nº 918, ff. 37r-v.

32. Ib., ff. 39r-40r.

33. Ib., ff. 41r-42r.

34. Ib., ff. 44r e 52v.

35. Ib., ff. 52v-53r e 49v.

36. Ib., ff. 64r-65v. O problema dos interrogatórios sugestivos foi sublinhado pela primeira vez, eu creio, com uma particular lucidez e com o apoio de uma documentação muito interessante, por Soldan, *Geschichte der Hexenprozesse*, nova edição aos cuidados de H. Heppe, I, Stuttgart, 1880, pp. 384-93.

37. Ver acima, pp. 43-5.

38. ACAU, Santo Ofício, "Todo o ano de 1642...", proc. nº 918, ff. 66v e 70r-v.

39. ACAU, Santo Ofício, "Epístolas da Sagrada Congregação do Santo Ofício, do ano de 1647 incl. ao ano de 1659 incl.", ff. 72r-v.

40. Sobre a *Instructio*, cf. N. Paulus, *Hexenwahn und Hexenprozess vornehmlich im 16. Jahrhundert*, Friburgo-em-Brisgau, 1910, pp. 273-5. Mais recentemente, G. Bonomo, *Caccia...*, cit., pp. 294-8) sublinhou justamente a sua importância, seguindo Tartarotti, e deu algumas indicações sumárias sobre a história da sua difusão. A *Instructio* foi posta, em tradução italiana, com alguns cortes e modificações, como apêndice da edição de 1639 do *Sacro Arsenale* de E. Masini; depois, no texto original e na sua versão integral, como apêndice da edição de 1655 do *Tractatus de officio sanctissimae Inquisitionis* de C. Carena, pp. 536-52 (cf. também as edições posteriores do *Sacro Arsenale* e do *Tractatus* de Carena). Carena deu à *Instructio* o título de *Tractatus de strigibus*. Sobre a sua circulação manuscrita, cf. Bibl. Apost. Vaticana, Vat. lat. 8193, ff, 730r-749v; ,um eco parcial na Bibl. Vallicelliana, ms. g. 62, ff. 462v ss.,

"Prática de procedimento nas causas do Santo Ofício", cap. 8, "Dos sortilégios". Publicada à parte, sob o seu verdadeiro título, em 1657 (cf. A. Panizza, "I processi contro le streghe...", cit., in *Archivio Trentino*, VII, 1888, p. 84; um exemplar dessa edição rara está conservado na Biblioteca da Cornell University, Ithaca, Nova York); foi traduzida para o alemão em 1661 (essa tradução, inédita, foi publicada por A. Dettling, *Die Hexenprozesse im Schwyz*, cit., pp. 42-54).

41. Cf. também G. Bonomo, *Caccia...*, cit., pp. 229-300.

42. Cf. H. Ch. Lea, *A history of the Inquisition of Spain*, cit., t. IV, pp. 206-41.

43. L. M. Sinistrari d'Ameno, *De la démonialité et des animaux incubes et succubes...*, publicado a partir do manuscrito original descoberto em Londres em 1872 e traduzido do latim por I. Lisieux, 2ª ed., Paris, 1876, p. 258.

44. ACAU, Santo Ofício, "Cartas da Sagrada Congregação do Santo Ofício", f. 73*v*.

45. ACAU, Santo Ofício, "Todo o ano de 1642...", proc. nº 918, ff. 89-90*r*.

46. Daqui em diante as folhas do processo não são mais numeradas.

47. ACAU, Santo Ofício, "Cartas da Sagrada Congregação do Santo Ofício...", f. 75*v*.

48. ACAU, Santo Ofício. "Todo o ano de 1647...", proc. nº 983, folhas não numeradas.

49. ACAU, Santo Ofício, "Todo o ano de 1642...", proc. nº 918, ff. 58*r-v*.

50. Ib., ff. 67*v*-68*v*.

51. ACAU, Santo Ofício, "Todo o ano de 1647...", proc. nº 986.

52. ACAU, Santo Ofício, "Do ano de 1662 a 1669 incl., de 382 a 462 incl.", proc. nº 456 *bis*.

53. A menina contara à senhora Sochietti que, para ir às assembleias descritas, ela e sua mãe saíam "pela chaminé" e, uma vez no teto, elas encontravam um "senhor" que as conduzia ao "grande senhor"; detalhe ritual que não contradiz, na minha opinião, a interpretação do documento aqui proposta. Da mesma maneira, o fato de que Angiola tenha afirmado, quando ela já estava em Gradisca, que sua mãe viera acordá-la à noite para conduzi-la até "o grande senhor, que ela longamente observou e que está bem preso com correntes de ferro", parece ser um simples sintoma da impressão profunda que as reuniões das quais participou provocaram na criança.

54. Para dois exemplos mais ou menos análogos, no início e no fim da perseguição à feitiçaria (isto é, quando o conjunto das crenças sobre o sabá não se havia ainda imposto ou então já se tinha dissolvido, deixando transparecer a realidade muito menos pitoresca das reuniões), cf. a passagem do *Malleus Maleficarum* (pars II, quaestio I, cap. II), citada e interpretada nesse sentido por W. E. Peuckert, *Geheimkulte...*, cit., p. 135, e W. Eschenröder, *Hexenwahn und Hexenprozess in Frankfurt am Main*, Gelnhausen, 1932, pp. 60-1 (trata-se do último processo de feitiçaria instaurado em Frankfurt; Eschenröder também interpreta esse testemunho num sentido "realista").

55. Esse ponto escapou a F. Byloff, na sua obra aliás elogiável, *Hexenglaube und Hexenverfolgung...*, cit. (ver, por exemplo, pp. 11-2).

56. APM, "Inquisição...", b. 2, livro 5º, f. 46r.

57. Ib., f. 93v.

58. ACAU, Santo Ofício, "Do ano de 1630...", proc. nº 888, ff. 16v. e 2r. Sobre o caso de Torsi, que fez diversas confissões, cf. também as cartas enviadas a Udine pelo cardeal Barberini (ACAU, Santo Ofício, "Cartas da Sagrada Congregação do Santo Ofício...", ff. 64r-65v).

59. ACAU, Santo Ofício, "Todo o ano de 1647...", proc. nº 997, folhas não numeradas. Uma alusão muito rápida a esse processo, com base no registro manuscrito diversas vezes citado, in G. Marconi, *Donne e monache...*, cit., p. 293.

60. Analisando o pacto com o demônio de um pintor alemão do século XVII, Freud, como se sabe, pôs em evidência uma substituição do pai pelo demônio, que lembra, num certo sentido, o caso da menina friulana (cf. S. Freud, *Eine Teufelsneurose im siebzehnten Jahrhundert*, Viena, 1924). Deve-se notar, todavia, que Freud baseou a sua análise em uma passagem interpretada erroneamente.

61. ACAU, Santo Ofício, "Do ano de 1643 ao ano de 1646 incl., de 931 a 982 incl.", proc. nº 942.

62. No original *biandante*; nas folhas seguintes reaparece o costumeiro *benandante*.

63. ACAU, Santo Ofício, "Do ano de 1643...", proc. nº 942, cit., ff. 1r-4r.

64. Ib., ff. 6v-9r.

65. Ib., f. 5r.

66. Nessa segunda parte do processo, as folhas não são numeradas.

67. ACAU, Santo Ofício, "Do ano de 1630...", proc. nº 870, folhas não numeradas.

68. ACAU, Santo Ofício, "Do ano de 1630...", proc. nº 889. Três anos mais tarde, Menigo é novamente denunciado como *benandante*. Ocorre, entre outras coisas, que num dia de muito frio, olhando "o tempo e o campo do alto do balcão", ele exclamara, dirigindo-se à sua mulher: "Hortencia, o pecado quer assim" — como explicara a sua mulher contando o fato — "o pecado é do meu marido, porque, quando ele combate as bruxas para curar alguém, ele retorna a casa cheio de marcas de golpes no torso; eu sei porque o vejo em mau estado; não se percebe do exterior, mas ele não pode mover-se e nem trabalhar; ele não me disse nada mas eu imagino" (ACAU, Santo Ofício, "Todo o ano de 1642...", proc. nº 922, folhas não numeradas).

69. ACAU, Santo Ofício, "Do ano de 1630...", proc. nº 926, folhas não numeradas.

70. ACAU, Santo Ofício, "Segundo milheiro, do ano de 1648 incl., de 1 a 26 incl.", proc. nº 18, folhas não numeradas.

71. ACAU, Santo Ofício, "Todo o ano de 1647...", proc. nº 987 (contra Liph di Trivignano); "todo o ano de 1648, de 27 a 40", proc. nº 31 *bis* (contra Paolo

di Lavarian); "Do ano de 1649 a 1650 incl., de 83 a 135 incl.", proc. nº 88 *bis* (menciona-se Piero Fresco, de Flumignano, *benandante*); "Do ano de 1651 a 1652 incl., de 136 a 215 incl.", proc. nº 165 *bis* (contra Leonardo di Iuvaniti); "Do ano 1653 a 1654 incl., de 216 a 274 incl.", proc. nº 224 *bis* (contra um *benandante* chamado Crot, da localidade de Villalta); "Do ano de 1662 a 1669 incl., de 382 a 462 incl.", proc. nº 389 *bis* (contra Pietro Torrean); ib., proc. nº 410 *bis* (contra Giovanni Percoti, de Orsara); ib., proc. nº 411 *bis* (contra Pietro Torrean); ib., proc. nº 431 *bis* (contra o mesmo); ib., proc. nº 432 *bis* (contra Battista Titone); ib., proc. nº 433 *bis* (contra o mesmo); ib., proc. nº 434 *bis* (referência geral aos *benandanti*); ib., proc. nº 449 *bis* (contra Pietro Torrean); "Do ano de 1701 ao ano de 1709, de 607 a 686", proc. nº 697 *bis* (contra Leonardo da Udine).

72. ACAU, Santo Ofício, "Do ano de 1662...", proc. nº 410 *bis*; proc. nº 411 *bis*; proc. nº 432 *bis*.

73. ACAU, Santo Ofício, "Do ano de 1662...", proc. nº 421 *bis*.

74. APV, Santo Ofício, b. 109 (Nerizalca etc.), ff. 3*r-v*. Uma testemunha declara que as bruxas da ilha "começaram a debulhar espigas de trigo, pegando o grão e deixando a palha; elas faziam o mesmo nas vinhas, onde elas colhiam os cachos, e, assim, elas percorrem toda a ilha, pegando a colheita; elas carregaram o vinho e o trigo da Apúlia para certos pântanos profundos; elas venderam o trigo a dez liras o alqueire e abandonaram o vinho porque não podiam fazê-lo escoar" (ff. 1*r-2r*).

75. Cf. F. S. Krauss, *Volksglaube*..., cit., pp. 97-108 e 110-28; idem, *Slavische Volksforschungen*, cit., pp. 41-3.

76. Cf. K. Vojnovič, "Crkva i država u dubrovačkoj republici", in *Rad Jugoslavenske Akademije*, t. 121, 1895, pp. 64-7; Had, Diplomata et acta, nº 1685.

77. ACAU, Santo Ofício, "Do ano de 1630...", proc. nº 900, folhas não numeradas.

78. ACAU, Santo Ofício, "Segundo milheiro...", proc. nº 26 *bis*, folhas não numeradas. Nesse caso também um convite à clemência chegou de Roma. No dia 6 de fevereiro de 1649, o cardeal Barberini escrevia: "Resumindo-se o delito de Giovanna Summagotta a simples bazófias, Suas Eminências decidiram que ela deva ser dispensada com uma simples advertência e algumas penitências para a sua salvação. Não deixe V. Rev.ᵐᵃ de executar esta ordem". (ACAU, Santo Ofício, "Cartas da Congregação do Santo Ofício...", f. 79*v*). O que naturalmente foi feito. Quanto aos duendes, cf. capítulo 1, nota 2.

79. ACAU, Santo Ofício, "Ano de 1648...", proc. nº 28 *bis*. Domenico Segala, cura de Fanna, é quem tinha enviado a denúncia ao inquisidor de Aquileia. Folhas não numeradas.

80. Para temas análogos, cf. ACAU, Santo Ofício, "Todo o ano de 1649...", proc. nº 101 *bis* (contra Menico dal Ponte di Palazzola), e "Do ano de 1662...", proc. nº 423 *bis* (contra Giambattista da Paderno).

81. ACAU, Santo Ofício, "Do ano de 1657...", proc. nº 381 *bis*, folhas não numeradas.

82. ACAU, Santo Ofício, "Miscelânea K 1.2. Processos do ano de 1672 ao ano de 1686", folhas não numeradas. Como se sabe, a antiga devoção aos anjos da guarda se intensificou ao longo do século XVII. A festa dos anjos da guarda, instituída por Paulo V (1608) apenas para os Estados imperiais, foi estendida por Clemente X (1670) a toda a Igreja.

83. ACAU, Santo Ofício, "Do ano de 1662...", proc. nº 452 *bis*, folhas não numeradas.

ÍNDICE ONOMÁSTICO

Abonde, 66-8, 70, 84
Abraão de Santa Clara, 250
Abundia *ver* Abonde
Adônis, 254
Agnabella di San Lorenzo, 119, 123
Agostino Veneziano, 258
Agrigolante, Pascutta, 115-6
Airoldo, Carlo Francesco, 250
Alciato, Andrea, 42, 244, 249
Alexandre IV, papa, 243-4
Aloysia, chamada "la Tabacca", 138, 141
Amorosi, Vincenzo, 107, 110
Anastacia, chamada "a Frappona", 244
Andrea da Orsaria, 63
Andree-Eysn, M., 262
Andres a Laguna, 246
Angelucci, Giovambattista, 264
Anna, "a Ruiva" *ver* Artichi, Anna, chamada "a Ruiva"
Antonia, chamda "la Cappona", 265
Antonia da Nimis, 137
Apuleio, 240
Aquilina de Grazzani, 62-3, 98, 104, 198, 203, 255
Arigoni, Pompeo, 245
Arlecchino *ver* Herlechinus
Arrigoni, Vincenzo, frei, 109-11
Artichi, Anna, chamada "a Ruiva", 57-61, 64, 67, 92, 107, 263
Artichi, Domenico, 57
Asteo, Gerolamo, 93, 118, 120, 266
Attimis, Troiano de, 20, 203
Attis, 254

Aurelia di Gemona, 57, 59
Avicena, 174

Bächtold-Stäubli, H., 240
Baco, 71
Badau (ou Badavin), Leonardo, 127--31
Baduario, Giovanni, 200, 214, 217, 221, 224, 231
Baist, G., 261
Baldassari, Francesco, 100
Balder, 254
Baptista, Visentino, 26, 211-2, 216-7, 222
Barbarelli, Domenica, 36, 254
Barbaro, Francesco, 100
Barberini, Francesco, 171-5, 272-3
Barilli, A., 245
Barthéty, H., 251
Bartolamio, de Cividale, 150
Barto, P. S., 261
Basili, Alessandro, 93
Basili, Florida, 93, 96-97, 98, 99
Basilio, padre, 193
Basin, Bernardo, 257
Bastanzi, G., 251
Battista, mestre, 58-59
Battistella, A., 240-1, 251, 253, 264, 266
Battisti, E., 267
Baudry, F., 256
Baur, J., 250, 252, 256, 259-60
Befana, 257
Bellucci, J., 256
Bergamasco, Mattia, 134-5

275

Bernardino da Genova, frei, 130
Bernardino da Siena, santo, 35, 245
Bernardo da Como, 244
Bernardo, de Santa Maria la Longa, 116
Bernheimer, R., 259
Bertsche, K., 250
Bertuzzi, Giovanni, 245
Betta da Aquileia, 95
Bevilaqua, Zannuto, 129
Biat, Giacomo, 157, 163, 165, 174
Biat, Giambattista, 157-8, 165
Bisanzio, Paolo, 61, 105-7, 243
Bloch, Marc, 12, 15, 256
Bonomo, G., 246, 249, 254, 269-70
Borghese, Camillo *ver* Paulo V, papa
Bortolotto, Sebastiano, 93
Brandis, Franscesco, 136
Brandstetter, R., 260
Brant, Sebastien, 72, 76, 258
Breull, Diel, 86
Bruiningk, H. von, 254
Bugatis, Pierina de', 257
Burchard de Worms, 88, 268
Burlino, Giacomo, 127-8, 131-3
Burstein, S. R., 247
Busetto, Antonio, 116-7
Busetto, Maddalena, 114-6
Byloff, Fritz, 8, 262, 271

Caldo, Olivo, 188-93
Camillo, de Minons, 185
Cancianis, Giovanni, 127
Canobbio, Polissena, 248
Cantú, C., 269
Cao, Valentino, 183
Capello, Benedetto, 188
Carena, Cesare, 172, 270
Carlos V, 41
Casciano, Francesco, 174
Cassinis, Samuele de, 249, 264
Caterina, chamada "a Vesga", 63

Caterina da Mortegliano, 265
Caterina, de Udine, 192
Cattaro, Andrea, 196
Cecho da Zuz, 210
Centrino, Francesco, 158
Chianton, Menega, 129
Cibele Nardo, A., 251
Claudia da Correggio, 248
Clemente VII, papa, 41
Clemente VIII, papa, 45
Clemente X, papa, 274
Colloredo, Leonardo, 223
Cossàr, R. M., 246, 256, 265, 267
Crecelius, W., 260, 262
Crezia di Pieve San Paolo, 40
Crot da Villalta, 273
Crusius, Martin, 85-6, 90
Cummo, Francesco, frei, 96, 98, 114, 116
Cumuna, Elena, 245
Curti, N., 260
Cut (ou Cucchiul), Gerolamo, 131-5
Cysat, Rennward, 260

Dacheux, L., 258
Dahl, J., 246
Daniele de Bonifacio, frei, 270
Da Pozzo, L., 250
Delaiolo, Giulio, 230, 238
Della Porta, Giovan Battista, 37, 246
Del Rio, Martino, 242, 249
De Martino, Ernesto, 14, 247
Demetra, 254
De Nardis, L., 246
Dettling, A., 260, 271
Diana, 11, 36, 51, 65-6, 68, 70-1, 79, 84, 161
Diana, Pietro, 174
Diedo, Antonio, 154
Dioscórides, 246
Dodo, Vincenzo, 264
Domenatta, Caterina, 107-8, 265
Domenico da Mortegliano, 265

Domenico d'Auxerre, frei, 101
Donato della Mora, 117
Driesen, O., 259
Dumézil, G., 252

Ebendorfer von Haselbach, Thomas, 68
Eckhart, mestre, 263
Ehrle, F., 269
Elena, de Borgo San Pietro, 131, 134
Eliade, M., 254
Eschenröder, W., 271

Fabris Bellavitis, Elena, 12, 240, 246, 266
Faste, 259
Febvre, Lucien, 16
Feilberg, H. F., 263
Felice da Montefalco, frei, 22-7, 29-32, 40, 43, 57, 58, 60, 62-4, 99, 111, 148, 223, 229, 231, 236, 264
Fenus *ver* Vênus
Ferro, Bartholomio del, 93
Finamore, G., 256, 265
Fiorelli, P., 248
Fischer, L., 250
Forbes, Th. R., 245, 263, 265
Forte, Angelo de, 267
Francesca (ou Cecchina) de Marigano, 267
Francesca, viúva, 94
Franceschina, "de villa Frattuzze", 117
Frattina, Ludovico, 192
Frazer, James George, 9, 252
Fresco, Piero, 273
Freud, Sigmund, 272
Friedenwald, H., 246
Fronfastenweiber, 259
Fumi, L., 248
Furlano, Battista, 108
Furlano, Pasqua, 108

Galatini, Raimondo, 196
Galeno, Claudio, 174
Gallo, Cornelio, 204
Garaldi, Bernadino, 264
Garzoni, Andrea, 118
Gasparo, de Santa Maria la Longa, 118-123
Gasparo, padre, 217
Gasparutto, Gerolamo, 205
Gasparutto, Maddalena, 205
Gasparutto, Maria, 221
Gasparutto, Paolo, 18-24, 26-31, 33-7, 40, 43-6, 48-50, 52, 55, 60, 64-5, 67, 71, 84, 86, 90, 92, 98, 105-6, 112-4, 121, 148, 170, 197-8, 202, 214, 221, 223, 231, 234, 242, 244-5, 248, 255
Gasperina de Grazzano, 98-9
Geiger, P., 253, 260
Geiler von Kaisersberg, Johann, 70-3, 75, 99, 258
Germano, são, 70
Gerolamo, de Villalta, 148-50, 152-3
Gervasio de Tilbury, 262
Giacoma, de Faedis, 186
Giacomo, de Camino, 192
Giacomo, de Gemona, 192
Giacomo, padre, 207
Giambattista, de Manzano, 132
Giambattista, de Paderno, 273
Gianna, feiticeira, 40
Gilberti, Gian Matteo, 41
Giorgio, Nicolò, 264
Giovambattista, de Perugia, 107
Giovanni da Viscon, de Torre, 100, 123
Girardi, Giovan Francesco, 123
Giuliano, Giambattista, 157
Giulio d'Assisi, frei, 18, 21, 197, 199
Giuseppe di Moimacco, 152
Glemon Graziosa, 129
Godelmann, Johan, 162
Golizza, Bartolomea, 192

277

Graciano, 65
Gradenico, Marco, 158
Graesse, Th., 257
Gramsci, Antonio, 15
Grana, de Villa Marzana, 91, 249, 262
Grillando, Paolo, 245
Grimm, J., 255, 261
Grisola, de Cividale, 149, 152, 154
Gritti, Pietro, 61
Gugitz, G., 260
Guilherme de Auvergne, 66, 256, 259

Habundia *ver* Abonde
Halliday, W. R., 239
Hansen, Joseph, 8, 9, 243, 246, 249, 254, 256, 262, 264
Hécate, 66
Heppe, H., 270
Herlechinus, 77
Herodíades, 11, 69, 79
Herodiana, 69
Heuschkel, W., 248
Hoffmann-Krayer, E., 240, 259-60
Höfler, O., 252, 254, 258, 261-3
Hofmann, C., 257
Hofmann, K., 260, 265
Holda, 11, 65, 71, 85
Holle *ver* Holda
Holt *ver* Holda
Hovorka, O. von, 251

Inocêncio X, papa, 173

Jacopo da Varazze, 70, 257
Jacquier, Nicolas, 243
Janssen, J., 261
Joanina di Cendre, 243
Junk, W., 261

Kemnat, Matthias von, 69, 257
Kluge, F., 261
Kolb, Ch., 261

Krämer, W., 258
Krauss, F. S., 248, 251, 256, 265, 273
Kretzenbacher, L., 255
Kronfeld, A., 251
Kwaternik, 259

Laistner, L., 260
Lambaia, Minena, 100
Langlois, E., 256
Lavarello, Hettore, 204
Lavater, Ludwig, 260
Lazzarini, A., 12, 240
Lea, H. Ch., 244, 254, 271
Lena da Pescaglia, 39
Lenoir, Hugo, 243
Leonardo di Tuvaniti, 273
Leonardo di Udini, 273
Liebenau, Th. von, 260
Liebrecht, F., 262
Liph di Trivignano, 272
Liruti, C. G., 266
Lisieux, I., 271
List, E. A., 261
Liungman, W., 253-7, 259-62
Locadello, médico de Udini, 266
Longhi, Giorgio de', 98-9
Loredan. Leonardo, 264
Lorris, Guillaume de', 256
Lucia di Cividale, 149, 150
Lucia di Ghiai, 117
Ludovico da Gualdo, 148-9, 151-2, 156, 185
Ludovico, don, 266
Lupo, Ignazio, 87
Lütolf, A., 260, 262
Lynge, W., 253

Maddalena di Udini, 96
Magnassutus, 204
Magnossi, Bastian, 196
Maioli Faccio, V., 256
Mandrou, Robert, 15
Maniaco, Francesco, 131

Mannhardt, W., 252-3
Mantovano, 124-6
Manzano, F. di, 251
Maracco, Jacopo, 18, 21, 197, 199, 206
Marchetto, Alessandro, 123-7
Marcotti, Giuseppe, 12, 240-1, 263
Marduk, 253, 262
Margherita di San Rocco, 39-40, 64, 252
Marietta, chamada Trevisana, 117
Maroschino, Machor, 109, 112
Martino di Ailes, 257
Martino, padre, 207
Marx, Jean, 10, 240
Mary, A., 256
Masetto, Antonio, 230, 237
Masini, Eliseo, 270
Mattia di Fanna, 195
Mayer, Anton, 11
Mazzolini, Silvestro, 264
Memis, P., 256
Menega di Camillo de Minons, 185
Menghi, 158
Menica di Cremons, 38, 41
Menichino da Latisana *ver* Menichino della Nota
Menichino della Nota, 38, 108-12, 121, 139, 191
Menico dal Ponte di Palazzola, 273
Menigo di Udine, 192, 272
Menis, Leonardo, 128
Menos, Bastiano, 177-82
Merlini, D., 267
Meun, Jean, 256
Meyer, E. H., 255
Michelet, Jules, 9
Mierlo, don, 178
Mintino, Belforte, 203
Miol, Domenico, chamado "Totolo", 178, 180-2
Missini, Giulio, 157-160, 163, 172, 174, 185, 188

Moduco, Battista, 20, 23-32, 35-7, 43-4, 46, 48-50, 52, 55, 64, 67, 86, 90, 92, 98, 105-6, 112, 121, 148, 197, 203-4, 207, 218, 222--4, 227, 229-30, 242, 244-5, 255
Moduco, Giacomo, 207
Moduco, Maria, 207
Molitoris, Ubrich, 269
Morin, G., 250
Morosa di Prutars, 101
Mozza, 94
Murray, Margaret, 9-11
Musin, Wyprat, 80

Nicolau V, papa, 243
Nider, Johann, 69-70, 72, 88, 99, 257
Nietzsche, F. W., 251
Nilson, M. P., 252

Odorici, F., 264
Olivo della Nota, 109
Orderico, Vital, 77, 79, 94, 100, 259
Oriente (ou Horiente), senhora, 268
Orsolina, chamada "a Ruiva", 41, 185, 254
Ortencia di Udine, 272
Ostermann, Valentino, 12, 240-2, 250-1

Pacciotta, Angiola, 183, 271
Pacciotta, mãe de Angiola, 183
Panfilo, Jacopo, 144
Panizza, A., 257, 270
Panzona, Maria, 39, 84, 99-100, 138, 140-6, 148-9, 154, 161, 247, 268
Paola, citada em um processo em Udine, 57
Paolo da Lavarian, 272
Papino (ou Pupino), 214
Paschini, Pio, 240-3
Pasqualina di Monfalcone, 195

Passavin, Bartolo, 194
Patavino, Paolo, 214
Paulo V, papa, 244, 274
Paulus, N., 270
Pegna, Francesco, 244
Peleo, Evangelista, 264
Pellizzaro, Nicolò, 46, 251
Peltrara, Lucia, 57-9
Perchta (ou Percht), 11, 65, 68, 70, 71, 84, 88, 262
Percotti, Giovanni, 273
Peresut, Narda, 115, 116
Persefone, 254
Petricci, Bastian, 116
Petrocchi, M., 269
Pettazzoni, R., 249
Peucer, Caspar, 56, 254
Peuckert, Will Erich, 10, 239-40, 246-7, 255-7, 261-2, 265, 271
Picciola, Giovanni della, 266
Piero di Cecho di Zuz, 210
Piero, feiticeiro, 117
Pietro Martire, don, 147, 151, 156, 177
Pietro Veneto, frei, 246
Pio II, papa, 259
Placucci, M., 246
Pola Falletti di Villafalle, G. C., 253
Polissena di San Macario, 39-40, 60, 247
Pontenuto, Giovan Giacomo, 175
Ponzinibio, Giovan Francesco, 244
Porta, Pio, 163, 174
Posterli, 259
Pradiola, Paolo, 222
Prampero, C. di, 253
Prosperi, A., 248

Quatemberca, 259
Quatembermann, 259

Raimondi, Marc'Antonio, 258
Raimondis, Raimondo, 198, 203

Rapp, L., 257
Reginone di Prüm, 65
Reinach, S., 252
Reinsberg-Düringsfeld, O. von, 261
Riegler, F., 247
Riezler, S., 239, 257
Roberto, citado em um processo em Mantovani, 79
Rodaro, Domenico, 112
Röder von Diersburg, F., 258
Romàn Ros, M., 256
Rosamani, E., 240
Rotaro, Piero, 18, 20, 22-3, 50, 197, 201, 205-6, 217, 248
Runciman, S., 239
Runeberg, A., 240, 254, 256, 262
Ruota, Pietro ver Rotaro

Sabbata di Faedis, 186
Saelde ver Selga
Sanuto, M., 256
Satia, 66, 68, 70, 84
Savorgnano, Mario, 223
Schacher von Inwil, J., 257, 260
Schönbach, A. E., 257
Selga, 80, 84, 260
Selten ver Selga
Serafino, citado em um processo, 219
Sforza, Evangelista, 61
Sgabarizza, Bartolomeo, 18-20, 22-3, 34, 46, 197, 200, 202-3, 206-7, 213, 216
Sidney-Hartland, E., 263
Sileno, 71
Simon di Nadale, 200, 201
Sinistrari d'Ameno, L. M., 173, 271
Sion, Giovanni, 147-56, 158, 161, 172
Skeistan, camponês, 52
Snell, O., 247
Sochietti, Caterina, 182, 271
Soldan, W. G., 270
Soppe, Michele, 156-9, 161, 163-71, 173-80, 188

Spee, Friedrich von, 162
Spielmann, K. H., 248, 265
Spina, Alfonso, 259
Spina, Bartolomeo, 243-4, 246, 268
Spizzica, Martino, 213
Stefano da Gorizia, 213
Stiglinayr, E., 240
Stöber, A., 258
Stöcklin, Chonradt, 82-4, 87
Strömbäc, D., 240
Summagotta, Giovanna, 195

Taddeo da Mortegliano, 265
Tamburlino, Giambattista, 109, 111-3
Tannhäuser, 261
Tartarotti, Giorolano, 9, 270
Tazotta, Ursula, 141
Tech, Giacomo, 136
Tejado Fernadez, M., 239
Tenenti, A., 261, 264
Terencano, Giovanni, 157
Terenzia, citada em um processo em Udine, 167
Thaler, J., 259
Thiess, lobisomem, 52-6
Thorndike, L., 269
Tiamat, 253
Tietze-Conrat. E., 258
Tin di San Lorenzo, 119
Tirlicher, Paolo, 210
Titone, Battista, 273
Tivarutio, Bonaventura, 205, 230, 238
Tobia, Domenico, 164
Toffolo di Buri, 102-5, 107, 267
Torrean, Pietro, 273
Torsi, Sestilla, 185, 272
Tostado, Alfonso, 37, 246
Tranquille, Giovan Battista delle, chamdo Titone, 194

Trevor-Roper, Hugh R., 15

Uberti, Cipriano, 270

Valento, Giambattista, 118
Valento, Marta, 119
Vendramin, Francesco, 141
Ventura, A., 243
Vênus, 69-71, 85-7
Verdena, Giuliano, 78-80
Verga, E., 253, 257, 268
Vico, Domenico, 127, 266
Vidossi, Giuseppe, 12, 240
Vignazio, Giandomenico, 141
Vincenzo da Borgo San Pietro, 144
Vincenzo dal Bosco del Merlo, 142
Virgílio Marão, Publio, 72, 74, 258
Vivaruccio, Bonaventura ver Tivarutio Bonaventura
Vojnovic, K., 273

Walch, Jakob, 82
Waschnitius, V., 255-7, 260-1
Weisbach, W., 258
Weiser-Aall, Lily, 10, 240
Widman, Georg, 261
Wier, Johann, 43, 162, 261
Wlislocki, H. von, 252
Wuttke, A., 251

Zacharial, T., 245
Zälti ver Selga
Zamparia, Domenica, 131-2
Zan de Micon, 218
Zanutti, Valentin, 93
Zingerle, I. V., 259-60, 262
Zorutti, Pietro, 101
Zorzi, Alessandro, 195
Zorzi, Antonio, 104

Carlo Ginzburg (Turim, 1939) leciona na Universidade da Califórnia (Los Angeles) e ministrou cursos do Instituto de Estudos Avançados de Princeton e na Universidade de Bolonha. Tem livros traduzidos em quinze línguas. Dele, a Companhia das Letras publicou *O queijo e os vermes: O cotidiano e as ideias de um moleiro perseguido pela Inquisição* (1987), *Mitos, emblemas, sinais: Morfologia e história* (1989), *História noturna: Decifrando o sabá* (1991), *Olhos de madeira: Nove reflexões sobre a distância* (2001), *Relações de força: História, retórica, prova* (2002); *Nenhuma ilha é uma ilha: Quatro visões da literatura inglesa* (2004), *O fio e os rastros: Verdadeiro, falso, fictício* (2007) e *Medo, reverência, terror: Quatro ensaios de iconografia política* (2014).